시대를 앞서 간 선교사
말콤 펜윅

시대를 앞서 간 선교사

말콤 펜윅

안희열 지음

한 알의 복음의 씨앗이
한국 땅에 뿌려져 3,400개의 교회로 성장시킨
말콤 펜윅 선교사 부부에게
말콤 펜윅 한국선교 130주년을 맞이하여
이 책을 바칩니다.

차례

추천의 글 민경배 박사 … 14
추천의 글 조효훈 박사 … 17
머리말 … 19
들어가는 말 … 23

제1장 펜윅의 생애와 한국선교 … 25

I. 초기 생애 … 28
1. 조상 … 29
2. 교육 … 30
3. 멘토 … 31
4. 세상 경력 … 33

II. 회심과 소명 … 33
1. 회심 … 35
2. 선교에 대한 소명 … 36

III. 한국 선교 … 38
1. 후원형 선교 패러다임 … 39
   (1) 배경 … 39
   (2) 특징 … 41
   (3) 사역 … 43
2. 파송형 선교 패러다임 … 49
   (1) 기원 … 50
   (2) 특징 … 51
   (3) 활동 … 52

IV. 펜윅의 별세와 선교적 공헌 … 60

제2장 펜윅의 신학훈련
나이아가라 사경회 ... 65

I. 나이아가라 사경회로부터 펜윅의 성경공부 ... 67
1. 역사적 배경 ... 68
2. 나이아가라 장소 ... 70
3. 사경회 개관(槪觀) ... 73
    (1) 1886년 사경회 ... 74
    (2) 1887년 사경회 ... 75
    (3) 1888년 사경회 ... 76
    (4) 1889년 사경회 ... 77
    (5) 1893년 사경회 ... 79
    (6) 1894년 사경회 ... 80
    (7) 1895년 사경회 ... 81
4. 나이아가라 지도자들 ... 82
    (1) 아더 피어선(Arthur T. Pierson) ... 82
    (2) 허드슨 테일러(James Hudson Taylor) ... 83
    (3) 사이러스 스코필드(Cyrus I. Scofield) ... 85
    (4) 제임스 브룩스(James H. Brooks) ... 86
    (5) 아도니람 고든(Adoniram J. Gordon) ... 87
    (6) 존 채프만(John Wilbur Chapman) ... 90

II. 펜윅의 한국 선교에 반영된 요소들   91
1. 종말론   91
(1) 종말론의 기원   91
(2) 종말론의 특징   93
(3) 종말론의 영향   99
(4) 평가   101
2. 교회론   104
(1) 교회론의 기원   104
(2) 교회론의 특징   106
(3) 교회론의 영향   110
(4) 펜윅의 침례교 정체성과 한국선교   112
3. 성서론   120
(1) 성서론의 기원   120
(2) 성서론의 특징   121
(3) 성서론의 영향   124
(4) 평가   124

III. 요약   125

CONTENTS

제3장 펜윅의 선교훈련 아도니람 고든   129

I. 고든을 통한 펜윅의 선교훈련   131
1. 클래런던 스트리트 침례교회   133
   (1) 개혁을 실현하는 교회   134
   (2) 네트워크 중심의 교회   137
   (3) 선교에 열매가 있는 교회   139
2. 보스턴 선교사 훈련학교   141
   (1) 설립 배경   141
   (2) 학교 개원   143
   (3) 학교 교수진   145
   (4) 수업과 커리큘럼   148
   (5) 학교 이름 개명   150
   (6) 펜윅과 보스턴 선교사 훈련학교   152
3. 엘라 씽 기념 선교회   153
   (1) 설립 배경   154
   (2) 한국 최초의 신자의 침례   156
   (3) 선교회의 의미   158

II. 펜윅의 한국 선교에 적용된 요소들   159
  1. 한국순회선교회   160
  2. 신앙선교   162
  3. 오지선교   163
  4. 타종교 선교   165
    (1) 펜윅의 샤머니즘 선교전략   167
    (2) 펜윅의 유교 선교전략   169
  5. 문서 선교   173
    (1) 「슬로건」(The Watchword)과 「달편지」   174
    (2) 고든의 찬송과 펜윅의 복음찬미   179

III. 요 약   181

CONTENTS

제4장 나이아가라 사경회와 고든이 펜윅에게 미친 영향 185

I. 선교학적 평가 187
1. 선교 동기 188
(1) 종말론 188
(2) 책임감 189
(3) 관심 190
2. 선교 목적 191
(1) 전도 명령 강조 191
(2) 부정적 문화 명령 태도 192
3. 평가 195

II. 전략적 평가 196
1. 선교 철학 197
(1) 개인주의 197
(2) 교단주의 198
(3) 연합주의 198
(4) 성령주의 199
(5) 후원주의 199
(6) 평가 200

2. 선교전략　　　　　　　　　　　　200
    (1) 펜윅이 토착화를 실시한 이유　　201
    (2) 펜윅의 토착화 원리　　　　　　204
    (3) 펜윅의 토착화 성공　　　　　　206
    (4) 평가　　　　　　　　　　　　　209
III. 신학적 평가　　　　　　　　　　　211
  1. 그리스도론　　　　　　　　　　　211
    (1) 그리스도 탄생의 무흠성　　　　211
    (2) 그리스도 육신의 부활　　　　　212
  2. 성령론　　　　　　　　　　　　　212
    (1) 구원의 경험　　　　　　　　　212
    (2) 성경 해석　　　　　　　　　　213
  3. 구원론　　　　　　　　　　　　　214
    (1) 유일주의와 성경　　　　　　　214
    (2) 유일주의 신학　　　　　　　　216
    (3) 현실적 유일주의자 말콤 펜윅　220
    (4) 평가　　　　　　　　　　　　　222
IV. 요 약　　　　　　　　　　　　　　223

CONTENTS

나가는 말	227
주(註)	237
찾아보기	285
부록 1. 말콤 펜윅의 연보	293
부록 2. 한국순회선교회의 원리와 목적 선언문	296
부록 3. 나이아가라 사경회 도표	299
부록 4. 나이아가라 사경회의 신앙 선언문	300
부록 5. 나이아가라 사경회 순서	306
부록 6. 클래런던 스트리트 침례교회의 신앙과 실천 선언문	309
부록 7. 고든 선교사 훈련학교 일반 정보	312
참고자료	315

추천의 글

 이번에 침례교의 말콤 펜윅 연구의 대가이신 외우(畏友) 안희열 박사님께서 2006년과 2010년에 내셨던 「말콤 펜윅: 시대를 앞서 간 선교사」를 개정증보 수정하여 다시 출간하게 되었습니다. 더구나 본서는 말콤 펜윅의 선교로 씨앗이 뿌려져 한국 굴지의 교단으로 성장한 한국 침례교의 역사 130년을 기리며 봉헌된 기념비적인 문헌입니다.

 본서는 초판과는 달리 담담하고 담백한 필치, 그러나 예리한 문필로 말콤 펜윅의 신앙과 선교를 분석하고 평가하고 있습니다. 전기적인 감동과 감상 추앙보다는 실체와 현상을 정확성과 객관성으로 추려내어 거대한 말콤 펜윅의 신앙과 선교를 한 아름 구축(構築)하고 있습니다. 그 문체나 수사법(修辭法)의 수려(秀麗)는 그 다음의 일이었습니다. 저자는 스스로 본서가 전기적인 개관적(槪觀的) 저술이 아님을 확인하고 있습니다.

 본서는 아주 조밀한 서술법을 원용하였습니다. 한 사건이나 인물을 시종 철저하게 원근법(遠近法)으로 추적하여 묶어 그 전체상을 추호의 틈 없이 완벽하게 체계화하고 있습니다. 말콤 펜윅의 생과 신앙선교를

24시간 365일 바짝 따라가며 일거수(一擧手) 일투족을 포착하여 그려내고 체계화한 듯한, 그런 흔적이 역력합니다.

본서는 말콤 펜위크의 신앙과 선교의 배경이 어디 있으며 그의 역사적 공헌이 어디 있는가 하는 것을 아주 명료하게 밝히고 있습니다. 곧 말콤 펜위크의 신앙과 경건 및 선교의 배후에는 나이아가라 사경회와 아도니람 고든의 영향이 결정적이라는 것과, 다른 하나는 당시 한국에 와 있었던 서양 선교사들이 괘념도 하지 않았던 오지선교, 신앙선교, 자립선교, 개척선교와 같은 전략으로 한국교회에 금보다 더 귀한, 보이지 않는, 무형의 유산을 물려주고 갔다고 피력하였습니다. 필자는 그런 것을 〈전나무〉(FIR)라고 부르고 있습니다. 〈신앙선교〉(faith missions), 〈토착화〉(indigenization), 〈오지선교〉(region-beyond missions)가 그것입니다. 그것이 오늘의 한국교회에 거대한 정신적 유산으로 남아 있다는, 그런 지적입니다.

그런 의미에서 필자는 말콤 펜위크를 '선교 혁신자'라고 부르고 있습니다. 그런 것이 바로 46년 동안 한국 초기선교에 꼭 필요하였던 선교 유산을 남겨 놓은 배경이라는 것입니다. 본서는 그런 의미에서 말콤 펜위크를 한국 선교역사 가운데 '숨겨진 보화'라고 찬탄하고 있습니다.

하지만 필자는 말콤 펜위크가 한국선교에 남긴 선교 전략상의 강점과 적극적인 공헌을 자랑하면서도 그 선교의 약점을 함께 지적하는 냉정을 잃지 않고 있습니다. 통상의 수준을 넘어 우리들에게 공감을 해오는 이유가 여기 있습니다. 여기 과장이나 영웅담이 없습니다. 오히려 이런 것이 우리들 마음에 한 인간으로서의 공감을 일으켜 주고, 그런 것이 오히려 우리들 가슴에 핏줄 되어 당기는 애틋함을 남겨줍니다.

본서는 예리한 관찰과 명석한 체계화 그리고 담담한 문체로 시종한 탁월한 연구서입니다. 이 업적은 안 박사님의 또 하나의 생의 고귀한 업적이 될 것이고, 우리 교회나 사단(史檀)에는 서상(書牀)의 묵직한 자리를 차지하게 될 것입니다. 이런 대업을 이루신 우리 안희열 박사님에게 여기 다시 찬하의 글을 올리며 추천의 글 각필(擱筆)합니다

민경배 박사
백석대학교 석좌교수
전 서울장신대학교 총장
전 연세대학교 명예교수

추천의 글

역사책은 저자의 인격을 많이 반영합니다. 좋은 역사책은 정직한 사람이 신빙성 있는 자료를 객관적으로 수집하여 공정하게 엮어진 책입니다. 그러므로 역사책은 저자 자신이나 어느 특정한 개인이나 단체를 두둔하는 대변지가 되어서는 안 됩니다. 역사책은 사건들을 다루게 되고 사건들은 대부분 쟁론과 쟁투를 내포하고 있기 때문에 저자가 물적 근거보다는 주간적인 편견에 치우치기 쉽습니다.

「말콤 펜윅: 시대를 앞서 간 선교사」의 저자 안희열 박사는 역사가로서의 자질을 잘 갖춘 분입니다. 그것은 누구에게서 들어서가 아니라 같은 침례교회사 분야에서 동역하면서 얻어진 상호 신임에서 얻어진 본인의 소신입니다. 특히 괄목할 점은 이 책이 지난 12년 동안 2차에 걸쳐 개정되고 증보되어 이번에 나오게 된 점입니다. 자기 책을 개정하고 증보한다는 것은 학자로서의 겸허한 자세이며 침례교단을 위한 부단한 노력의 표현이라고 본인은 믿습니다. 이 책은 정직한 저자가 엮은 믿을 만한 책입니다.

따라서 본서는 그 주인공인 펜윅 선교사도 무척 좋아할 책일 것 같습니다. 저자 안희열 박사는 부단한 노력과 펜윅 선교사에 대한 다년간의 전문적인 강의를 통해 한 기독교단체이자 한국침례교단의 역사적인 견고한 체계를 구축하였습니다. 그 뿐 아니라 안희열 박사는 펜윅 선교사의 선교정신을 핵심적으로 전해주면서 이 선교사의 후예인 오늘의 한국침례교인들에게 "주님 재림의 임박을 느끼면서 복음 전할 것"을 촉구하고 있습니다. 바로 이 책이 그런 내용을 품고 있습니다.

특히 저자는 이 책에서 펜윅 선교사의 자급 선교정책에 대해 자세히 소개하고 있습니다. 19세기 말에 한국에 들어온 북미 선교단체들은 강한 교단적인 후원을 업고 일을 하였지만 펜윅 선교사는 이런 강한 후원단체 없이 한국에서 선교를 하였으며, 한국인 자신들에게 그 정신을 주입시킨 독특한 점을 저자는 지적하고 있습니다. 말콤 펜윅 한국선교 130주년을 맞이해서 이 책이 개정증보판으로 다시 출간하게 된 것을 축하하며, 이 책이 모든 한국침례교 목회자들과 교회지도자들의 서가에 꼭 꽂혀 있어야 할 책이라고 생각되어 이에 정중히 추천하는 바입니다.

조효훈 박사
기독교한국침례회 증경총회장
전 침례신학대학교 초창기 교수

머리말

말콤 펜윅, 그는 한국선교에 있어서 '선교 혁신자'(宣敎 革新者)라 할 수 있다. 그가 한국을 방문할 당시 정식교육이나 신학훈련을 받은 적도 없고, 어느 특정 교단에서 파송되거나 후원받는 교회도 없이, 더욱이 한국에서 개신교가 막 소개되던 시점에 어느 한 교파에 얽매이지 않고 초교파적 성격을 띤 선교를 하게 됨으로 교단 중심적인 한국 교계에서 펜윅은 거의 잊어진 선교사였다. 이즈음에 필자는 한국 선교역사 가운데 제대로 평가받지 못한 '숨겨진 보화' 말콤 펜윅을 발굴해 내어 연구하고 분석하여 그가 한국선교에 미친 공헌을 살펴보기 위해 이 책을 쓰게 되었다.

사실 펜윅에 관한 자료는 다른 동료 선교사들에 비해 거의 전무(全無)한 상태이다. 그가 창설한 대한기독교회(기독교한국침례회 전신)가 신사참배를 거부함에 따라 해방을 맞기 1년 전인 1944년 5월 10일 교단 해체령을 당함으로 모든 자료들이 소각되어졌다. 교회건물은 폐쇄되었고, 교회 재산은 몰수당하였으며,「신약젼셔」,「복음찬미」,「달편지」에 이르기까지 당시 동아기독교가 발행한 모든 문서들이 압수당하여 소각되었기에 펜윅을 재조명한다는 것은 무척 힘든 작업이 아닐 수 없다.

그런데 펜윅의 중심 사상인 세대적 전천년주의, 초교파주의, 축자영감설, 현실적 유일주의, 신앙선교, 오지선교, 자립선교, 토착화선교와 같은 그의 선교신학과 전략들은 20세기 초 근본주의 운동의 씨앗이 되었던 나이아가라 사경회와 보스턴 선교사 훈련학교를 세운 클래런던 스트리트 침례교회의 담임목사이며 역사적 전천년주의자이며 선교 동원가였던 아도니람 고든 목사를 통해 형성되어졌는데 이러한 자료들이 국내에서는 발견할 수 없지만 싸우스웨스턴 침례신학대학원, 달라스 신학대학원, 고든 대학교, 고든 콘웰 신학대학원, 그리고 토론토 대학교의 도서관이나 역사박물관을 통해 하나 둘씩 찾아냄으로써 이 책을 감히 기록하게 되었다.

특히 이 책을 개정증보판으로 출판하면서 그동안 논란이 되었던 몇 가지 사항에 관해 필자와 함께 김용국 교수님, 김태식 목사님(세종수산교회), 김태식 목사님(사랑깊은교회), 남병두 교수님, 오지원 목사님이 함께 모여 논의해서 정리한 것은 다음과 같다.

1. 인명, 지명 건

영어의 인명, 지명 한글변환은 원칙적으로 「국립국어원」 외국어 표기법에 따라 변환하는 것을 원칙으로 하되 아래 8가지 사항을 기본적으로 통일시킨다. 단, 말콤 펜윅(Malcolm C. Fenwick)은 예외로 한다.

1) Archibald H. Fenwick - 아치발트 펜윅
2) Babara Latham - 바바라 라탐

3) Boston Missionary Training School
   - 보스턴 선교사 훈련학교
4) Clarendon Street Baptist Church
   - 클래런던 스트리트 침례교회
5) Edward Clayton Pauling - 에드워드 클레이턴 폴링
6) Ella Thing Memorial Mission - 엘라 씽 기념 선교회
7) Fannie Hinds - 패니 하인즈
8) Markham - 마컴

2. 나이 건

펜윅을 비롯한 모든 서구인의 나이는 서구식(만 나이)으로 계산하기로 하다.
1) 펜윅 회심: 1886년 ⇨ 23살
2) 펜윅 선교사 소명: 1889년 ⇨ 26살

3. 날짜 확인 건

1) 폴링 선교사 한국 파송일
   - 1894년 5월설과 1895년설이 있는데 1894년 5월설을 하기로 하다(제3장 각주 114번 참조)
2) 엘라 씽 기념 선교회 개원일
   - 1895년설과 1894년 5월설이 있는데 1895년설을 하기로 하다(제3장 각주 112번과 114번 참조)
3) 보스턴 선교사 훈련학교 개원일
   - 1889년 10월 2일(제3장 각주 55번 참조)

4) 펜윅의 한국 도착일과 장소
- 1889년 12월 11일 부산설과 1889년 12월 8일 제물포설이 있는데 1889년 12월 11일 부산설을 하기로 하다(제1장 각주 30번 참조)

4. 기타
1) 1906년 한국침례교 최초 선교사 북간도 파송 건
- 한태영 등 5인 선교사: 한태영, 유내천, 이자삼, 장봉이, 이장운(제1장 각주 55번 참조)
2) 시베리아 선교 4인 순교자 건
- 시베리아 선교 4인의 경우 '순직'이 아닌 '순교'로 정하다 (제2장 각주 140번 참조)

무엇보다도 금년 2019년은 말콤 펜윅 한국선교 130주년을 맞이하는 뜻깊은 해로써 2006년과 2010년에 이어 이 책을 다시 개정증보판으로 출판하게 되어 하나님께 감사를 드린다. 그리고 본서의 편집과 출판을 위해 기획디자인을 직접 담당하신 청림의 김동덕 대표님과 대학출판부의 실무자인 이정훈 편집장과, 그리고 오타수정을 정성껏 해 준 침례신학대학교 선교대학원의 명유정 자매에게 진심으로 감사를 드린다. 아무쪼록 이 책을 통해 오랫동안 베일에 싸였던 말콤 펜윅과 초기 한국침례교회이 선교가 널리 알려지기를 소망한다.

2019년 1월 10일
말콤 펜윅 한국선교 130주년을 기념하면서
저자 안희열

들어가는 말

19세기 말 미국의 복음주의 목회자들 사이에서 성행했던 전천년주의 종말론 사상에 빠져 있던 말콤 펜윅(Malcolm C. Fenwick, 1863-1935), 그는 주님이 재림하시기 전 하루라도 빨리 복음을 듣지 못한 이방인들에게 구원의 기쁜 소식을 전해야 한다는 불타는 사명 때문에 선교 훈련 받는 시간도 아까워 급히 선교 현장 속으로 달려간 캐나다 선교사이다. 펜윅은 46년 동안 한국 땅에 머물면서 혼신의 힘을 기울여 복음을 전하였고 고등교육을 받은 다른 동료 선교사들처럼 교육선교나 의료선교와 같은 유형의 유산을 남겨 주지는 못했지만 신앙선교, 오지선교, 문서선교와 같은 정신적 유산을 물려줌으로 오늘날 물질 만능주의에 빠져있는 현대인들에게 꼭 필요한 선교 유산을 남겨 놓았다.

영혼을 사랑하는 강한 열정을 지닌 펜윅은 1935년 72세의 일기로 세상을 떠날 때끼지 후원교단이나 다른 선교사의 도움 없이 약 200개의 교회를 세웠고 250여 명의 사역자들을 배출하였다.[1] 클리포드 클락(Clifford Clark)은 펜윅을 '한국 선교의 혁신자'로 불렀는데,[2] 교육이 미비했던 펜윅에게 어떻게 이런 선교 열매가 가능했을까? 펜윅이 자신의 신학적 부족을 극복하며 선교사역을 감당할 수 있었던 이유로는 1883년부터 1897년까지 캐나다 온타리오주 나이아가라 호수에서 매년 여름에 열렸던 나이아가라 사경회(Niagara Bible Conference, NBC)와 보스턴에 있는 클래런던 스트리트 침례교회(Clarendon Street Baptist Church)의 담임목사인 아도니람 저드슨 고든(Adoniram Judson Gordon)이 세운 보스턴 선교사 훈련학교(Boston Missionary Training School, BMTS)를 들 수 있겠다.

나이아가라 사경회를 통해 펜윅은 성경을 심도 있게 배울 수 있었고 자신의 신학적 토대를 체계적으로 형성할 수 있었다. 또한 펜윅이 1893년에서 1896년 사이 미국과 캐나다를 방문할 당시 고든을 통해 선교훈련을 배우게 되어 그의 선교전략은 전반적으로 보스턴 선교사 훈련학교를 통해 이루어지게 되었다.

필자는 이 책에서 펜윅뿐만 아니라 펜윅으로 하여금 귀한 정신적 유산을 후세들에게 남기는데 원동력이 되게 하였던 나이아가라 사경회와 아도니람 고든에 대해 살펴보길 원한다. 이 책은 한 사람에 대하여 전기적인 개관(槪觀)형식으로 쓴 것이 아닌 선교학적인 평가를 담고 있으며, 더불어 나이아가라 사경회와 고든이 펜윅과 한국 침례교 선교에 미친 영향을 선교학적인 관점에서 평가하기를 원한다. 특별히 펜윅이 한국선교에서 보여준 그의 선교전략의 강점과 취약점도 함께 언급될 것이다. 필자는 이 책을 통하여 선교사로서의 소명과 헌신을 갖고 이방 사람 한국인을 위해 일평생 동안 복음의 파수꾼으로 살았던 펜윅과 더불어 나이아가라 사경회와 아도니람 고든의 영향을 재조명함으로서 초기 한국 선교역사의 흔적에서 점차 사라져가는 펜윅 연구에 조금이나마 활기를 불어넣는 계기가 되었으면 한다.

"최소한 나는 생명수(生命水)를 나를 수 있는
찌그러지고 녹슨 깡통 정도는 된다는 생각이 들었다."
– 펜윅의 자서전 중에서

제1장
펜윅의 생애와 한국선교

말콤 펜윅 선교사 Malcolm C. Fenwick, 1863–1935

제1장 | 펜윅의 생애와 한국선교

선교지에서 "선교사는 선생이 되지 말고 멘토가 되어라"(Missionary is not a teacher, but a mentor)라고 한다. 선교지에서 자신의 지식과 학문을 단순히 전달하는 자가 아니라 지금까지 큐티(Q.T)를 하고 성경을 암송하며 제자훈련을 했던 모든 영적 자산들이 자신의 삶을 통하여 인격과 함께 묻어져 나와야 선교가 힘이 있는 것이다. 그래야 현지인을 제대로 양육할 수 있고 신뢰할 수 있으며 영향력 있는 지도자를 세울 수 있다는 얘기다. 즉 선교사는 멘토의 자세가 필수적이다.

무엇보다도 선교사에게 있어서 훌륭한 멘토가 되기 위해서는 두 가지 자세가 있어야 한다. 첫째는 '함께하는' 선교 정신이 밑바닥에 깔려 있어야 한다. 필자는 이것을 'with' 선교라 부르고 싶다. 예수께서 늘 제자들과 함께 했던 것처럼 말이다(막 3:14-15). 현지인들과 같은 수준과 처지에서 저들과 같이하며 기쁨도, 슬픔도, 눈물도, 희생도 함께 나누는 것을 당연시 하는 선교를 말한다. 'With'가 선교의 기초를 형성할 때 가족 같은 공동체 분위기가 사역지에서 흐르게 된다.

둘째는 선교사와 현지인 간에 이런 끈끈한 신뢰의 바탕 위에 '방향'이 분명한 선교가 세워져야만 한다. 필자는 이를 'for' 선교라 하겠다. 즉, 영혼구령이든 교회개척이든 컴퓨터 선교이든 무엇이든 간에 현지인을 대상으로 목적을 달성하기 위해서는 정확한 방향을 설정해야 한다. "방향이 올바르지 않으면 속도는 무의미하다"라고 하지 않았던가! 그래야 디모데 같은 제자를 길러낼 수 있다.

펜윅이 열악한 가정환경 가운데서 성장하였지만 선교지에서 그의 제자들과 'with' 선교와 'for' 선교를 할 수 있었던 것은 어머니 바바라 라탐(Barbara Ann Latham)과 어린 시절 멘토였던 도날드 맥킨토시(Donald M. McIntosh)가 있었기 때문이다. 어머니의 영성과 맥킨토시 목사의 겸손함과 호의성은 펜윅의 신앙을 형성하는 밑거름이 되었고 이것은 훗날 펜윅으로 하여금 현지인과 함께 어울리며 영혼을 살리는데 초석이 되게 하였다. 이 기초가 없었더라면 펜윅은 나이아가라 사경회와 고든 학교에서 배운 것들을 열매 맺지 못했을 것이다.

I. 초기 생애

펜윅의 아버지 아치발트(Archibald Hugh Fenwick, 1813-1868)가 5살이 된 아들 펜윅을 남겨둔 채 세상을 떠남으로 펜윅은 그의 인생 가운데 힘든 시기를 맞게 되었다.[1] 아버지의 죽음은 펜윅이 남들처럼 정상적인 교육을 받는 것을 불가능하게 하였고 혼자 살아가야 할 방법을 터득해야 하는 자리에 이르게 하였다.

1. 조상

아치발트는 11명의 자녀를 두었으며 말콤 펜윅은 그의 10번째 자녀로 1863년 마컴(Markham)에서 태어났다. 펜윅의 아버지는 큰 땅을 소유하고 있었지만 당시 캐나다의 농산품 가격이 좋지 않았기 때문에 오늘날 우리가 생각하는 물질적 여유를 가질 수 없었다. 1836년 당시 캐나다에서는 밀 36리터가 900원에, 우유 300리터가 50원에, 버터 450그램이 150원에, 고기 450그램이 50원에서 80원 정도에 팔렸다고 기록되어져 있다.[2] 시장 경제가 발달되지 않았던 때에 펜윅의 아버지인 아치발트는 죽었고, 그의 죽음 이후 자식들은 농장 일을 포기하고 하나둘씩 어머니 곁을 떠나감으로 펜윅의 가정 경제는 심각한 어려움에 봉착하게 되었다.

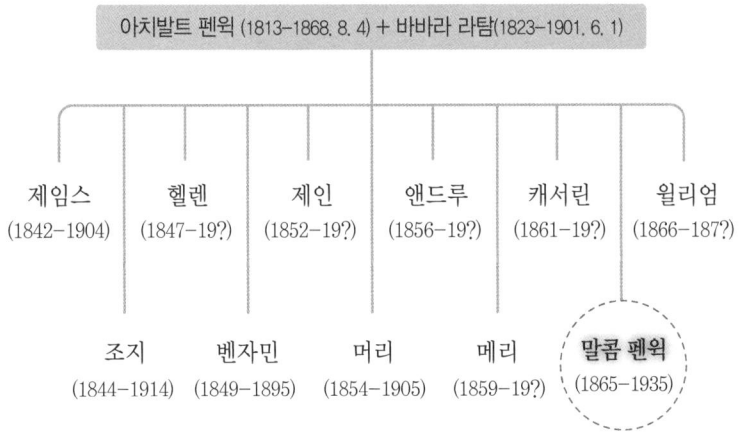

말콤 펜윅의 가계도[3]

2. 교육

1863년 펜윅이 태어나기 전 캐나다 온타리오주에는 아돌퍼스 라이어선(Adolphus Ryerson) 박사가 교육감으로 있었다.[4] 그는 뛰어난 지도력을 갖고 있었고 그의 지도력 덕택으로 온타리오주는 진일보한 교육제도를 이끌어갔다. 라이어선 박사는 모든 사람들에게 교육의 기회를 제공하기 위해 1846년에 교육 법안을 작성하였고 이것이 오늘날까지 온타리오주의 공공 교육 지침이 되고 있다.[5]

이같이 당시 교육의 선구자적인 역할을 담당한 온타리오주에 살았던

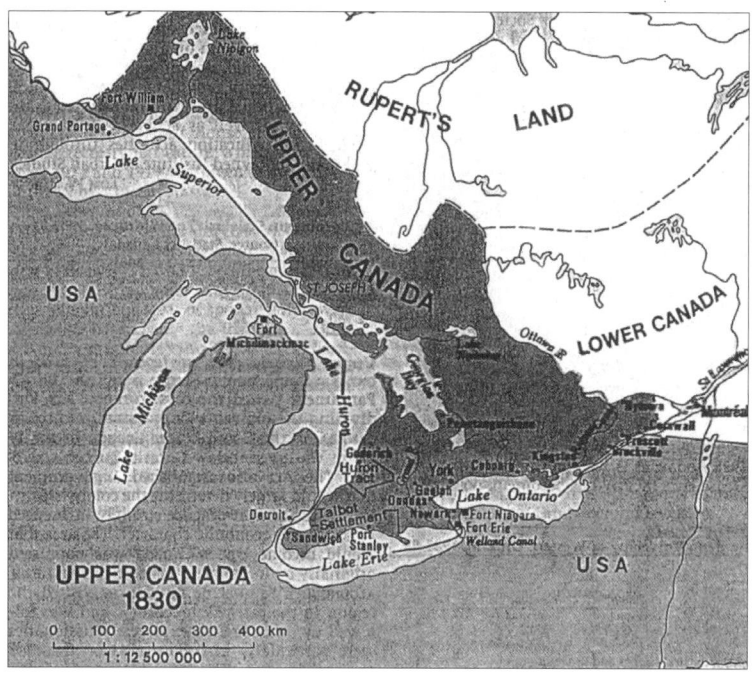

| 펜윅이 젊은 시절을 보낸 온타리오주의 어퍼 캐나다(Upper Canada)

펜윅이지만 가정의 경제적 어려움으로 인해서 교육에 등을 돌려야만 했다. 이와 같이 펜윅은 정상적인 교육이나 신학을 공부할 수도 없었지만 여러 분야에서 골고루 독학을 하였으며 이 모든 것이 하나님의 도우심의 손길임을 고백하고 있다. 그는 자서전에서 자신의 교육 배경에 대해 "그러나 주님, 저는 정상적인 학교 교육을 받지 못했습니다. 목사도 아닙니다. 신학교에 다닌 적도 없습니다…. 캐나다에 있을 때 나를 농촌에서 자라게 하여 농사와 원예와 상업을 가르쳐 주신 분이 주님이라는 것을 저는 믿습니다"라고 고백하였다.[6] 일찍이 많은 유럽인들이 보다 나은 삶을 영위하기 위해 캐나다로 이민을 왔던 1800년대 초반과는 달리 펜윅은 캐나다의 농촌에서 농업과 상업 등 다양한 분야에서 독학으로 지식을 쌓고 있었다.

3. 멘토

감성과 인성의 발달이 가장 왕성하던 시기에 하나님께서 펜윅을 위해 한 선생을 붙여 주셨는데, 그가 바로 스코틀랜드의 글래스고우에 있는 트리니티(Trinity) 대학에서 신학을 공부하고 장로교 목사가 된 맥킨토시이다.[7] 스코틀랜드의 산악 지방에 살던 맥킨토시 가족들이 좀 더 안전한 미래와 삶을 찾아 1804년 초에 자신의 고향을 떠나 이민을 와서 정착한 곳이 캐나다 온더리오주의 글레벨그(Glenelg)였다.[8]

맥킨토시의 형제들은 대다수가 농사일이나 노동일을 하였고 맥킨토시만이 성직자의 길을 걷게 되었다. 맥킨토시는 몇 해 동안 펜윅의 집에 머물게 되는데 그의 도움이 필요하였던 병자들이나 소경들 혹은 학자들이나 정치인들을 언제나 따뜻하게 돌봐주며 상담을 해 주면서 희생의 삶이 무엇인지를 몸소 펜윅에게 보여주곤 하였다. 맥킨토시는 트리니티 대학에서 우등생으로 졸업할 만큼 학문적으로 뛰어났을 뿐만 아니라 시(詩)를 자연스럽게 인용할 만큼 문학적인 자질을 가진 자였는데, 펜윅이 맥킨토시에게 매료가 된 것은 그의 놀라운 업적이나 성숙한 지혜가 아니라 그의 몸에 배어 있는 겸손함과 예수 그리스도의 제자처럼 살아가는 모습을 곁에서 지켜볼 수 있었기 때문이다.

이처럼 맥킨토시는 펜윅에게 있어서 위대한 멘토(mentor)였다. 펜윅은 맥킨토시의 영향을 다음과 같이 회상하였다: "내가 집을 떠나던 날을 잊을 수가 없습니다. 목사님[맥킨토시]은 나를 자신의 서재로 데리고 가시더니 책 한 권을 꺼내어서 내 이름을 그 책 위에다 써 주시고는 무릎을 꿇고 나를 위해 기도해 주시는 것이었습니다…. '말콤, 안식일을 기억하며 거룩하게 지켜라. 그러면 너는 만사가 형통할 것이다. 내가 여러 청년들의 삶을 지켜봤는데 세상으로 타락한 애들은 대다수가 안식일을 기억치 않은 데서 타락하기 시작하더라.' 이 말은 나에게 규칙적으로 교회에 다니게 하였고, 주일학교 사서직을 맡게 했으며, 성가대와 여러 부서들에 참여하게 만들었습니다. 간단히 말해 이 말은 나를 이 땅의 최상의 무리 속에서 살도록 이끌어 주었습니다."9)

펜윅은 정신적으로 아주 민감하던 10대 시절에 영적으로 뛰어난 선생과 함께 지낼 수 있는 복을 받아 누렸다. 펜윅에게 있어서 맥킨토시는 영적 아버지였으며 도덕 선생이었다. 훗날 펜윅 또한 자신의 멘토인 맥킨토시처럼 자기 형제 중에서 유일하게 목회자의 길로 선교사의 길로 나서게 되었다.

4. 세상 경력

펜윅은 아버지로부터 가난을 물려받았지만 결혼하기 이전에 이미 성공한 실업가가 되었다. 그가 18세가 되던 해에 온타리오주의 시범 농장에서 농업과 원예를 배움으로 땅을 가꾸며 경작할 수 있는 능력을 소유하였고,[10] 1884년에는 집을 떠나 1886년까지 토론토에서 살면서 일반법과 회계법 및 금융을 터득할 수 있었다. 그 후 선교사로서의 소명을 다짐했던 1889년 당시에는 40명의 직원을 거느리는 철물상 도매업의 창고 관리인이 되었고 나아가 토론토 호숫가의 한 매장에서 지점장에까지 승진하였다.

그가 자수성가한 실업가가 된 것은 남에게 의존하지 않는 강한 독립심과 강한 의지력 때문이었다. 그의 절친한 친구였던 영재형(L. L. Young) 선교사는 펜윅을 "거칠고 두려움이 없는 진리의 파수꾼"[11]으로 묘사하고 있다. 펜윅은 한번 마음먹은 일이면 좀처럼 자신의 결정을 바꾸지 않는 단호한 성품의 소유자였으며, 비록 고등교육을 받지는 않았지만 다양한 방면에서 독학한 능력 있는 자였고 아버지의 실패를 극복한 유망한 청년이었다. 하지만 펜윅은 물질적 안녕보다는 오히려 영적인 행복을 추구하는 영의 사람이었다.

II. 회심과 소명

선교사에게 있어서 구원의 확신은 매우 중요하다. 예수 그리스도께서 나의 죄를 위해 죽으심으로 하나님의 자녀가 되었음을 분명히 인식하고 있어야 한다. 그리스도를 통하여 하나님의 양자가 되었기에 어떤 고난과 역경 가운데서도 하나님의 사랑으로부터 분리될 수 없음을 믿어야 한다. 이런 분명한 회심이 선교사에게 있어서 왜 중요한지 바울을 통해 살펴보자. 바울은 죄수의 몸으로 로마로 후송되기 전 천부장에게 끌려가 심문을 받던 차에 천부장은 바울에게 "네가 헬라 말을 할 줄 아느냐?"(행 21:37)라고 묻는다. 이 때 바울이 저는 "할 줄 모릅니다"라고 답변했더라면 천부장과 바울사이의 대화는 단절되고 더 이상 진전이 없었을 것이다. 하지만 그는 자신 있게 "네"라고 하였다.

천부장은 아람어를 사용하는 유대인을 무시하기 위해 물은 질문인데 그의 생각은 완선히 빗나갔다. 바울은 이미 아람어와 헬라이에 능통한 이중언어 선교사였다. 이중언어에 능숙한 바울에게 절호의 찬스가 온 것이다. 그리고는 그 유명한 '구원 간증장'이라고 불리는 사도행전 22장에서 바울은 자신에 찬 모습으로 천부장 앞에서 자신이 구원받았던 내용을 차근차근 설명해 나가고 있다. 그의 분명한 회심은 이미 준비되어진 현지인 언어로 기회가 왔을 때 놓치지 않고 전달되었다. 바로 그렇다. 선교사는 자신이 구원받은 간증을 어느 곳에서나 누구를 만나든지 현지인 언어로 전달할 수 있는 준비가 되어 있어야 한다.

펜윅이 그리스도를 자신의 구세주로 믿고 하나님의 자녀가 되도록 영향을 끼친 사람은 그의 어머니인 바바라 라탐 여사였다. 바바라는 마치 디모데의 어머니 유니게와 같았다. 그녀의 경건성과 성실한 신앙은 펜윅이 젊은 시절부터 영에 속한 사람으로 살아가게 하는 기반이 되었다. 그의 회심은 20대 초반에 이루어졌고 20대 중반에 싱글 선교사로 헌신하여 당시 오지지역이었던 한국땅으로 파송되었다. 그는 한국에서 자신의 언어 선생으로 서경조(徐景祚)를 만나 한국어를 빠른 속도로 배우게 되었고 한국에 도착한 지 2년도 채 안되어 서경조의 도움을 받아「요한복음전」이라는 쪽복음을 번역할 정도였다.[12] 펜윅의 분명한 회심과 구원의 확신은 현지인 언어로 열매 맺기 시작한 것이다.

1. 회심

펜윅의 회심은 전적으로 그의 어머니 바바라 라탐(1823-1901)의 간곡한 권유에 의해 이루어졌다. 1884년 펜윅이 집을 떠나기 전에 그의 어머니는 펜윅에게 예수 그리스도를 구주로 영접할 것을 부탁하였는데 2년여의 세월 동안 그는 구원의 진리를 알기 위해 공부도 하며 모든 노력을 다 기울여 보았지만 별로 성과를 거두지 못했다. 그러던 중 그가 23살이 되던 1886년에 토론토의 어느 길가 한 모퉁이에서 주님을 만나는 감격을 누리게 되었다.

펜윅은 자신이 경험한 구원의 감격을 회상하면서 "이곳은 오래전 내가 갈등하던 시절에 내 친구되시며 구세주되시는 주님께서 나를 만나 주신 곳입니다. 그분은 인자한 얼굴로 나를 바라보면서 '너는 자격이 없지만, 내게는 있노라. 나는 너를 살리기 위해서 죽었단다'라는 주님의 음성을 듣게 되었습니다. 그때 나는 구원받을 줄을 알게 되었다"라고 술회하였다.[13] 펜윅은 오랫동안 영적으로 씨름을 하다가 길가에서 주님을 만나 구원의 확신을 갖게 되었고 그리스도 안에서 새로운 피조물이 되었다.

2. 선교에 대한 소명

1889년 7월 17일부터 24일까지 열렸던 나이아가라 사경회에서 펜윅은 선교사로 부름 받아 사역할 것을 결심하였다.[14] 그 때에 펜윅의 선교 소명에 결정적인 영향을 끼친 자는 중국내지선교회(China Inland Mission, CIM)의 창시자였던 허드슨 테일러(James Hudson Taylor)였다. 펜윅은 선교사로서의 소명에 대해 "나이아가라 사경회에서 주님께서는 나를 멀리 있는 이방인들에게 복음을 전하도록 부르셨다"라고 고백하고 있다.[15]

이때가 펜윅의 나이 26살이었다. 하지만 여전히 신학교육의 부재가 그의 선교 소명에 발목을 잡고 있었다. 당시 한국으로부터 온 한 비보가 펜윅의 귀에 들렸는데 그것은 존 헤론(John W. Heron, 1856-1890) 박사의 아내가 한국에서 복음을 전한 죄로 감옥에 갇혀 곧 사형을 받게 될

| 펜윅이 26살에 선교사 소명을 받은 나이아가라 사경회 장소

| 제2대 제중원 원장(1887-1890)으로 일하다가 33살의 젊은 나이에 주님 품으로 간 헤론 박사

것이라는 소식이었는데 이 소식은 사실과 무관하였고 헤론 박사의 아내는 감옥에 갇힌 일도 없었다.[16] 잘못된 오보였지만 헤론 박사가 과로로 병사한 것이 와전되었다. 오히려 이 사건은 펜윅으로 하여금 선교사로 일하도록 마음을 굳히게 하였지만, 자신의 신학교육 부재로 펜윅은 주저하고 있었다.

그러던 7월 어느 날 펜윅이 마음을 바꾸게 된 결정적 계기는 프린스톤대학 출신의 학생자원선교운동(Student Volunteer Movement, SVM)의 지도자인 로버트 윌더(Robert P. Wilder) 선교사의 간증에 있다. 그가 비록 녹슬고 찌그러진 깡통 같다 할지라도 생명을 구하는 물을 나를 수 있다는 것과 묶인 밧줄을 끊어야 배가 목적한 방향으로 멀리 항해 할 수 있다고 말한 로버트 윌더 선교사의 간증을 듣고 난 후, 선교사로서 주저하는 마음을 바로잡고 헌신하게 된다. 그리고 나서 4개월이 지난 후, 펜윅은 한국으로 항해를 시작하여 1889년 12월 11일에 한국에 도착하였다.[17]

1889년 7월에 펜윅은 선교사로 헌신할 것을 마음으로 정한 뒤 선교사로 파송되기까지 4개월이란 짧은 준비 기간을 가졌는데, 이것은 그의 주된 관심사가 주님이 다시 오시기 전 어서 속히 이방인들에게 복음을 전해야 한다는 것이었기에 어떤 사유이든 선교에 대한 그의 소명은 지체될 수가 없었다. 그는 1889년 파송될 때에 선교사로서 좋은 자질을 지니고 있었다. 하지만 부족한 면도 없지 않았다.

윈스톤 크롤리(Winston Crawley)는 그의 저서 「세계선교」(Global Mission)

에서 선교사의 자질 다섯 가지로 건강, 영성, 성숙, 융통성, 사랑을 강조하고 있다.[18] 펜윅이 한국으로 파송될 때 그는 건강이나 영성이나 융통성이나 영혼에 대한 뜨거운 사랑은 충만하였다. 하지만 선교사로 파송되기 전에 체계적인 선교 훈련을 받지 않은 관계로 선교사에게 꼭 있어야 할 성숙함은 아직까지 미약한 상태였다. 그렇지만 구원 받지 못한 이방인들에게 하루 빨리 복음을 전해야 한다는 강한 사명감 때문에 그의 선교는 한국에서 서둘러 시작되었다.

III. 한국 선교

말콤 펜윅은 1889년 12월 11일 한국에 도착하여 1935년 12월 6일 세상을 떠날 때까지 약 46년 동안 한국에서 선교하며 일생을 바쳤다.[19] 이 기간 동안 펜윅은 무엇보다도 두 가지 선교 패러다임을 보여주었다.[20] 첫 번째는 후원형 선교 패러다임으로 펜윅은 당시 해외선교를 강조하였던 나이아가라 사경회를 통해 이 패러다임의 영향을 받았고, 두 번째는 파송형 선교 패러다임으로, 이에 관해서는 클래런던 스트리트 침례교회(Clarendon Street Baptist Church, 이하 클래런던 침례교회)에서 목회하고 있던 아도니람 고든이 펜윅에게 직접적인 영향을 끼쳤다. 펜윅은 클래런던 침례교회에서 머무는 기간 동안 선교지향적인 고든 목사가 선교사들을 훈련시킬 뿐만 아니라 직접 파송하여 열매 맺는 것을 보면서 자신의 선교 패러다임을 전환시켜 초기 한국기독교 선교부흥에 크게 이바지하게 되었다.

1. 후원형 선교 패러다임

펜윅의 후원형 선교 패러다임은 그가 한국에 첫 내한한 1889년부터 이후 3년간 미국과 캐나다를 방문하여 머문 1896년까지의 선교활동에서 볼 수 있다. 이 선교 모델은 아직까지도 대다수의 복음주의 교회에서 가장 많이 애용하고 있는 선교 모델이라 할 수 있다.

(1) 배경

펜윅의 후원형 선교 패러다임은 전적으로 나이아가라 사경회에서 비롯되었다. 그는 23살이었던 1886년에 구원의 확신을 체험하면서 이후 나이아가라 사경회에 꾸준히 참석하였다. 이 사경회 가운데 1888년과 1889년도는 특별히 해외선교가 강조되었던 모임이었다.[21] 1888년 사경회에서는 중국내지선교회의 창시자인 허드슨 테일러가 7월 19일에서 20일까지 양일간 "중국내지선교회"란 메시지로 펜윅뿐만 아니라 참석한 모든 청중들에게 선교의 중요성과 도전을 심어 주었다.[22]

1889년에는 나이아가라 사경회의 총무인 윌리엄 어드만(William J. Erdman)이 나이아가라 사경회를 통해 이루어진 선교 결과를 보고하기도 하였다.[23] 또한 허드슨 테일러는 1889년 사경회에서도 주요 강사로 초청을 받아 말씀을 전하였고, 이때에 약 2,500불이 중국내지선교회를 후원하기 위해 모금되었다고 한다.[24] 사경회에 참석한 모든 사람들은 기쁜 마음으로 테일러가 세운 중국내지선교회를 후원했던 것이다.

필자의 견해로는 펜윅도 분명히 중국내지선교회를 위해 기꺼이 후원했을 것이라고 믿고 있다. 그 이유는 당시 펜윅이 나이아가라 사경회를 통하여 확신하였던 전천년주의 종말론 신앙에 빠져 있어서 세상보다는 하나님의 왕국이 확장되는 일에 큰 관심을 가지고 있었고, 게다가 어느 정도 성공한 실업가였기 때문이다.[25] 그는 한국에 선교사로 파송되기 이전에 이미 세계 선교를 위해 기도와 물질로 후원한 경험을 지니고 있었다. 펜윅이 후원 선교가 하나님의 나라를 확장시키는 중요한 수단임을 믿게 된 것은 바로 나이아가라 사경회였다.

특히 펜윅이 1889년 나이아가라 사경회에서 선교사로서 헌신할 것을 다짐한 이후 그를 후원하기로 한 선교 단체는 1888년 10월에 토론토의 몇몇 실업인들이 중심이 되어 조직한 한국연합선교회(Corean Union Mission, CUM)였다. 헨리 고든(Henry B. Gordon)은 최초로 한국연합선교회의 회장이 되었고 그는 이 직책을 수행하기 이전에 토론토 YMCA 선교위원회의 회장으로도 활동을 하였다.[26] 한국연합선교회의 정책을 살펴보면 이 선교회는 해외선교사를 위한 후보생 자격으로 목사 안수를 받는 것이나 특정 교단에 소속되어 있는 것을 요구하지 않았기 때문에 경제적 후원을 100% 약속할 수 없었다. 하지만 펜윅에게는 1893년까지 재정적인 지원을 하였다고 한다.[27]

펜윅이 이 선교 단체에 의해 파송 받게 된 배경은 한국연합선교회의 최초 선교사였던 로버트 하크니스(Robert Harkness, 1858-1938)가 1889년에 한국에서 선교 활동하는 것을 사임함으로서 선교회가 다른 사람을 물색하게 되었고, 그러던 중에 펜윅을 알게 되어 하크니스를 대신하여 펜윅을 지원하기로 결정하였던 것이다. 이 당시 펜윅은 한국연합선교회로부터 도움을 받는 것을 제외하고는 본인이 출석하였던 캐나다의 마컴시에 있는 중앙장로교회나[28] 불신자였던 형이 보내준 돈이나 어떤 특정 교단의 경제적 후원도 거절하였다고 한다. 펜윅은 형이 보내준 돈을 거절하였는데 그 이유가 형이 불신자라는 사실 때문이라고 한다.[29) 오직 한국연합선교회의 후원만을 받으며 펜윅은 스물여섯 살의 평신도 선교사로서 1889년 12월 11일에 부산에 첫 발을 내딛었다.[30)

(2) 특징

펜윅의 후원형 선교 패러다임에 나타난 첫 번째 주요 쟁점은 돈의 문제이다. 이 패러다임에서 재정 후원은 일반적으로 성도들이 주거하지 않는 타문화권에서 살고 있는 선교사들에게 주어지는데, 후원금의 정도는 선교사들의 경력에 따라 달라질 수 있고 선교 정책을 결정하는 것은 오직 선교 단체의 몫이 된다.

선교사에게 있어서 후원 단체로부터 돈을 받는 것이 중단된다는 것은 선교활동을 그만 두라는 얘기와 마찬가지이다. 불행하게도 이런 일이 펜윅에게 일어났었다. 한국연합선교회로부터 펜윅에게 송금되었던 돈이 갑자기 중단되었는데 그것은 바로 펜윅의 필화사건(筆禍事件) 때문이었다. 사건 발단의 계기는 펜윅이 나이아가라 사경회 때에 이미 친분을 쌓았고 사경회의 총재이기도 하였던 제임스 브룩스(James H. Brooks)에게 언더우드의 한국 선교에 관련된 비난의 편지 한 장을 보내었고 그것을 브룩스가 편집장으로 있던 「진리」(The Truth)라는 잡지에 기고해 줄 것을 부탁한데서 비롯되었다.[31)

이 편지의 내용은 언더우드가 1891년부터 1892년까지 안식년을 보내는 동안 미국과 캐나다를 순회하면서 본인이 한국에서 했던 선교활동을 보고 했는데 그 내용이 너무 과장되었다는 것이다. 언더우드가 황해도 소래에서 마음의 준비도 되어 있지 않고 문답도 받지 않고 심지어 삿갓을 벗지 않은 자에게 세례를 준 인원이 100명이나 된다는 것이었다.[32] 이 같은 내용의 편지는 1891년 「진리」에 곧 바로 실리게 되었고 그 이후 1893년에는 제임스 존스톤(James Johnston) 박사의 「중남부 아프리카에서의 진실 대 허구」(Reality versus Romance in South Africa)라는 책에 그 내용의 일부분이 다시 게재(揭載)되기도 하였다.[33] 이 일이 있은 후에 펜윅과 언더우드 부인 사이에 한차례 혈전이 벌어졌으며 서로를 곤경에 처하게 만들었다.

이 이야기는 나중에 펜윅을 후원하던 한국연합선교회까지 알려지게 되었고 이들은 펜윅에 대해 "반드시 소환해야 할, 화 잘 내는 어리석은 사람"이라고 평하면서 펜윅의 선교 지원을 중단하고 말았다.[34] 펜윅의 직설적이고 강한 성격은 언더우드를 허풍쟁이로 만들었고 결국 그의 첫 선교의 꿈은 큰 난관에 부딪히게 되었다. 이런 어려운 상황을 해결할 만한 아무런 능력도 지니지 못한 펜윅은 자신을 후원했던 선교단체의 결정을 따르게 된 것이다.

펜윅이 후원형 패러다임에서 보여준 두 번째 특징은 한국연합선교회에 소속된 선교사들의 선교 활동이 선교회에 의해 신랄하게 평가받게 된다는 것이었다. 이 패러다임에서 선교사는 제3자로부터 평가받는 학생의 신분에 지나지 않기 때문에 펜윅 역시 평가받게 되었다. 펜윅이 한국연합선교회와 마찰을 일으킨 이후 그는 초기 한국 개신교 역사상 처음으로 후원형 선교 패러다임의 희생자가 되는 오점을 남기고 말았다.

펜윅의 후원형 패러다임에서의 세 번째 특징은 그의 후원자인 한국연합선교회와 영적으로 깊은 관계를 형성하지 못했다는 점이다. 이 선교 모델에서 펜윅의 후원자들은 펜윅의 삶과 사역에 피상적으로 관여하였을 뿐, 펜윅과 깊은 교제가 없었다. 사실 펜윅은 1893년 다시 본국을 방문할 때까지 거의 3년 동안 자신을 후원하는 자들과 깊은 영적 교제를 갖지 못하였는데, 이것이 그에게 있어서는 보이지 않는 독으로 작용하였다. 펜윅이 그의 후원자들과 깊은 교제권이 형성되어 있었더라면 후원자들로부터 깊은 상처를 받거나 선교단체와의 결별하지 않고 좀 더 쉽게 문제를 해결할 수 있었을 것이다.

마지막으로 펜윅이 보여준 후원형 패러다임의 네 번째 특징은 그의 후원자들이 선교사로 하여금 선교사 훈련을 받도록 기획하거나 훈련시키지 못했다는 점이다. 펜윅의 선교 훈련은 그의 후원자들에 의해 이루어진 것이 아니었고 방문 선교사나 초청 강사나 선교 대회 같은 외지(外地)에 의해 이루어졌다. 즉 펜윅은 한국으로 파송되기 이전에 한국연합선교회를 통해 선교 훈련을 받은 것이 아니라 나이아가라 사경회의 주 강사였던 브룩스 총재, 어드만 사무총장, 피어선 박사, 테일러 선교사와 같은 외부 강사들에 의해 선교의 도전과 사명을 배웠다.

(3) 사역

펜윅이 후원형 패러다임에서 보여준 첫 번째 사역은 자립(自立) 선교였다. 비록 그가 짧은 기간 동안 한국연합선교회로부터 재정 후원을 받고 있었지만 펜윅은 자신이 생각해 온 신교의 꿈을 실현하기 위하여 1891년 원산에 산업농장을 세웠고 그 결실은 세월이 지나 후원형 때 보다는 파송형 패러다임 때 더 큰 열매를 거두게 되었다. 이것은 주로 대단위 토지 농업을 위한 시험 농장이었지만 이 농장에서 시행되었던 작업은 높은 수준이었다고 한다.35) 이 시험 농장을 토대로 펜윅은 1898년에 「한국인의 보고」(Korean Repository)란 잡지에 "한국의 농사법"이란 글을 기재하며 농업에 대한 그의 뛰어난 전문 지식을 소개하였다:

"이곳[한국]에는 이미 메밀을 팔기 위한 시장이 형성되고 있다. 메밀은 생산성이 높고 고급 비료를 사용하지 않고도 잘 자라기 때문에 가난한 사람에게 인기 있는 농작물이다. 메밀은 토양을 잘게 부수는 성질이 있어 풀을 없애 주기만 한다면 질소가 가장 풍부하게 들어있는 곡물 중의 하나인 클로버가 있는 주변을 아주 기름진 땅으로 만들어 준다. 메밀은 또한 엄청난 양의 꿀을 생산해 낼 것이다. 내 견해로는 스웨덴 무우는 밀, 귀리 또는 보리를 심은 이후에 우기에 파종하면 잘 자라는 곡물이라 생각되며 한국인에게는 가축사료로 사용하는 것이 보다 이로울 것이라 여겨진다."36)

펜윅은 왜 선교지에서 산업 농장을 세웠을까? 그의 긍정적 선교 전략은 자립적 정책을 이루는 것이었다. 비록 한국연합선교회로부터 도움을 받는다 할지라도 펜윅은 선교 활동에 필요한 물질을 주로 일터에서

| 펜윅이 점선부분 주변의 땅을 구입하여 원산농장(元山農場) 경영

일한 대가로 얻어지는 수입을 통해 충당하려고 했다. 텐트메이커(tentmaker)였던 사도 바울처럼 펜윅은 해외에서의 선교 사역을 보다 효과적으로 이끌기 위해 자신만이 알고 있던 농업적, 원예적, 식물적 기술을 적극적으로 활용하였다.

펜윅이 자립 선교를 실시했던 또 다른 이유는 근로의 소중함을 한국인에게 일깨워주기 위함이었다. 당시 양반, 상인, 천민이라는 사회적 신분이 엄격하게 규정되어 있는 한국 문화 속에서 펜윅은 산업 선교를 통해 그리스도께서 보여주셨던 섬김의 정신을 몸소 한국인에게 보여주려고 했음을 다음 글을 통하여 알 수 있다. "채소밭을 만들고 있는 동안 사람들은 서양 선교사인 내가 옷을 벗고 노동하는 모습을 보고 약간의 충격을 받았다. 동양인의 사상에는 선생이나 선비는 어떤 경우에도 육체노동을 해서는 안 되었다. 서양의 계급제도가 그 폐쇄적인 사상을 이방 문화에서 빌려 온 것이 아닌지 의심이 날 정도였다. 50명이 넘는 사람들 가운데 팔을 걷어붙이고 일하는 사람은 세 사람뿐이었는데 내가 고용한 한국인 두 명과 나였다."[37]

펜윅이 한국에 처음 왔을 때 캐나다의 실업인들로부터 후원을 받고 사역을 하였지만 한국에 온 지 2년이 안 되어 자립으로 선교할 수 있도록 원산에 기틀을 세운 것이다. 한국에 개신교가 처음 소개 될 즈음에 대다수의 개신교 선교사들이 자신들을 파송한 본부로부터 물질적인 후원을 받으며 학교를 세우거나 병원을 짓고 있을 때 펜윅은 신업 신교사로서 기초를 마련하기 시작했다. 당시 펜윅이 이러한 자립선교(self-supporting)를 하겠다고 나선 것은 대단한 시도가 아닐 수 없었다. 펜윅은 1891년에 원산농장을 구입하여 다양한 과일과 식물과 채소와 원예를 가꾸었고 1926년에 이 농장을 매매하기까지 거의 35년 동안 외부의 기독교 단체나 지역 교회의 도움을 받지 않고 자력(自力)으로 선교하는 산업 선교사였다.

펜윅보다 거의 1세기 앞서 농업과 원예와 인쇄술 등을 인도사회에 소개하면서 가능한 선교비를 현지에서 자립적으로 조달하려고 애를 썼던 윌리엄 케리(William Carey)와 같이 펜윅은 한국 개신교 최초의 산업 선교사라 할 수 있겠다. 펜윅은 서양의 과일과 채소를 소개하고 농업의 혁신을 이끌어 간다는 것이 선교사가 단순히 기독교의 메시지를 전파하는 것보다 선교지에 더 큰 영향을 미칠 수 있음을 알고 있었다. 이것은 선교사 스스로에게 그리고 현지인들에게 여러 가지 측면에서 긍정적 영향을 끼치는 것이었다.

펜윅은 한국에 도착한 이후 지금 당장은 아니지만 훗날 많은 불신자를 얻기 위해 선교의 디딤돌을 세우는데 많은 시간을 투자해야 한다고 믿고 있었다. 그래서 그가 펼친 두 번째 작업은 성경을 번역하는 것이었다. 한국에 온지 2년이 채 안된 1891년에 펜윅은「요한복음전」을 처음으로 발행하였다.[38] 이「요한복음전」에서 펜윅이 양반층과 서민층을 동시에 전도할 목적으로 한문과 한글을 병용한 성경을 번역하였음을 볼 때, 그는 상류층뿐만 아니라 서민들이 즐겨 사용하는 언어로 번역하는데 힘을 썼음을 알 수 있다.[39] 옛 한국의 관습에 따르면 상류층은 오직 한문만 읽고 썼으며 오늘날의 한글은 언문이라고 해서 무시하여 잘 사용하지 않았다는 사실을 볼 때, 펜윅은 마틴 루터처럼 성경을 서민층의 언어로 번역한 위대한 선교사였음을 알 수 있다.[40]

「요한복음전」에서 펜윅은 또한 그의 상황화 선교 전략을 잘 보여주고 있다. 일례로 그는 신(神)을 하나님으로 번역하였다. 한국인들에게 하나님이란 단어에서 '하나'는 '한 사람', '님'은 '구주 혹은 주님'을 의미한다. 한국 샤머니즘을 살펴보면 하나님은 여러 신들의 계급 조직에서 유일신을 의미하는 수장으로 인식되고 있다. 따라서 펜윅은 삼위일체 하나님의 성서적 개념을 한국 문화에 상황화시키는 작업에서 하나님이란 용어를 신을 의미하는 말로 채택함으로 그의 상황화 선교 전략의 한 면을 보여 주었다.

요약컨대 후원형 선교 패러다임에서 펜윅이 심혈을 기울였던 선교 정책은 구심적 선교 전략으로 모아진다. 세상의 이방인들이 교회로 와서 모이는 선교 정책을 사용한 것이다.[41] 이처럼 후원형 패러다임에서 그의 선교는 불신자를 직접 얻는 것에 초점을 두기 보다는 이들이 마음 문을 열고 점차적으로 기독교에 쉽게 접근할 수 있는 선교 전략을 사용 하였다. 그렇다 보니 후원형 패러다임에서 펜윅은 제자를 양성하여 선교사로 해외에 파송하거나 선교지에서 교회를 개척하여 교회 성장을 꾀하는 등의 일은 할 수 없었다.

지금까지 살펴본 바와 같이 후원형 패러다임에서 펜윅이 보여준 대표적인 선교 전략은 두 가지이다. 첫째가 산업 선교이다. 사실 산업 선교와 비슷한 개념의 텐트메이커 선교는 아프가니스탄에서 20년 동안 텐트메이킹 선교를 한 크리스티 윌슨(J. Christy Wilson) 박사에 의해 1979년에 처음으로 소개되어 1980년대 이후부터 활성화되어졌는데, 그가 말하는 텐트메이커 선교사는 평신도 자비량 선교사로서 해외에서 자신의 전문 일자리를 가지고 복음을 전하는 그리스도인을 말한다.[42] 윌슨과 펜윅 간의 공통점은 복음을 전하기 위해 모교회(mother church)에 의존하지 않고 자신의 전문 일자리를 통해서 자력으로 사역을 했다는 점이다. 다만 차이점이 있다면 펜윅은 파트타임 개념의 텐트메이커 선교사보다는 풀타임의 산업 선교사 개념에 가깝다고 볼 수 있다.[43] 펜윅의 산업 선교는 초기 한국기독교 선교에서는 앞서가는 전략이었고 오늘날 우리들에게 선교 정신을 어떻게 가다듬어야 할지 보여주는 사례라 할 수 있겠다.

그 다음 대표적인 선교 전략은 문서 활동이었다. 그가 비록 고학을 하였지만 한국에 온 지 불과 몇 해가 안 되어서 어떻게 성경을 번역하는 일에 착수할 수 있었을까? 이것은 펜윅이 한국으로 파송되기 이전에 그가 정규적으로 참여하였던 나이아가라 사경회를 통해서 배웠기 때문이

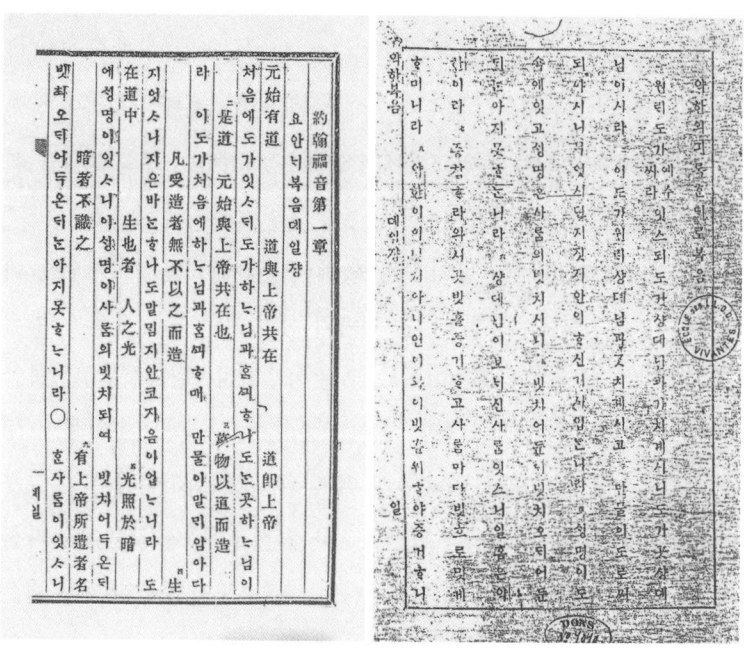

| 요한복음서 번역본 대조(좌측 1891년 판, 우측 1893년 판)

었다. 사경회를 인도했던 브룩스, 고든, 어드만, 피어슨은 모두 종교 잡지나 정기간행물에 수많은 글들을 기고하였던 유명한 저자들이었다.[44]

펜윅은 이들의 문서 활동이 19세기 후반 미국의 기독교에 큰 영향을 미친 것을 직접 보았고, 그 역시 한국 땅에 온지 얼마 안 되어 문서 선교에 박차를 가해 도착한 지 2년 만인 1891년에 「요한복음전」을 번역하였다. 그 이후 1893년에는 「요한복음전」을 수정하여 간행한 「약한의 긔록한 대로 복음」을, 1899년에는 「요한복음」과 「빌립보서」의 합본을 발간하였으며, 그 해에 「복음찬미」를 발행하기도 했다. 이 모든 결실은 그가 나이아가라 사경회를 통해 깨달은 것에서 비롯되었다.

2. 파송형 선교 패러다임

펜윅이 필화사건으로 인해 한국연합선교회(CUM)로부터 후원받던 재정이 중단된 이후 새롭게 시도한 선교 모델이 파송형이다. 파송형 패러다임에서는 선교 정책에 관한 모든 것을 선교 단체에 의존하기 보다는 보다 독립적으로 운영한다는 것이 특징이다. 훈련 받은 선교사들을 자신들이 필요한 선교지에 파송하여 그들로 하여금 정규적으로 선교 보고를 받고 나아가 선교사들을 재훈련시킬 수 있게 함으로 자주적인 선교 전략들이 파송형 패러다임을 통해 창출될 수 있다. 펜윅은 이러한 파송형 선교 모델을 그가 한국에서 신교한지 17년이 지난 1906년에 이르러서야 꽃을 피울 수 있게 되었다.

(1) 기원

펜윅은 후원형 패러다임 기간 동안에 성경을 번역하면서 선교사로서의 큰 족적을 남길 수 있었지만 제자를 양육하고 주님의 몸 된 교회를 세우는 데는 실패하였기에 어떻게 하면 하나님의 일꾼을 훈련시켜 영의 사람으로 사용될 수 있는지에 관심을 가지게 되었다. 이러한 고민을 해결하기 위해 그는 1893년부터 1896년 사이에 그의 고국인 캐나다와 미국을 방문하였다.[45] 약 3년 동안 이곳에 머물면서 펜윅은 나이아가라 사경회 참석자들에게 전천년주의 종말론에 관한 글로 널리 알려진 고든 목사를 만나게 되었고 그가 1889년 10월에 개원한 보스턴 선교사 훈련학교를 통해 선교사로서의 자질을 다지게 되었다.[46]

이 기간 동안 펜윅은 고든 목사가 학생들을 선교사로 파송하는 것을 보게 되었는데 종전의 나이아가라 사경회 때 보았던 후원형 선교 모델과는 달리 고든 목사가 실행하는 파송형 선교 모델에 매료를 느끼게 되었다. 그래서 펜윅은 1894년에 한국연합선교회와는 공식적으로 관계를 끊고 그 해 캐나다에서 한국순회선교회(Corean Itinerant Mission, CIM)라는 독립 선교 단체를 조직하게 되었다. 한국순회선교회를 통해 훈련 받은 선교사들을 더 많은 지역에 파송하며 자신이 세운 선교 단체의 열매를 보기 위해 펜윅은 1896년 봄에 한국으로 돌아와 함경도 원산에 한국순회선교회 본부를 세우게 되었다.[47]

이후 이 선교회는 1901년에 엘라 씽 기념 선교회(Ella Thing Memorial Mission)와 합병을 하게 되었고 1906년에는 다시 대한기독교회(Church of Christ in Corea)라는 교단으로 바뀌게 되었지만 처음에 그가 의도하였던 파송형 선교 모델은 계속 유지되었다. 마침내 펜윅은 1906년에 충청도 강경 구역의 용안 교회 출신인 한태영 외 4인(유내천, 이자삼, 장봉이, 이장운)을 북간도 선교사로 처음으로 해외에 파송하게 됨으로 자신이 늘 마음으로 그려왔던 해외 선교의 꿈을 이루게 되었다.[48]

(2) 특징

펜윅이 실시한 파송형 패러다임의 첫 번째 특징은 무엇보다도 사람이 강조되었다는 것이다. 이 패러다임의 목적은 후원자들이 자신의 사람들 가운데 선교사를 직접 모집하고 훈련시켜 선교지로 파송하는 것이다. 후원자는 선교 단체와 여전히 함께 일하지만 동등한 파트너로서 인식 된다는 것이 후원형과는 다른 점이라 할 수 있다.

1894년에 펜윅은 한국순회선교회(CIM)를 조직한 이후 스스로 선교회의 회장이 되었고 조셉 더글라스(Joseph R. Douglas)라는 평신도는 여러 사람들로부터 크게 존경 받던 자로서 선교회의 사무총장 겸 재무로 임명되었다.[49] 펜윅은 선교 단체의 후원자 역할뿐만 아니라 회장이 되어 자신이 조직한 선교회를 통해 사람들을 훈련시키는 일에 중점을 두었다.[50]

그러나 일꾼을 양성하려는 펜윅의 꿈은 한국순회선교회를 통해 이루어진 것이 아니라 오히려 엘라 씽 선교회와 합병하면서 이들의 영성을 관리하기 위해 공주에 세워야 했던 성경학교와 엘라 씽 선교회 소속이었던 충청도 지역의 몇몇 교회를 통해서 펜윅의 제자들이 처음으로 하나 둘씩 배출되면서 시작되었다. 이때에 주님을 영접하였던 한태영, 최성업, 박노기, 이현태 등은 펜윅에 의해 해외선교사로 임명되어 당시 우리 실향민들이 많이 살고 있었던 간도, 만주, 시베리아, 몽골 등지로 파송되어 영혼을 구원하며 교회를 세워 하나님의 나라가 확장되는 일에 앞장섰다.

펜윅이 시도한 파송형 패러다임의 두 번째 특징은 펜윅 자신의 선교 전략을 보여 주었다는 점이다. 이 선교 모델에서 펜윅은 선교 정책을 수행하는 면에 있어서 의존적인 위치에서 벗어나 독립적이고 자주적인 위치가 되었다. 사실 대한기독교회에서 파송된 해외선교사들은 모두다 후원형이 아닌 파송형 패러다임에 영향을 받아 파송되었던 자들이다.

마지막으로 펜윅의 파송형 패러다임의 세 번째 특징은 양보다는 질에 중점을 두었다는 점이다. 이 패러다임에서 펜윅은 얼마나 많은 선교사들을 파송 하였는가 하는 것보다는 선교사의 질에 더 많은 관심을 두었다. 그래서 효율적인 복음 전파를 위한 기대가 이 선교 모델을 통해서 무르익게 되었다. 예를 들자면 펜윅은 복음에 대한 열정을 지닌 선교사를 배출하기 위해 교단 본부인 원산뿐만 아니라 공주에 성경학교를 세워 하나님의 나라를 확장시키는 일에 혼신의 힘을 다하는 영의 사람을 키우는 일에 힘썼다.[51]

(3) 활동

파송형 패러다임에서 펜윅이 가장 역점을 두며 시도한 첫 번째 사역은 오지선교였다.[52] 펜윅은 26세의 젊은 나이에 복음에 대한 열정 하나만 가지고 한국 땅에 와서 선교를 하였지만 그의 의도와는 달리 영혼을 구원하는 일에는 정작 큰 성과를 거두지 못했고 이 문제를 끌어안고 실마리를 풀기 위해 그는 1893년에서 1896년 사이 약 3년 동안 미국과 캐나다를 방문하였다. 이 때 펜윅은 고든 목사가 운영하였던 보스턴 선

| 서간도 지역의 임강구역에 복음을 전한 전도대원들(1924년)

교사 훈련학교를 통해 고든 목사가 아프리카, 인도, 중국과 같은 오지 국가에 선교사를 집중적으로 파송하는 것을 보았고, 그가 선교의 열매를 클래런던 교인들과 함께 나누며 이들에게 해외 선교의 비전을 심어 주어 선교에 참여케 하는 것을 보면서 펜윅은 선교에 대한 새로운 생각을 가지게 되었다.[53]

고든 목사가 보여 주었던 오지선교는 펜윅이 미국을 방문하기 전인 1892년에 장로교와 감리교가 주축이 되어 결성되었던 선교지 분할협정(Comity Arrangement)에 적극적으로 대처할 수 있는 선교전략이었다. 당시 선교시 분할협성은 한 지역에서 여러 교단의 활동과 선교 정책의 중복을 피하여 선교사 개인뿐만 아니라 각 교단의 자원이 불필요하게 손실을 입지 않도록 하는데 목적을 두고 있었다.[54]

따라서 펜윅은 선교지 분할협정으로 인하여 누가복음 14장 23절의

"길과 산울타리 가로 나가라"는 말씀에 의지하여 타 교단이 별로 관심을 두지 않고 또한 많은 선교사를 파송하지 않았던 만주나 시베리아 그리고 몽골 같은 동북아시아의 오지 지역에 선교사를 대대적으로 파송하게 되었다. 펜윅이 대한기독교회를 조직하였던 1906년에 한태영을 비롯해 유내천, 이자삼, 장봉이, 이자운 5인을 첫 해외선교사로 북간도에 파송한 것을 필두로 해서 1909년에는 최성업을 시베리아 선교사로, 1924년에는 이현태와 함께 방사현, 이충신 등 3명의 선교사를 몽골에 파송하였다.[55]

1949년까지 펜윅이 이루어 놓은 선교 현황을 살펴보면 한국 전역에 약 100여 교회를, 만주 지역에도 약 100여 교회를, 시베리아에서는 약 47개 교회를, 몽골에서는 수 개 처의 교회가 세워졌다고 한다.[56] 펜윅의 동료 선교사들은 경성(서울)을 중심으로 도시 선교에 박차를 가할 때 그는 고집스러울 정도로 남들이 싫어하는 산간벽지에 선교사를 파송하여 그의 일꾼 가운데 약 60%를 오늘날에도 여전히 미전도 종족에 가까운 오지 지역에 파송하여 하나님의 교회를 세우는데 전념하였다. 이러한 열매는 그가 고든 목사의 오지선교 정신을 본받아 실시하였기 때문에 가능하였다.

하지만 펜윅이 오지선교만을 너무 강조한 나머지 그의 전도 대상자는 상류층에서 하류층으로 변화하게 되었다. 앞서 언급한 것처럼 후원형에서는 양반과 천민층 모두를 겨냥하여 선교를 하였지만 파송형에서는 오로지 오지선교에만 사활을 걸고 선교를 하다 보니 그의 전도 대상자는 농사꾼이나 노동자, 화전민이나 마른 버섯을 파는 젊은이들과 같은 저소득층으로 제한될 수밖에 없었다.[57] 한국 사회가 19세기 말부터 근대화와 산업화, 도시화의 거센 도전으로 근대 사회로의 새로운 전환을 맞던 시기에 서양 학문을 배워 조국을 일깨우는데 앞장서려 했던 젊은이들의 욕망을 읽는데 펜윅은 미약하였다.[58]

한국인들을 보다 효과적으로 전도하기 위해서 펜윅은 그들이 무엇을 생각하는지 그들의 관심은 무엇인지 그들이 무엇에 가치를 두고 있는지 그리고 그들이 정작 두려워하고 있는 것이 무엇인지를 파악했어야만 했다. 그러나 펜윅은 주님이 오시기 전 한 사람이라도 빨리 구원시켜야 한다는 전천년주의 종말론에 깊이 빠져 있었으므로 인재를 양성하는 데는 관심을 보이지 않았다. 그렇다 보니 타 교단과는 비교가 안 될 정도로 인재의 빈사 상태를 만들어 놓은 것은 조국의 침례교단이 오랜 세월동안 겪어야 할 아픔이자 풀어야 할 과제가 되었다.

또한 펜윅의 오지선교가 장기적인 선교 효과를 가져다주는 데는 미약했다고 볼 수 있다. 그의 선교 무대는 주로 북한과 동북 아시아였는데 이곳이 펜윅에게 선교지로 가장 효과적이었는지 질문을 던질 필요가 있다. 그가 교단의 본부를 원산에서 공주로 옮겼다면 어떤 결과가 초래되었을까? 물론 선교지 분할협정으로 그의 선교 영역이 남한 지역으로 확장되기가 불가능했을 것이라고 반박을 할 수도 있다. 하지만 대한기독교회의 대다수 새신자는 원산에 있던 교단의 본부보다는 공주에 세운 성경학교를 통해서 많이 배출되었다.[59] 펜윅은 공주 성경학교와 충청지역의 교회에서 훈련 받은 대다수의 일꾼들을 선교사로 파송하였는데 막상 자신이 운영하던 원산 성경학원에서는 많은 선교사들을 배출하지 못했다.

펜윅은 이 사실에 대해 주의 깊게 생각하고 대처해 나갈 필요가 있었음에도 불구하고 노력의 흔적은 찾아볼 수가 없었다. 그는 어서 속히 이방인을 개종시켜야 한다는 사명에 사로잡혀 변화하는 한국 사회의 상황에 대처해 나가는 태도를 보여주지 못했다. 그 결과 그와 그의 제자들이 세운 대다수의 교회는 북한과 동북아시아 지역에 분포되었는데, 1945년 한국이 해방을 맞게 되고 남과 북의 분단으로 인해 1946년에는 남쪽의 대한기독교회의 교세가 250개 교회에서 40개 교회로 급격히 감소하는 결과를 낳게 되었다.[60]

피터 와그너(C. Peter Wagner)는 그의 교회 개척 전략에서 교회를 성장시키기 위한 올바른 장소로 사람들이 변화를 겪고 있는 지역을 선택해야 한다고 말하고 있다.[61] 그는 이주가 잦은 지역, 자연재해가 많은 지역, 전쟁의 아픔을 겪는 지역, 산업화의 변화가 일어나는 지역을 선택할 것을 강조하고 있다. 펜윅은 당시 정치적, 경제적 사유로 만주에 이주하였던 사람들을 복음 전도대상자로 삼았는데 이곳은 정치적으로 위험한 곳이었다. 당시 동북아시아에서는 1894년부터 1895년까지 청일전쟁이 있었고, 1931년에는 만주 사변이 있었으며, 1937년에는 중일전쟁이 발생하였다.[62]

펜윅은 선교지 분할협정으로 북방선교에 매진할 수밖에 없는 상황이었지만 이곳은 복음의 수용성이 높은 곳이라 오히려 복음의 확장 속도가 빨랐다. 하지만 해방 이후 북방선교 지역은 모두 사회주의 국가로 변하여 펜윅의 북방선교 정신을 지속적으로 계승받지 못하는 아픔을 안고 말았다.

펜윅이 파송형 패러다임에서 보여준 두 번째 사역은 신앙 선교였다. 펜윅의 신앙 선교 역시 고든 목사를 통해 배운 것이다. 고든은 전천년주의 목사로서 주님이 재림하시기 이전에 어서 속히 땅 끝까지 복음을 전해야 한다는 사실 때문에 그의 사역을 모두 성령께 의존하였고 하나님의 일을 생동력있게 추진해 나가는 인물이었다. 그렇다 보니 고든 목사는 성령의 사역과 기도 생활을 유난히 강조하였고 이런 신앙 선교는 펜윅이 1894년에 만든 "한국순회선교회(CIM) 원리와 목적 선언문"에 그대로 반영되어 있다. 이 선언문에서 펜윅의 신앙 선교 정신을 엿볼 수 있는데 일례로 선교비의 문제를 남에게 호소하지 않고 하나님의 백성들의 자발적인 믿음으로 나오는 헌금에 의존할 것을 강조 하였다. 이것 역시 고든 목사의 신앙 선교 철학을 통해 터득한 산물이었다.[63]

사실 펜윅이 오지선교를 감당할 수 있었던 것도 신앙 선교라는 정신이 뒷받침 되지 않았더라면 힘들었을 것이다. 펜윅은 그의 제자들을 철두철미하게 성경 말씀에 충실케 하였고 사도 바울이 그러했던 것처럼

| 신앙선교와 오지선교를 몸소 실천한 펜윅 제자들

성령께서 시키시는 대로 움직이는 믿음의 사람으로 훈련시키고 난 뒤 선교지로 파송하였다. 이들이 지구촌의 변방에서 기쁘고 감사한 마음으로 영혼을 사랑하며 구원하는 일에 전념할 수 있었던 것은 철저히 신앙 선교의 정신으로 무장되었기 때문이다.

마지막으로 펜윅이 파송형 선교 모델에서 실시한 것은 타종교 선교였다. 펜윅이 선교할 당시 한국인들은 주로 샤머니즘, 유교나 불교에 빠져 있었기에 이들을 복음화하지 않고는 선교란 요원한 것이었다. 마침 그는 미국을 방문할 당시 고든 목사가 보스턴 지역에 물밀 듯 이민 온 유대인들과 중국의 불교인들에게 관심을 가지고 새로운 삶을 살아가도록 선교하는 것을 보았다.[64] 고든 목사의 타종교에 대한 선교 전략은 훗날 펜윅으로 하여금 다른 종교에 심취해 있는 한국인들에게 어떻게 접근하여 말씀 안에서 영적인 사람이 되게 할 것인지를 일깨워 주었다.

펜윅은 캐나다와 미국의 방문을 마치고 돌아온 지 1년이 지난 1897년에 황해도의 소래에 복음을 전할 기회가 있었다. 그가 방문하였던 소래교회는 원래 마을 사람들이 갖가지 복을 빌거나 마귀를 숭배하던 성황당이 있던 곳이었다.[65] 그만큼 샤머니즘이 강한 지역에 하나님의 교회가 우뚝 서게 된 것이다. 펜윅은 강한 영성이 필요하였던 소래교회에서 부흥회를 인도하며 몇 해 전 고든 목사가 유대인들이나 불교에 심취해 있던 중국인들에게 무관심하지 않고 직접 다가가서 그들의 필요를 채워주기도 하고 복음을 소개하여 하나님의 사람으로 변화시켰던 것을 다시 한 번 회상했을 것이다.

그의 수고와 기도로 부흥회 때에 은혜 받은 자가 무려 300여 명이나 되었다. 그들 중 무속 신앙에 빠져 있던 자들도 펜윅의 부흥회를 통해

새사람으로 거듭날 수 있는 기회를 지니게 되었다. 펜윅은 이 때 도움을 준 사람이 안씨 부인[안대벽의 어머니]이라 하였다.[66] 더욱이 펜윅의 타종교 선교 전략은 나중에 그의 첫 제자였던 신명균에게도 영향을 미치게 되었고 그로 하여금 유교의 심장부 역할을 하였던 공주 지역을 복음화하는데 일조를 하게 하였다.[67] 고든 목사처럼 펜윅 역시 타종교 선교에 관심을 가졌고 그 일을 감당하였다.

결론적으로 펜윅이 파송형 선교 패러다임에서 가장 중요시하게 여겼던 선교 정책은 원심적 선교였음을 알 수 있다. 교회는 세상과 관련되어 있기 때문에 세상과 등지지 않고 온 누리 끝까지 뻗어 나가서 복음을 직접 전파하는 선교 전략을 사용한 것이었다. 그렇다 보니 후원형과는 달리 파송형에서의 선교 열매는 영혼을 구원하거나 교회를 개척하며 신앙을 훈련시키는 다양한 방법으로 이루어지게 되었고, 오지선교나 신앙 선교에서도 타종교 선교와 같은 원심적 선교가 두드러지게 사용되어 펜윅은 실제적으로 교회 성장을 파송형 선교 모델을 통해서 경험할 수 있었다.

사실 펜윅이 처음에 실시했던 후원형 패러다임에서의 구심적 선교(와서 듣는 선교, come and hear mission)는 완벽한 선교형태가 아니었기에 미완성 선교라 할 수 있다. 하지만 펜윅은 파송형 패러다임으로 전환하였음에도 종전의 구심적 선교는 지속적으로 유지하였고, 그것과 함께 원심적 선교(가서 전하는 선교, go and preach mission)를 추진힘으로 1906년 이후부터 그가 세상을 떠난 1935년까지 선교의 황금시대를 맞이하게 된다.

펜윅은 사역 초기의 어려움으로 인해 그의 선교 패러다임을 바꿔야만 했다. 선교 단체로부터 선교 후원을 받을 수 없는 지경에 이르렀을 때에 펜윅이 예전의 패러다임을 과감히 버리고 새로운 패러다임을 모색한 것은 그의 선교에 있어서 축복이 아닐 수 없었다. 그가 어려움을 극복하고 선교 패러다임을 새로이 모색함으로 그의 선교는 점차 큰 열매로 채워지기 시작하였다.

Ⅳ. 펜윅의 별세와 선교적 공헌

1935년 12월 6일, 26세의 싱글 선교사로 한국을 방문하여 46년 동안 전천년주의 종말론 사상에 사로잡혀 영혼구령과 교회개척을 위해 일생을 바쳤던 펜윅 선교사는 향년 72세의 일기로 원산자택에서 제자들의 애도 속에 고요히 주님의 품으로 돌아갔다.[68] 그는 한 통의 유서와 단 두 마디의 유언을 남겼는데, 그 유언은 "내가 세상을 떠난 뒤에도 우리교회는 세상에 있는 교회들과 갈라놓으라. 그들에게 물들이지 말라"는 말과, "내 무덤은 봉분(峰墳)하지 말고 평장으로 하라"는 것이었다.[69] 이렇게 명한 이유는 무덤이 높으면 사람들에게 교만스럽게 보이기 때문에 평장을 유언한 것이었고, 평소 펜윅을 따르고 존경하던 자들에 의해 자신이 죽고 난 이후에 백골(白骨)이 우상화(偶像化) 되는 것을 막기 위해서였다고 한다.

유서는 영국대사와 조선판사와 공증인의 입회하에 개봉되었고, 펜윅은 유서가 실행될 수 있도록 모든 권한을 안대벽, 김재형, 전치규 세 사람에게 위임하여 이들이 모든 것을 실행하였는데, 다만 강경의 봉화재 토지와 공주의 하봉천 토지는 처분되지 못하였다.[70] 펜윅은 46년간의 선교활동을 마무리 하면서 자신의 모든 재산을 교단의 발전을 위해서

| 말콤 펜윅의 장례식(1935년)

기증하였고, 자신과 평생을 같이 하며 살아왔던 일꾼들에게 적법하게 재산을 분배해 주었는데, 그러한 모습을 바라보면 그는 분명 물질 관리에 있어서 사욕(私慾)이 없는 정직한 선교사였음을 알 수 있다.

펜윅이 한국땅에 머물며 사역한 것을 평가해 볼 때에 펜윅이 그가 우리에게 어떤 선교적 유산을 물려주었는지 질문을 던지고 싶다. 필자는 두 가지를 발견할 수 있는데 첫 째는 선교사의 주된 업무가 현지인 지도자를 양성하는데 우선순위를 두어야 한다는 것이다. 하지만 지도자 양성에 우선순위를 두었던 펜윅도 1889년 12월 11일 한국에 도착한 이후, 그가 해산의 수고를 거쳐 잉태하였던 영적 아들 신명균을 무려 13년의 세월이 지난 1903년 2월 10일이 되어서야 최초의 현지인 지도자로서 공주성경학원의 원장으로 파송하였다.[71]

오랫동안 인고(忍苦)의 세월이 흐른 후에 얻은 귀한 열매였다. 펜윅은 자서전에서 고백하기를 선교사 우월주의가 토착인을 길러내는데 무서운 독(毒)이라는 사실을 긴 세월이 지나고 나서야 깨닫게 되었다고 토로하고 있다.[72] 소위 미국, 캐나다, 중국, 프랑스와 같은 대륙 문화권에 있는 사람들이 갖는 문화우월주의 사상이 펜윅에게도 자리 잡고 있어서 이를 극복하는 데 시간이 필요했다.[73]

여기서 한 가지 질문을 던지고 싶은 것은 그가 26세의 젊은 나이에 한국에 와서 무려 13년간 토착인 지도자를 세우지 못했고, 다른 선교사들 같은 경우라면 벌써 선교지를 포기하고 본국으로 귀국할 가능성이 많았을 텐데, 펜윅은 어떻게 이를 극복할 수 있었을까하는 것이다. 필자는 이에 대한 답변이 선교사의 소명에 있지 않나 본다. 펜윅에게는 재정적인 문제도 있었고, 현지인이 자신을 이용만하고 떠나기도 했으며, 주변 사람들의 비난이나 모함까지도 받았기에, 그에게 하나님의 부르심에 대한 확신이 없었더라면 벌써 한국을 떠났을 것이다. 하지만 그에게는 이 부르심이 있었기에 열매가 당장 나타나지 않더라도 기다릴 수 있는 힘이 된 것이다.

그렇다. 오늘날에도 선교사에게 가장 필요한 것은 사방으로 우겨쌈을 당하여 나락으로 떨어지더라도 하나님의 부르심에 대한 변함없음이다. 이 확신이 있을 때에 하나님께서 때에 따라 열매를 채워 주신다. 20대 중반에 한국에 도착했던 말콤 펜윅, 그도 40줄이 되어서야 선교의 재미를 맛보게 되었다. 상상만 해도 기쁘지 않는가!

사도 바울이 안디옥교회에서 1년간 가르친 후에 현지인에게 위임하고 떠난 것처럼 펜윅은 1903년에 이르러서야 신명균에게 공주성경학원을 맡겼다. 그 결과 신명균을 통하여 손필환과 장석천 같은 제자가 탄생되었고,[74] 나아가 이들은 하나님께 받은 은혜가 감사하여 가는 곳 곳마다 교회를 개척하였으며, 이것이 시금석이 되어 1906년에 교단이 탄생하게 된 것이다. 우리는 선교사의 첫 번째 사명이 현지인 지도자를 배출해야 하는 것임을 펜윅을 통해서 잊지 말아야 할 것이다.

펜윅의 두 번째 공헌은 개척선교(frontier missions) 정신을 회복시켜 주었다는 점이다. 펜윅에게 늘 따라붙는 수식어가 있는데, 그것이 바로 '개척자'(開拓者)이다. 전천년주의 종말론 사상의 영향으로 인해 펜윅의 선교에는 믿음으로 어려움을 극복하려는 신앙선교가 있었고, 또한 복음을 전혀 들을 수 없는 험한 준령의 오지지역에 선교사를 파송하는 것은 펜윅의 선교에 있어서 트레이드마크였다. 말하자면 개척선교가 곧 펜윅의 선교라 할 수 있겠다.

오늘날 10/40 창문지역에서 복음을 거의 들을 수 없는 미전도종족들은 펜윅이 예전에 복음을 전한 오지지역과 같은 곳이다. 세계에서 영적 전쟁이 가장 심각하고, 문맹률이 가장 높고, 사스나 조류독감 그리고 결핵 같은 심각한 질병이 난무하며, 교회가 거의 없는 이곳에서 오늘날 어떤 정신을 가지고 선교해야 할 것인가? 필자는 그 해답을 펜윅을 통해 찾고 싶다. 점차 나약해져 가는 우리의 모습을 보면서 그가 보여준 개척선교의 정신이 우리에게 살아 숨 쉰다면 어느 곳이든 하나님의 교회를 세울 수 있으리라 믿는다.

> "모든 이름을 지닌 크리스천들이 정중히 초대받는 성경공부 모임은 단순히 하나님의 말씀을 연구하는 목적을 지닌 것이 아니라 서로를 위로하며 어린아이와 같이 원기회복을 받고 하나님을 섬기는 자가 되도록 하는 것이다." – 나이아가라 사경회 강연 중에서

제2장
펜윅의 신학훈련 나이아가라 사경회

나이아가라 사경회가 열린 퀸스 로얄 호텔 앞의 전경

제2장 | 펜윅의 신학훈련 나이아가라 사경회

펜윅은 나이아가라 사경회를 통하여 자신의 신학을 점차 형성하였다. 특별히 교회론, 종말론, 성서론은 이곳에서 만들어졌는데 예를 들면 초교파주의, 전천년주의, 성경해석학과 같은 것은 모두 그가 이 사경회를 참석하는 기간 동안에 배우며 훈련받게 되었다. 펜윅은 한국에서 선교사로 활동하기 이전 공식적인 신학훈련을 받지 않았기 때문에 나이아가라 사경회는 펜윅에게 있어서 마치 신학적 기능을 담당하였다고 볼 수 있다.

I. 나이아가라 사경회로부터 펜윅의 성경공부

나이아가라 사경회는 캐나다 온타리오주에 있는 세계적으로 유명한 나이아가라 폭포가 있는 곳에서 몇 킬로미터 떨어진 나이아가라 호숫가에서 1883년부터 1897년까지 매년 여름마다 열렸으며 성경을 집중적으로 공부하기 위한 정기적인 모임이었다.[1] 이 사경회에서 펜윅은 사경회의 거장인 아도니람 고든(Adoniram J. Gordon), 제임스 브룩스(James Brooks), 먼홀(L. W. Munhall), 허드슨 테일러(Hudson Taylor), 윌리암 어드만 (William J. Erdman), 윌리암 무어헤드(William G. Moorehead), 아더 피어슨 (Arthur T. Pierson)으로부터 성경을 배웠다.²⁾ 이들은 모두 전천년주의자들로서 이들의 메시지는 주로 그리스도론, 성령, 성경의 영감설, 전천년주의, 세대주의, 초교파주의, 선교, 예언에 집중되었다.³⁾

1. 역사적 배경

나이아가라 사경회가 형성된 것은 19세기 말 기승을 부리던 자유주의 신학 때문이었다. 미국의 자유주의 신학자들은 프리드리히 쉴라이어마허(Friedrich Daniel Ernst Schleiermacher, 1768-1874)⁴⁾가 강조한 독일의 자유주의와 찰스 다윈(Charles Darwin, 1809-1882)⁵⁾에 의해 널리 퍼진 다윈진화론과 월터 라우센부쉬(Walter Rauschenbusch, 1861-1918)⁶⁾가 주창하였던 사회복음과 사역을 지지하면서 정통교리를 공격하였다.

하지만 드와이트 무디(Dwight L. Moody),⁷⁾ 샘 존스(Sam P. Jones),⁸⁾ 집시 스미스(Gipsy Smith)⁹⁾와 같은 복음전도자들은 자유주의 신학에 대항하여 강력하게 말씀을 전하는 선구자들이었다. 이들과 같이 자유주의 신학에 반대하는 입장에 서있는 목회자들도 있었는데 이들은 모두 미래의 나이아가라 사경회의 지도자들로서 침례교단을 대표해서는 고든과 장로교단 쪽에서는 브룩스, 회중교회에서는 스코필드 박사가 있었다. 나이아가라 지도자들은 당시 '이단 잡는 요원'(heresy-hunting agent)으로 알려져 있었다.¹⁰⁾ 나이아가라 대표자들은 자유주의를 척결하기 위해 정기간행물을 발행하였고, 새로운 교육 프로그램을 제공하였으며, 사경회로 알려진 정기적인 여름 모임을 조직하였다. 첫 번째 모임으로 가장 중요한 여름 사경회는 신자들의 성경공부 모임이었고, 이 모임은 훗날 나이아가라 사경회로 알려졌다.[11]

나이아가라 사경회의 기원은 유럽에서 시작했던 개인 성경모임의 부흥회로 거슬러 올라간다. 실제적으로 1860년과 1861년에 일어났던 아일랜드 부흥회는 신자들의 모임으로 알려진 개인 성경공부로 이루어져 있었다.[12] 이 부흥회는 19세기 중엽 미국에서 시작했던 근대 사경회의 싹이 되었고 나이아가라 사경회를 통해 성장하였다.[13] 또한 1870년대에 영국에서 있었던 두 개의 모임도 나이아가라 사경회에 영향을 주었는데 그 첫 번째 모임은 1870년 영국에서 시작한 마일드메이 사경회(Mildmay Conference)였다.

나이아가라 대표자들 중에 마일드메이 모임에 참석한 사람은 1885년에 제임스 브룩스와,[14] 1888년에 아도니람 고든 두 사람이 있었다.[15] 더욱이 1878년, 1879년, 1886년 마일드메이에서 열렸던 몇몇 사경회는 "그리스도의 재림을 강조한 모임"으로 알려졌고 이 모임은 1878년과 1886년의 미국의 역사적인 사경회와 예언적인 모임을 형성하는데 큰 기여를 하였다.[16] 마일드메이 사경회는 나이아가라 사경회 지도자들과 미국의 사경회와 예언적인 모임에 영감을 주었다.

두 번째 모임은 1875년 케직(Keswick) 성 요한 교회의 목사인 하프포드-배터스비(Hartford-Battersby)에 의해 시작된 케직 사경회였다. 고든은 케직 사경회에 대해 "그리스도의 내주(內住)하는 능력은 세상과 육신과 악을 철저하게 넘어뜨려 그리스도인의 안전을 지켜주기에 꼭 강조되어야 한다"라고 분석하였다.[17] 마일드메이처럼 케직에서 일어난 모임 역시 나이아가라 사경회를 형성하는데 영향을 끼쳤다.

　나이아가라 사경회의 공동 발기인은 조지 니드함(George C. Needham)과 제임스 잉글리스(James Inglis)였다. 이들은 1868년부터 1871년에 이르기까지 성경을 공부하기 위해 다른 몇 사람들과 사적인 모임을 갖기 시작했다.[18] 잉글리스가 죽고 난 이후 1872년부터 1874년까지 어떠한 모임도 이루어지지 않았지만, 1875년에 이 모임이 시카고에서 재기되었고 이곳에서 제임스 브룩스는 성경을 공부하기 위한 사람들과 함께 모임을 가졌다.[19] 1882년까지 500명이 넘는 사람들이 매년 성경공부에 참석하게 되자 나중에 참석힌 많은 사람들에게 안전하고 편안한 숙박을 제공하기 위하여 사경회 모임을 1883년 캐나다 온타리오주에 있는 나이아가라 호숫가로 옮기게 되었다. 이곳에서 나이아가라 사경회는 14년 동안 진행되었다.

2. 나이아가라 장소

　사경회 참석자들은 나이아가라로 장소를 옮김으로써 저렴한 값으로 최상의 서비스와 편리한 장소를 제공받게 되었다. 모임은 퀸스 로얄(Queen's Royal) 호텔과 별관에서 열렸고,[20] 사경회 사무총장인 어드만은 나이아가라 장소의 특징을 다음과 같이 기술하였다: "선택된 장소[나이아가라]는 캐나다와 미국에서 온 사경회 참석자들에게는 오기가 편한 곳으로 나이아가라 강의 입구에 있고 폭포에서 약 22km 떨어진 곳에 위치해 있다. 이곳은 예전에 시골의 대저택과 요새가 있었던 곳이지만

| 나이아가라 호숫가에서 퀸스 로얄 호텔 앞을 지나가고 있는 증기선
당시 사경회의 참석자들은 이 증기선을 타거나 증기 기관차를 타고
사경회가 열린 퀸스 로얄 호텔로 이동하였다.

나중에는 여름 휴양지로 자주 애용되는 곳으로 바뀌었는데, 그 이유는 기분을 전환시키는 놀이기구와 신선하고 건강한 공기와 강과 호숫가 주변에 위치한 멋진 장소와 쾌적한 과수원과 큰 폭포와 근접하고 있기 때문이다."[21]

사경회 개최지는 참석자들에게 편리한 교통수단을 제공하였다. 증기 기관차는 아침저녁으로 토론토와 나이아가라와 뉴욕 주의 루이스턴(Lewiston) 사이를 매일 운행하였고, 강에서는 버펄로와 나이아가라 다리를 지나 온 뉴욕행 기차를 배가 기다리고 있었다.[22] 더욱이 그랜드 트렁크(Grand Trunk) 철도는 할인 왕복 여행티켓을 사경회 참석자들에게 정상 값의 3분의 1만 내고 살 수 있도록 판매되었으며, 숙박비는 오랫동안 인상되지 않았다.[23] 예를 들어 펜윅이 처음 사경회에 참석하였던 1886년의 숙박료는 그가 한국에서 사역을 하다가 잠깐 3년 동안 캐나다에 머물고 있을 때에 사경회에 돌아와서 참석하였던 1894년의 숙박료와 거의 같았다.[24]

「진리」라는 잡지의 편집장이었던 제임스 브룩스는 퀸스 로얄 호텔이 1892년 사경회의 장소로서 최상의 위치를 차지한 곳이었음을 강조하였다: "사경회로 모이는 이 건물은 온타리오 호수와 나이아가라 강이 바라다보이며, 푸른 나무숲으로 둘려 쌓여 있고, 세상의 소음으로부터 격리된 곳이다. 그리고 참석자들을 위한 숙박 계획은 퀸스 로얄 호텔과 식사가 제공되는 하숙집에서 완벽하게 이루어져서 어느 누구로부터 불

| 나이아가라 사경회가 열렸던 퀸스 로얄 호텔 앞의 아름다운 전경

평을 들어본 적이 없다."²⁵⁾ 이런 면에서 나이아가라 사경회는 펜윅에게 멋진 장소에서 최고의 강사들이 강의하는 성경을 체계적으로 공부할 수 있는 여건을 마련해 주었다고 할 수 있다.

3. 사경회 개관(槪觀)

나이아가라 사경회는 크게 두 시기로 나눌 수 있다. 첫 번째는 부흥기(1883-1894)²⁶⁾로 이 시기에는 사경회에 참석한 사람들의 참석률이 높았고, 유명한 강사진들이 참석자들에게 열정적으로 강의를 하던 때로 사경회가 원숙기였던 때라고 할 수 있다. 반면에 쇠퇴기(1895-1897)²⁷⁾는 훌륭한 강사진들이 세상을 떠나게 되거나, 사경회의 장소가 다른 곳으로 바뀌게 되어서, 그리고 또 다른 사경회가 이곳저곳에서 많이 생기게 되어서 발생하였다.²⁸⁾

펜윅은 한국으로 출발하기 전 1886년부터 1889년까지 나이아가라 사경회에 참석하였음을 알 수 있다. 왜냐하면 펜윅이 그의 자서전에서 1886년 토론토에서 구원의 확신을 경험한 이후 나이아가라 호숫가에서 "몇 년 동안"(year after year) 성경을 공부하는데 몰두하였다고 언급하였기 때문이다.²⁹⁾ 따라서 펜윅은 1886년 사경회를 시작으로 정기적으로 사경회에 참석하게 되었고, 1889년 11월 한국행으로 배를 탈 때까지 지속적으로 이루어졌음을 알 수 있다.

또한 펜윅은 캐나다와 미국에 1893년부터 1896년까지 3년간 머물고 있는 동안 나이아가라 사경회에 다시 참석하였다. 펜윅은 그의 자서전에서 캐나다로 돌아간 것을 간략하게 언급하며 "1893년 나는 본 고향

땅으로 돌아갔는데 이곳에서 하나님은 나로 하여금 3년의 과정으로 기다리게 하셨다"라고 설명했다.[30] 이후에 "맥켄지 선교사가 세상을 떠난 그 다음 해 봄에 미국에서 원산으로 돌아왔다"라고 언급하였다.[31]

맥켄지 선교사는 1895년 6월 23일 34살의 젊은 나이에 세상을 떠났다. 펜윅은 그 다음해 봄에 한국으로 돌아왔는데, 사경회가 매년 7월 중순부터 8월 초까지 열렸음을 감안하면 1896년 사경회는 참석한 것이 아님을 알 수 있다. 결론적으로 펜윅은 일곱 번 정도 사경회에 참석하였다고 말할 수 있는데, 이 사경회가 펜윅의 신학을 형성하는데 지대한 영향을 끼쳤다는 것은 당연한 일이라 할 수 있겠다.

(1) 1886년 사경회[32]

제10차 신자들의 성경공부 모임은 7월 21일부터 28일까지 온타리오 주 나이아가라에서 열렸다.[33] 사경회의 주제는 주로 예수 그리스도의 인성, 사역, 그리고 직임에 관련된 것이었고,[34] 7일 동안 진행되었으며 다음과 같은 7가지 주제가 집중적으로 다루어졌다: (1) 중보자이신 그리스도; (2) 예언자이신 그리스도; (3) 목자인 예수; (4) 왕이신 예수; (5) 그리스도의 재림; (6) 그리스도의 왕국; (7) 왕의 도시.[35]

8일째 되는 날에 간증과 헌신과 주의 만찬이 거행되었다.[36] 감사하게도 하나님과 그리스도에 대한 많은 감사가 소개되어졌는데 그 이유는 사경회 모임의 축복된 결과에 대하여 간증과 신앙고백이 생각한 것 이상으로 많았기 때문이었다.[37] 필자의 생각으로는 펜윅 역시 이 사경회 때 자신의 간증을 하였을 것이라 짐작된다. 그 이유는 그가 1886년 구원의 확신을 경험한 이후 처음 참석한 사경회였기 때문이다.[38]

1886년 사경회에서는 8명의 주강사들이 강연을 하였다. 이 가운데 5명은 미국에서 온 강사들이었고, 나머지 3명은 캐나다 출신의 사람들이었다. 특별히 이 사경회는 스코필드 박사가 강의한 첫 해로서 펜윅이 처음으로 스코필드를 만난 때라 할 수 있다.[39]

(2) 1887년 사경회

제11차 성경공부 연차모임은 1887년 7월 19일부터 28일까지 8일이 아닌 10일 동안 나이아가라에서 열렸다.[40] 이 사경회는 "전년도의 사경회 때보다 더 많은 참석자들로 시작되었고,"[41] "열흘 동안 진행이 되었는데 처음 시작할 때와 마찬가지로 마칠 때에도 참석자들은 거의 초만원을 이루었다."[42]

1887년 사경회는 주로 성령론, 그리스도론, 종말론을 다루었고, 또한 좀더 흥미롭고 논쟁거리가 되는 창조와 진화, 해외선교의 동기, 그리고 다윗 계시와 같은 주제 역시 다루어졌다. 전체적으로 20개의 다른 주제들이 1887년 사경회에 참석한 사람들을 위해 소개되었다.[43]

해외선교에 관한 강좌도 열렸는데 4명의 강사들이 선교에 대해 강연하였다: (1) 아더 피어선 박사(Dr. Arthur Pierson); (2) 고우포스 선교사(Mr. J. Goforth); (3) 재이콥 프레쉬만 목사(Rev. Jacob Freshman); (4) 아론 매튜 목사(Rev. Aron Matthew).[44] 이들은 하나같이 이방인들에게 복음을 전해야 함을 강조하였고, 침석자들이 하루라도 시체 없이 사신들의 영적인 책임을 감당해야 할 것을 촉구하였다. 이때부터 펜윅은 개인적으로 영혼을 구령하는 일에 더 큰 관심을 갖게 되었다. 더욱이 1887년 사경회에서 스터지스(Sturgis) 시장과 무어씨(Moore)와 베이츠(Bates) 목사가

인도하는 헌신예배는 많은 참석자들에게 인기가 있었다.[45]

(3) 1888년 사경회

제12차 연차 신자들의 성경공부 모임은 수요일 아침 나이아가라에 있는 퀸스 로얄 호텔의 별관에서 열렸고 이곳에 가장 많은 참석자들이 모였다. 1888년 사경회는 8일 동안 진행되었고, 4가지 목적을 지니고 성경을 공부하였다: (1) 지식; (2) 삶; (3) 예배; (4) 모든 신자들은 주 되신 그리스도와 함께 사역해야만 한다.[46] 하지만 사경회의 일반적인 주제는 모세 5경에서의 성령, 성경의 영감설, 모세 5경에서 발견된 주님의 인성과 전천년주의 재림, 중국 내지 선교, 모세 5경에서 그리스도의 인성과 희생적인 사역, 진리의 말씀을 바르게 분류하는 것, 그리고 복음서와 서신서에서의 성령을 다루었다.[47]

1888년 사경회에서 펜윅은 성령론, 성서 해석학, 종말론, 선교학, 그리스도론, 성서론을 배웠다. 지금까지 사경회의 주강사였던 제임스 브룩스와 아더 피어선이 이 모임에 참석치 못하였고, 스코필드 박사는 "진리의 말씀을 바르게 분류하는 것"을 강연하였는데 이를 통해 세대주의 전천년주의가 형성되었다.[48]

1888년 사경회에서 놀라운 사실이 있다면 해외선교를 강조하면서 가시적인 선교 열매가 나타났다는 점이다. 사경회의 사무총장인 어드만은 그 다음 해(1889년)에 선교 결과를 발표하면서 "사경회 결과는 아주 폭넓고 지속적이었다. 왜냐하면 지난 모임[1888년] 이후로 사경회의 많은 참석자들이 선교지로 파송되었고 사경회나 혹은 개인 스스로가 이들 선교사들을 후원하기로 약속했다"라며 선교의 가시적인 결과를

언급했다.[49)]

중국내지선교회의 회장인 허드슨 테일러는 선교 동원에 가장 중요한 역할을 하였다. 헌신예배 시간에 어드만은 허드슨 테일러가 이 사경회에 참석한 것에 대해 상당히 고무되어 있었다.[50)] 테일러는 "중국 내지 선교"라는 주제로 사경회의 둘째 날과 셋째 날에 강연하였고,[51)] 이 강연을 통해 테일러는 왜 자신이 중국에서 사역을 하고 있는지, 자신이 하나님께 기도하고 있는 것이 무엇인지, 중국내지선교회가 하나님의 왕국을 확장시키기 위해 어떤 사역을 완성해야 할 것인지를 강의하였다.

무엇보다도 테일러가 하나님을 의지하는 믿음에 관한 간증은 모든 사람들에게 감동을 주었다. 테일러는 "선교사 100명을 위해 하나님께 기도하였고 하나님께서 어떻게 응답하실지 경험하길 원했는데 하나님께서는 기도를 시작하는 해가 끝나기도 전에 이미 100명의 선교사를 채워주셨고 그 해 내내 이 사실로 인하여 기뻐하였다"라고 간증하였다.[52)]

테일러의 간증은 펜윅에게 큰 영향을 미쳐 자신을 선교사로 동원시키는 계기가 되었다. 테일러는 펜윅으로 하여금 기도가 얼마가 중요한지 신실한 믿음이 선교지에서 얼마나 소중한지를 일깨워주었고 펜윅은 점차 해외선교에 한걸음 앞서 나갈 수 있었다.

(4) 1889년 사경회

제13차 연차 성경공부 모임은 1889년 7월 17일부터 24일까지 8일 동안 나이아가라 호숫가에서 열렸다.[53)] 브룩스가 주장하기를 자신이 지금까지 참여한 모임 중에서 1889년 사경회야 말로 가장 웅장하고 결과적인 면에서도 가장 중요한 일을 하였다고 언급했다.[54)] 그는 덧붙여 말하기를 "입구 주변에 있는 별관은 매 시간마다 참석자들로 가득 차 많은 사람들이 잔디 위에 서 있을 수밖에 없었다. 좌석수를 배로 늘리도록 조치는 이미 취해졌고, 다음 해에는 1천개의 의자를 매트가 깔린 마루 위에 고정시켜서 소음과 혼란을 방지하도록 할 것이다"라고 강조하였다.⁵⁵⁾

또한 1889년 사경회의 숙박시설도 예전에 비해서 좋아졌고 증대되었다. 브룩스는 1889년 사경회에 대해 다음과 같이 언급하였다: "별관은 예전에 발표한 것처럼 확장될 뿐만 아니라 퀸스 로얄 호텔의 윈넷(Winnet) 사장은 100명의 손님을 숙박시킬 수 있는 건물을 별관 주위에 세울 것이며 이들은 호텔에서 적절한 비용으로 음식을 공급받게 될 것이다. 그리고 이곳은 본토에 있는 호텔 중에서 가장 질 좋은 호텔이 될 것이다. 여유 있는 객실과 좋은 식탁과 우수한 서비스와 상쾌하고 건강한 공기와 매 시간마다 기분 좋은 환경과 실패하지 않는 하나님의 말씀에서 나오는 영의 양식으로 인해 크리스천들은 나이아가라에서 제공하는 기쁘고 유익한 보양(保養)의 계절을 맞게 될 것이다."⁵⁶⁾

1889년 사경회의 주제는 6가지 분야로 나뉠 수 있다. 첫째는 성령론으로 2개의 주제가 있었고, 둘째는 성서론으로 하나의 주제가 언급되었으며, 셋째는 종말론으로 세 개의 주제를 다루었고, 넷째는 그리스도론으로 다섯 개의 주제가 있었으며, 다섯째는 선교로 두 개의 주제를 취급하였고, 여섯째는 성서 해석학으로 두 개의 주제가 있었다.⁵⁷⁾ 펜윅은 한국으로 오기 이전 유능한 나이아가라 지도자들이 가르쳐주었던 성경과 신학을 배울 수 있었고, 이것은 펜윅에게 있어서 축복이었다. 하지만 그는 여전히 어느 특정 교단에 얽매이지 않기를 원했다.

펜윅에게 있어서 1889년은 아주 중요한 사경회였다. 그 이유는 펜윅이 선교사로 소명을 받은 때가 1889년이기 때문이다. 펜윅은 자신의 자서전 「대한기독교회사」(The Church of Christ in Corea)를 통해 "나이아가라 사경회에서 이방인들 속으로 멀리 가서 복음을 전하도록 소명을 받았다"라고 기술하고 있고,[58] 또한 "1889년 7월에 선교사로서의 소명이 나로 하여금 한국으로 가도록 재촉하였다"라고 언급하였다.[59] 펜윅은 1889년 나이아가라 사경회에서 선교사로서의 소명을 받은 것이 확실한데, 그렇다면 과연 누구를 통해 이러한 결정을 하였는가 하는 점이다.

제임스 브룩스가 기고한 글을 통하여 유추할 수 있는 사실은 1889년 허드슨 테일러가 선교에 관한 메시지를 참석한 자들에게 전달한 이후 확인되지 않은 6명의 젊은이들이 일어서서 이방인에게 복음을 전하는 일에 자신의 삶을 바칠 것을 결심하였다는 것이다.[60] 필자는 마음속으로 질문을 던져보면서 이 6명의 젊은이들 가운데 펜윅이 포함되어 있지 않을까라고 생각해 보았다. 왜냐하면 펜윅은 나이아가라 사경회가 강조했던 전천년주의 종말론 사상에 몰입되어 자신을 선교사로 헌신할 것을 1889년 7월에 결심했고, 이 결단을 그에게 선교 동원을 불러일으킨 허드슨 테일러와 제임스 브룩스에게 보여 주었다는 것 때문이다.[61] 드디어 펜윅은 1889년 11월에 자기 고향을 떠나 1889년 12월 11일에 한국에 도착하였다.

(5) 1893년 사경회

제17차 성경공부 연차 모임은 1893년 7월 6일부터 13일까지 나이아가라 호숫가에서 열렸다.[62] 이 해에 펜윅은 캐나다로 돌아갔는데 왜 그가 그렇게 했는지는 불명확하다. 허긴 박사는 그 이유로 두 가지를 제시하였는데 첫째는 언더우드 박사와의 갈등과 두 번째로는 평신도 선교사역의 장애물을 꼽았다.[63] 1893년 사경회는 종전의 사경회보다 한 달 일찍 시작되었는데, 제임스 브룩스는 이 모임에 대해 "매일 아침 6시와 7시 30분 사이에 아침 기도와 찬양을 하기 위해 상당히 많은 사람들이 참석하였고, 이들은 이른 시간에 성만찬을 즐겼으며, 예전에 어떤 모임에서도 이처럼 성령이 임재하시며 역사하시는 것을 경험할 수 없었다"라고 보고하였다.[64] 「진리」(The Truth)라는 잡지는 이 사경회의 연설을 싣기 위해 예전과는 달리 분량을 확대하기도 하였다.[65]

이 연차 모임은 몇 가지 주제를 다루고 있는데 에베소서의 성령, 다시 오실 그리스도, 인생의 창조자이며 후원자이신 성령, 신약성경에 나타난 교회와 세상, 영의 승리자로서 그리스도, 기독교 경험의 근원으로서 성령, 주님 재림의 긴박성, 다시 올 적 그리스도, 계시, 예언 연구의 중요성, 구속과 새로운 일, 성경(성경의 해석자, 요한일서의 분석, 영원한 형벌)등 이었다.[66]

1893년 사경회는 펜윅이 고향 캐나다로 돌아와서 처음으로 참석한 모임이었다. 이 연차 모임의 주제는 예전에 열렸던 사경회의 주제와 별반 차이는 없었고, 스코필드 박사가 "주님 재림의 긴박성"[67]과 "영원한 형벌"[68]을 강연한 것이 새롭다 할 수 있겠다.

(6) 1894년 사경회

제18차 성경공부 연차 모임은 1894년 7월 12일부터 18일까지 7일 동안 열렸다.[69] 1894년 사경회는 처음부터 두 명의 강사가 강연을 하였는데, 첫 번째 강사로는 코넬리우스 울프킨(Cornelius Woelfkin)으로 7월 12일 목요일에 "하나님의 교회"라는 주제로 메시지를 전하였고,[70] 두 번째 강사는 미국의 유명한 복음전도사로 알려진 채프만(J. Wilbur Chapman)이 성령에 관해 두 번, 시편을 한 번 강의하였다.[71] 또한 스코필드 박사는 "공관복음에 나타난 세대주의 특징"과 "교회에서의 관계"를 강연하기도 하였다.[72] 펜윅은 이 사경회 기간 동안 성령론, 종말론, 교회론, 성서론, 성경 해석학, 성경읽기에 대해 배울 수 있었다.[73]

(7) 1895년 사경회

제19차 연차 나이아가라 사경회는 1895년 6월 26일부터 7월 2일까지 7일 동안 캐나다 온타리오주 나이아가라 호숫가에서 열렸다.[74] 1895년 사경회는 종전의 모임과는 달리 한 달 일찍 시작되었다. 나이아가라 사경회는 1895년부터 쇠퇴기를 맞이하게 되는데, 그 이유는 아무리 사경회의 내용이 좋다 할지라도 새로운 사상이 제공되지 않는 모임에 대해 참석자들이 점차 흥미를 잃어버리기 시작하였기 때문이다.

1895년 사경회에서 주로 다루어진 주제는 성경의 완전성, 영성과 성령의 법, 화해, 양자, 성령의 사역, 그리스도의 재림, 복음이란 무엇인가?, 신약성경의 비밀, 구약에서의 예배 유형, 다시 오실 이스라엘의 메시야, 삶과 봉사, 미래의 예언 시대 등이었다.[75] 또한 스코필드 박사는 "주님의 재림"이란 제목으로 강연을 하였고,[76] 펜윅은 이 사경회를 통해 기독교인으로서 알아야 할 다양한 주제를 공부할 수 있었다. 1895년 사경회는 펜윅이 참석할 수 있었던 마지막 사경회였다.[77]

4. 나이아가라 지도자들

펜윅은 그의 자서전 「대한기독교회사」(The Church of Christ in Corea)에서 나이아가라 사경회의 "지도자들"(monarchs)을 통해 성경을 배웠다고 언급하였다.[78] 그렇다면 그 지도자들은 누구인가? 사경회에서 강연한 수많은 강사들 가운데 6명의 사람들이 펜윅의 선교와 사역에 지대한 영향을 끼쳤다. 이들은 바로 아더 피어선, 허드슨 테일러, 스코필드, 제임스 브룩스, 아도니람 고든, 존 채프만이다.

(1) 아더 피어선(Arthur T. Pierson)

| 펜윅에게 해외선교에 불을 당겨 준 아더 피어선 박사

아더 피어선(1837-1911)은 펜윅으로 하여금 해외선교에 관심을 갖도록 처음으로 도전을 심어 준 사람이었다. 피어선 박사는 1887년 사경회의 선교 모임에서 "불타는 열정을 가지고 냉랭한 가슴에 희생의 불을 붙이며 교회 전체를 움직일 수 능력을 지닌 자"로서 연설하였고, "뜨거운 열정을 중대한 대의명분에 사용할 것"을 강조했다.[79] 피어선 박사는 펜윅이 가슴 속에 열방을 품고 선교할 수 있는 열정을 지니도록 자극하였고, 사경회를 통해 펜윅의 삶이 해외선교에 푹 빠지게 하여 선교에 대한 의무와 헌신을 촉구하였다.

더욱이 나이아가라 사경회에서 맺은 개인적 관계로 인해 펜윅은 1894년 즈음에 피어선과 고든으로부터 목사 안수를 받게 되었다.[80] 펜윅이 1894년에 목사 안수를 받았을 것으로 여겨지는 이유는 다음과 같은 사실 때문이라 볼 수 있다. 펜윅이 캐나다로 돌아가서 언더우드의 선교보고를 보게 되고 「진리」(The Truth)라는 잡지에 고발한 것이 1893년 이었고, 언더우드의 아내는 1894년 「세계선교개관」(The Missionary Review of the World) 8월호 잡지에서 펜윅을 맹공격하였다.

그리고 고든은 그 다음해 1895년 2월 2일에 세상을 떠나고 말았다. 이러한 사건의 연대기를 살펴보면서 하나의 가능한 가설은 펜윅이 1894년에 목사 안수를 받았을 가능성이 가장 높다는 것이다. 피어선 박사는 펜윅으로 하여금 선교지향적인 사람이 되게 하였을 뿐만 아니라 목사안수도 주었다. 이로 인해 펜윅은 피어선 박사에게 많은 빚을 진 사람이라 할 수 있다.

(2) 허드슨 테일러(James Hudson Taylor)

| 펜윅에게 선교의 롤모델을 보여준 중국내지선교회(CIM)의 창시자 허드슨 테일러

허드슨 테일러(1832-1905)는 중국내지선교회의 창시자로서 1888년 7월 19일부터 20일까지 나이아가라 사경회에 처음으로 참석하였다.[81] 이 모임은 펜윅이 허드슨 테일러를 처음 만나는 시간이기도 하였다. 테일러는 헨리 프로스트(Henry Frost)의 긴박한 요청을 받고 난 이후 1887년 12월에 미국 방문길에 올랐고, 1888년 가을까지 머물게 되었다.[82] 이 기간 동안 테일러는 1888년 무디 노스필드 사경회(Moody's Northfield Conference)에 초청받아 강연을 하였고, 같은 해에 나이아가라 사경회에 참석한 자

들에게 세계 선교를 강의할 기회를 갖게 된 것이다.

테일러는 이틀 동안 "중국 내지 선교"에 관한 메시지를 전달하였는데, 다음의 간증은 펜윅에게 가장 큰 인상을 심어준 허드슨 테일러의 간증이다: "허드슨 테일러는 중국을 끝에서 끝까지 복음으로 부흥시키기 위해서는 100명의 일꾼이 필요하리라 결정했고, 그래서 영국으로 전보-"1887년에 100명의 새로운 사역자를 위해 기도해 주시오"-를 보내었다…. 테일러는 자신과 함께 할 신입회원들을 모집하기 위하여 영국으로 돌아갔다. 사실 600명의 지원자들이 선교지로 갈 것을 약속하였고 테일러는 102명만을 선발하여 선택하였다…. 그해 마지막에 102명의 사람들 모두는 사역지에서 일할 일꾼들로 가입하였다.[83]

허드슨 테일러는 펜윅으로 하여금 이방인에게 복음을 전할 수 있도록 신앙선교의 중요성을 처음으로 심어준 사람이었고, 조지 백(George Paik) 박사는 펜윅이 1894년에 조직하였던 한국순회선교회(CIM)의 원리는 중국내지선교회의 원리와 흡사하다는 사실을 주장하였다.[84] 펜윅은 신앙선교의 전략에 관해 처음에는 허드슨 테일러로부터 영향을 받았고, 나중에는 이 원리를 고든을 통하여 가르침을 받게 되었으며, 1902년이 지나고 나서야 신앙선교의 열매가 점차 가시적으로 나타나기 시작했다.[85] 이처럼 허드슨 테일러는 수년 동안 펜윅의 신앙선교를 형성하는데 지대한 영향을 끼친 선교사 중의 한 사람이 된 것이다.

더욱이 테일러는 1889년 여름에 펜윅의 선교 소명에 강한 영향을 끼치기도 하였다. 나이아가라 사경회의 회장인 제임스 브룩스는 테일러가 1889년 사경회에 다시 참석하게 된 것을 기쁘게 생각하였고, 이 해의 사경회에서는 허드슨 테일러의 선교를 후원하기 위해 2,500달러를 마련하기도 하였다.[86] 필자는 펜웍이 당시 중국내지선교회를 물질적으로 후원하는데 도움을 주었으리라 추측하는데, 이유인 즉슨 펜웍은 성공한 실업가였고 자신이 전천년주의 종말론 사상에 심취해 있었기 때문에 두말없이 후원하였을 것이라 생각되어진다.[87]

1889년 사경회에서 허드슨 테일러가 강연을 하고 난 이후 6명의 젊은이들은 스스로 선교사로 헌신할 것을 다짐하였다. 필자는 펜웍이 이 6명 중의 한 명일 것이라고 믿는다. 그 이유는 첫째 펜웍이 선교사로 헌신할 것을 결정할 때 나이가 26세 싱글이었고, 둘째 그가 나이아가라 사경회에서 선교 소명을 받았다는 점이다.[88] 펜웍에게 있어서 허드슨 테일러는 선교사로서 소명을 갖도록 동기부여를 해주어 이방인들에게 복음을 전하기 위한 신앙선교의 중요성을 일깨워 준 선교사였다.

(3) 사이러스 스코필드(Cyrus I. Scofield)

| 펜웍에게 종말론의 영향을 끼친 스코필드 박사

사이러스 스코필드(1843-1921)는 회중교회 목사로서 펜웍의 종말론에 가장 큰 영향을 끼친 나이아가라 지도자였다. 펜웍은 1886년 사경회 때 스코필드를 처음으로 만나게 되었고,[89] 이후 1888년 사경회는 펜웍에게 중요한 모임이 되었다. 그 이유는 이 사경회에서 펜웍이 스코필드의 강연을 통해 자신의 종말론을 구체적으로 형성할 수 있었기 때문이다. 이때에 스코필드는 너무나 유명한 "진리의 말씀을 바르게 분류하는 것"의 메시지를 강의하였다.[90] 이 연설은 펜웍의 마음을 완전히 사로잡았다.

이 연설에 나타난 스코필드의 일곱 세대주의는 두말 할 나위 없이 펜윅의 종말론에 적용되었고, 나중에 이 종말론은 펜윅의 중요 신학으로 발전하였다.[91]

(4) 제임스 브룩스(James H. Brooks)

| 펜윅에게 교회론의 영향을 끼친 제임스 브룩스

제임스 브룩스(1830-1897)는 펜윅의 교회론을 형성하는데 큰 영향력을 끼쳤다. 나이아가라 사경회 첫 모임은 초교파주의 모임으로 진행할 것을 참석자들에게 선포하고, 브룩스는 "형제들은 일반 구속의 기초에 서 있기 때문에 예수 그리스도의 이름을 더 높이기 위해, 다른 모든 이름과 개인적으로 좋아하는 것을 완전히 잊어버리기 위해, 모든 분파적 편견을 내려놓기 위해, 부활하시며 다시 오실 주님과 관련된 같은 성령에 의해 영감된 말씀으로부터 더 많은 것을 배우기 위해 모였습니다"라고 보고하였다.[92]

사경회의 회장인 브룩스가 처음부터 초교파주의 교회론을 선포하였기에 초교파주의 모임은 나이아가라 사경회의 특징이 되었다. 펜윅이 1886년 사경회에 참석했을 때 사경회의 흐름을 쉽게 파악할 수 있었다. 사경회가 추구하였던 초교파주의는 펜윅이 1906년 조직하였던 대한기독교회를 창립하는데 주요한 역할을 감당하였다: "하나님께서 나를 불러 맡겨진 사역은 교단을 초월하는 것이다. 이 나라의 여러 지역[공주, 칠산, 강경]에서 주께 돌아오는 영혼이 점차 늘어나게 되자 감독을 임명할 필요를 느끼게 되었고 할 수 있는 한 가장 간단한 교회 이름

을 택하였는데 한국어로 "대한기독교회"였고 이것은 "한국에 세워진 그리스도교"라는 뜻이다.93)

한국에 온 초기 개신교 선교사들은 교단적인 배경을 가지고 와서 사역을 하였지만 펜윅은 아예 독립적인 교단을 한국에 세웠다. 펜윅의 이러한 초교파주의적 태도는 당시 사람들에게 커다란 혼란을 야기시켰고, 실례로 어떤 사람은 펜윅을 장로교 선교사로 보는가 하면,94) 어떤 사람은 그를 침례교인으로 인식하기도 하였다.95) 초교파주의가 펜윅에게는 유일한 선택으로 여겨졌을는지는 몰라도 한국에 개신교가 막 소개되는 시점에 초교파주의를 지향한 것은 펜윅이 한국 상황을 이해하지 못한 채 사경회의 특징을 무리하게 적용시킨 것이라 보여진다.

(5) 아도니람 고든(Adoniram J. Gordon)

| 펜윅에게 성서론의 영향을 끼친 아도니람 고든

아도니람 고든(1836-1895)은 펜윅의 성서론에 지대한 영향을 미쳤다. 돌라(Dollar)는 그의 저서 「미국 근본주의 역사」(A History of Fundamentalism in America)에서 나이아가라 사경회의 거장 8명을 소개하였다. 그들이 바로 아도니람 고든, 제임스 브룩스, 딕슨(A. C. Dixon), 먼홀(L. W. Munhall), 허드슨 테일러, 아더 피어선, 파르손(H. M. Parsons), 로버트 카메론(Robert Cameron)이다.96) 하지만 아도니람 고든이 사경회의 지도자로 인정을 받았다고 한다면 그가 왜 사경회에 참석하지 않았는지가 의문이다.

또한 이 상황을 받아들인다면 그가 어떻게 나이아가라 사경회에 영향을 미칠 수 있었는지가 문제이다. 스콧 깁슨(Scott Gibson)은 고든이 사경회에 불참하게 된 이유 3가지로, 첫째는 고든이 사역하는 클래런던 침례교회에서 그의 책임이 컸고, 둘째는 고든이 미국 북침례교 해외선교회 회장직을 맡으면서 많은 교단적 활동을 감당했어야 했고, 셋째는 사경회 총재인 브룩스가 고든의 역사적 전천년주의와는 다른 세대적 전천년주의 사상을 가지고 있었다는 점 등을 제시하고 있다.[97]

사실 고든은 나이아가라 사경회의 주강사로 초대를 받은 적은 없지만[98] 자신이 1878년부터 1895년까지 편집장으로 있던 「슬로건」(Watchword)을 통하여 자신의 전천년주의 사상에 대해 나이아가라 참석자들에게 지속적이고 효과적으로 영향을 끼칠 수 있었다. 그가 영향을 줄 수 있었던 것은 당시 「슬로건」(Watchword)이 19세기 말에 유행하였던 그리스도의 전천년주의 재림 사상에 관심이 쏠렸던 독자층을 많이 확보하고 있었기 때문에 가능하였다.[99] 그렇기 때문에 고든은 나이아가라 지도자들과 참석자들에게 큰 영향을 끼치는 위대한 공헌자가 된 것이다.

특별히 고든이 성경을 해석하는데 있어서 문자적 접근을 사용한 것은 나이아가라 참석자들의 신학에 지대한 영향을 미쳤다: "직역해석(直譯解釋)은 진리에 관해 추잡하고 비속한 견해의 여러 가지 의견들을 대처할 수 있는 꽤 제안적인 방법이다. 그런데 우리가 확신하기로는 직역해석이 몇 가지 경우에는 악용 되어져 왔지만 대체로 건전한 교리의 최고 친구라고 믿고 있다…. 하지만 우화적 해석방법은 폭발물을 가득 실은 위험물과 같다. 한 전통적인 선생이 관례대로 어떤 가상의 이겨낼 수 없는 어려움을 극복하기 위해 예언을 해석하는데 있어서 우화적 해석 방법을 사용 한다면 왜 이성론자는 반론들을 피하기 위해 해석상 직역

해석을 사용하지 않는가?"[100]

고든이 성경을 "문자적으로 혹은 편견 없이 해석되어져야만"한다고 주장하고 있었기에, 나이아가라 참석자들은 그가 옹호하였던 문자적 해석 원리를 따르게 되었다.[101] 물론 펜윅 역시 문자적 해석 방법을 따랐는데 그의 저서「잔속에 든 생명」(Life in the Cup) 제3장을 보면 펜윅은 자신을 하퍼(Harper) 목사에 비유하여 고등비평을 지지하는 유대인 사서와 혈전(血戰)을 벌이고 있다. 하퍼 목사가 도서관에서 빌렸던 고등비평에 관한 책 몇 권을 반납하러 갔다가 도서관 사서에게 "성령은 스스로 말씀하시며, 하나님의 말씀이 저자의 입술에 담겨져 있는 것이지, 저자의 머리에 담겨져 있는 것은 아니다"며 고등비평을 믿는 사서에게 자기 주장을 강하게 펼쳤다.[102]

그러자 사서는 이를 매우 못마땅하게 생각하고 하퍼 목사님의 문자 영감설이 자신을 피곤케 만들며 하퍼 목사님이 언제나 디모데후서 3장 16절의 말씀을 인용하여 성경은 하나님의 영감으로 쓰였으며 유익하다고 주장하는 사실에 불쾌감을 표시했다. 그리고는 성경에 예루살렘 성벽의 내벽과 외벽에 대해 상세하게 기록되어져 있는 것이 하나님이 사용하시는 문자 영감설이냐고 반문하면서 인간의 이성을 강조하였다. 한 때 고등비평에 심취해 있던 하퍼 목사가 이젠 문자 영감설에 빠지게 되자 도서관 사서는 이를 불쾌히 여기며 두 사람간의 대화는 더 이상 진전되지 못하고 끝나고 만다.

고든은 문자 영감설(verbal theory)로 펜윅에게 성경을 해석하는 방법을 가르쳐 주었고 그가 스스로 성경을 읽으면서 어려움을 겪을 때마다 성령의 가르침에 따라 자유롭게 해석할 수 있도록 이끌어 주었다. 그래서 펜윅은 성경을 해석할 때에 내용이나 메시지보다는 글자 한자 한자의 정확성에 더 큰 관심을 가지게 된 것이다.

(6) 존 채프만(John Wilbur Chapman)

| 펜윅에게 설교의 영향을 끼친 존 채프만

존 채프만(1859-1918)은 당대 최고의 명설교가였던 드와이트 무디(Dwight L. Moody)와 빌리 선데이(Billy Sunday)[103] 사이에 가장 중요한 인물로 여겨지는데 그는 펜윅의 설교 방법에 어느 정도 영향을 미친 사람이다. 펜윅의 자서전에서 채프만 박사는 하나님의 복음을 이방인들에게 가장 효과적으로 전하는 설교 능력을 지닌 자로 소개되고 있다.[104] 펜윅은 1894년 나이아가라 사경회에서 채프만 박사를 처음 만난 것으로 추정된다. 이 모임에서 채프만은 성령에 관하여 메시지를 두 번 전하였고 시편 14편 8절에 관한 설교 한편을 하였는데, 이 때 펜윅은 채프만 박사를 처음으로 알게 되면서 자신의 설교방법을 발전시켰으리라 생각한다.[105] 결론적으로 채프만은 펜윅의 인생과 선교에 확실히 영향을 준 나이아가라 지도자중의 한 사람이 된 것이다.

II. 펜윅의 한국 선교에 반영된 요소들

나이아가라 사경회는 펜윅의 신학을 형성하는데 주요한 역할을 감당하였다. 그의 종말론, 교회론, 성서론은 모두 사경회의 직접적인 산물이었다. 하지만 펜윅의 신학은 한 개인의 신앙에 기초를 두기 보다는 오히려 나이아가라의 여러 지도자들의 신앙에 기초하였다. 예를 들어 펜윅의 종말론은 스코필드로부터 강한 영향을 받았고, 교회론은 제임스 브룩스를 통하여, 성서론은 아도니람 고든으로부터 영향을 받았다. 이러한 신학은 훗날 펜윅의 한국선교에 깊숙이 적용되었다.

1. 종말론

나이아가라 사경회에서 가장 큰 이슈거리는 당연히 종말론이었다. 종말에 깊은 관심을 지닌 지도자들은 모든 크리스천들에게 다양한 방법으로 이를 알리려고 애를 썼다. 종말론은 새로운 신학 사상은 아니지만 대부분 참석자들에게 아주 강하게 영향을 끼치며 사경회를 통하여 발전하였다.[106] 펜윅도 예외는 아니었다. 그가 종말 사상을 배우게 된 것은 나이아가라 사경회였고 이것은 훗날 펜윅의 선교사역의 핵심이 되었다.[107]

(1) 종말론의 기원

펜윅은 나이아가라 사경회에서 종말론 사상에 관해 체계적으로 배웠고, 그의 자서전 「대한기독교회사」(The Church of Christ in Corea)에서 사경회 기간 동안 자신의 주된 관심사는 오직 주님의 임박한 재림이었다고 언급하고 있다.[108] 펜윅이 종말론에 관심을 갖게 된 것은 사경회의 주제가 전천년주의였기 때문이었다. 나이아가라 사경회의 총재인 제임스 브룩스는 그리스도 재림의 중요성을 처음부터 역설하면서 역사적인 1883년 나이아가라 사경회를 다음과 같은 말로 시작하였다:

"그러므로 영감 받은 저자들을 통해 주되신 예수와 성령께서 그리스도의 재림 사실은 분명히 이루어지기에 열심히 배울 것을 명하고 있다. 그러므로 경계하라. 왜냐하면 당신들은 주 예수 그리스도께서 오실 때가 한밤중인지, 닭이 울 때인지, 아침인지 모르기 때문이다. 갑자기 오시면 안 되기에 그 분은 당신이 잠자고 있는지 알게 될 것이다. 내가 당신과 모두에게 말하는 것을 경계하라. 허리띠를 졸라매고 불을 밝혀라. 주님께서 예식에서 돌아오실 때 당신들은 주님을 위해 기다리는 신부처럼 되어야 한다. 주님께서 오셔서 문을 두드릴 때 당신들은 즉시 그 분께 문을 활짝 열어 드려야 하기에 늘 경계하며 기도하라. 그러면 당신들은 그리스도 앞에 설 수 있을 만큼 가치 있게 여겨질 것이다."[109]

펜윅의 종말론은 말할 것도 없이 나이아가라 사경회가 강조하였던 가르침에 뿌리를 두고 있다. 그러므로 펜윅이 사경회에 많은 빚을 지고 있다고 말할 수 있는 이유는 그가 그곳에서 자신의 신학의 중심을 형성하였기 때문이었다. 펜윅이 나이아가라 사경회를 처음 참석한 순간부터 사경회는 펜윅의 삶에서 마치 신학교 기능을 감당하는 성경학교가 되었다.

(2) 종말론의 특징

첫째로, 펜윅의 종말론의 특징은 전천년주의로서 그리스도의 재림을 취급하는 예언을 강조하고 있다. 펜윅의 「편공부 연설」은 예언과 그리스도의 재림을 다루는 메시지를 담고 있다. 펜윅은 처음부터 예언에 관한 설교를 다루면서, "여기에 세상의 창조로부터 마지막 예언이 있소"라며 언급하고 있다.[110] 펜윅은 또한 「사경공부」에서 전천년주의를 다루는 예언을 설명하고 있는데, 예를 들면 "대 환란 이후에 그리스도께서 천년동안 세상을 통치하게 될 것이며 이 기간 동안 사탄이 옥에서 놓이게 될 것이며 곡과 마곡과 함께 멸망하게 될 것이다…. 그리고 전천년주의 재림은 성경에 이미 나와 있는 것이다: 마 24:24-30; 계 12:7-12; 19:11-16; 20:6-13."[111]

펜윅의 종말론이 나이아가라 사경회의 영향을 받았다는 것은 두말 할 나위없는 사실인데, 특히 1888년 사경회 때에는 전천년주의 예언을 다루는 메시지가 많이 있었다. 예를 들어 무어헤드는 "예언서에서의 그리스도의 인성과 희생적인 사역"이란 주제를,[112] 어드만은 "창세기부터 신명기까지 그리스도의 인성과 전천년주의 재림"에 관한 메시지를 강연하였다.[113]

펜윅이 예언에 관심을 가졌던 주된 이유는 문자 영감설을 반박하는 고등 비평가들을 대항하기 위한 것이었다. 펜윅은 주장하기를 고등 비평가들은 하나님의 말씀을 완벽하게 해식하는데 도움을 주지 못한다고 지적하였다.[114] 또한 워드롭(Wardrope)이란 한 나이아가라 참석자는 문자적 해석의 중요성을 피력하였다: "내가 말하고자 하는 것은 문자적 해석으로 성경을 충분히 이해할 수 있다는 점이다. 가끔씩 천재의 책이 영감을 받았다고 말하는 것은 참된 영감이라 말할 수 없으며, 내가 의미하는 것은 하나님의 생각이 인간에게 주어짐으로 성령께서 이러한 생각들이 단어에 영감을 주어 표현된다. 이러한 부분이 성경원본에서 발견될 수 있다면 이런 영감은 역사적으로, 교리적으로, 시적으로, 예언적으로 성경의 모든 부분에 이르기까지 미치게 된다."115)

펜윅이 예언에 관심을 가지게 된 또 다른 이유는 성경 자체가 그리스도의 재림에 관한 예언적 가르침을 확고하게 강조하고 있기 때문이다. 펜윅에 따르면 성경은 4가지 유형의 예언을 다루고 있고, 또한 유대인, 바벨론, 앗시리아, 예수 그리스도에 관해 가르치고 있음을 펜윅은 지적하고 있다.116) 성경은 특별히 죽음, 부활, 예수 그리스도의 재림을 취급하고 있다고 말하기도 하였다. 예언은 1888년 사경회를 통하여 강조되었고 이때에 어드만은 "주되신 예수 그리스도의 인성과 전천년주의 재림"이라는 메시지를 전하며 다음과 같은 내용을 보고하였다:

"예레미야는 침례 요한처럼 예수가 태어나기 전 주님을 위한 선지자로 이미 부름을 받았다. 예언에 관한 두개의 성경 구절 예레미야 23장 5절과 33장 14절에서 17절은 주되신 예수 그리스도의 재림을 아주 명확하고도 분명하게 언급하였다…. 아모스는 유대와 예루살렘에 관하여 선포하였고, 또한 이방 민족에게 자신에 대해서도 언급하였다. 그는 이방인들에게 이스라엘이 흩어져 마치 곡식이 날아가듯이 민족 사이에 유리하게 될 것을 말하였지만 알곡이 아닌 자는 파멸될 것임을 강조하였고, 영광스러운 회복의 시간 때에 이들의 땅에서 이들을 다시 세우려고 한다고 말하였다."117)

이런 이유로 필자는 펜윅이 다른 어떤 주제보다도 예언을 자주 가르쳤다고 믿는다. 이런 주장을 하게 된 배경은 펜윅이 1909년 시작하였던 「사경공부」의 주제가 대체적으로 전천년주의 종말론을 다루고 있기 때문이다.[118] 펜윅은 전천년주의 주제를 잘 가르치기 위한 성경공부 방법을 사경회로부터 채택하였다. 어드만은 1880년 제5차 신자들의 모임에서 성경을 효과적으로 공부하기 위해 '이의답변식 접근법'(object-answer approach)[119]을 처음으로 소개하였다.

1. 그러한 신앙은 설교자, 선교사, 복음전도자, 성경사역자의 열정을 꺾어 버린다.
   답변: 바울은 삶과 목적과 희망에서 가장 위대한 변증가이다. 교리를 유지하는 것과 우리를 유지하고 있는 교리 간에 차이점이 있다.
2. 그것은 성령을 무시하는 것이다.
   답변: 성령은 각자를 관리하는데 있어서 하나님의 목적을 완벽하게 성취하신다.
3. 그것은 복음을 실패로 만들 것이다.
   답변: 그리스도가 다시 오실 때까지 선교하는 것을 기억하라. 행 15:13-17에서 보듯이 예수의 초림과 재림사이에 하나님의 목적 또한 기억하라. 이런 하나님의 예언은 롬 11:12-15에 기록되어 있듯이 인간 역사의 방법인 것이다.[120]

어드만은 성경을 효과적으로 배우기 위해 신앙생활에 방해가 되거나 문제시 되는 주제들을 먼저 소개한 뒤 이에 대한 성경적 답변을 제시함으로 성경을 효율적으로 배울 수 있는 방법을 제시해 주었다. 나이아가라 사경회는 모임 자제의 성격이 성경을 심도 있게 배울 수 있도록 하기 위해 모인 집회이다 보니 참석자들에게서 '이의답변식'(異議答辯式) 성경공부가 활발하게 성행하였다. 펜윅은 사경회에서 배운 원리를 한국에 새롭게 적용시켰다. 그가 적용시킨 성경공부 방법은 '질의응답식 방법'(question-answer method)으로 사경공부 때 자주 사용되는 성경공부 형식이었다.

1. 야소씨 승천 후 제자들은 무엇을 하였나요?
   답변: 기도하였습니다.
2. 야소씨 승천 후 제자들이 모여 기도할 때 어떤 모양이었습니까?
   답변: 간절한 마음과 열심이었습니다.
3. [제자들은] 무엇을 기도하였습니까?
   답변: 허락하신 대로 성신님[성령]을 달라고 하였습니다.
4. [제자들은] 어떻게 되었습니까?
   답변: 성신님[성령] 침례 받았습니다.[121]

요약하자면 펜윅은 사경회에서 그리스도의 재림에 관한 예언을 배웠다. 더욱이 그는 사경회에서 사용되었던 '이의답변식' 성경공부 방법을 한국의 선교사역에서 '질의응답식' 방법으로 적절하게 잘 적용하여 열매를 거두었다.

둘째로, 펜윅의 종말론의 특징은 사경회 쇠퇴기에 자주 논쟁이 되었던 세대주의였다. 당시 나이아가라 지도자들은 처음부터 전천년주의 재림에 관심을 가졌다. 스코필드가 1888년 사경회에서 "진리의 말씀을 바르게 분류하는 것"이란 주제를 발표한 이후[122] 상황은 완전히 바뀌어 스코필드는 최초로 세대주의적 전천년주의를 주장한 사람이 되었고, 이것은 나이아가라 지도자들로 하여금 다른 관점에서 전천년주의를 해석토록 하는 우뢰와 같은 역할을 하였다.

펜윅은 1888년과 1894년 사경회 때 스코필드로부터 세대주의를 배울 수 있었고,[123] 그가 1909년 사경공부를 시작한 것은 아마 스코필드의 종말론을 완전히 이해하고 난 이후라 여겨진다.[124] 나중에 펜윅은 스코필드 성경의 가치를 설명하였고, 스코필드 성경이 최고의 관주 성경이라고 생각하였다.[125] 다음과 같은 것은 펜윅이 스코필드로부터 강하게 영향을 받았다는 것을 의미하고 있다.

첫째로, 펜윅의 세대주의는 이스라엘과 교회 사이의 구분이 명확하다. 스코필드는 "세대"라는 용어를 1894년 사경회에서 설명하였다: "세대주의적이란 말은 성경이 시간을 시대 혹은 세대라고 불리는 분명한 기간으로 나누는 것을 의미하고 있고, 각 세대는 하나님의 조치와 인간의 책임에 관해서 독특한 특징을 지니고 있다.[126] 스코필드의 주장을 기초로 해서 펜윅은 하나님께서 다른 방법으로 이스라엘과 교회를 통치하실 것이라고 주장하였다. 펜윅은 "은혜 아래에 있는 사람은 자신의 신앙으로 천년왕국에 입성할 수 있지만, 반면에 믿음이 없는 율법 아래 있는 유대인은 고난을 이겨낸 후 천년왕국에 들어갈 수 있을 것"임을 언급하였다.[127] 펜윅은 각 세대에게 구원의 다른 방법이 있다고 주장하였다.

둘째로, 펜윅은 일곱 가지 세대주의를 강조하였다. 앞서 언급하였듯이 펜윅의 세대주의는 스코필드의 개념을 유지하고 있다: (1) 죄 없는 세대; (2) 신령 세대; (3) 사람을 다스리는 세대; (4) 계약을 허락하신 세대; (5) 율법을 허락하신 세대; (6) 나라 세대; (7) 그리스도가 통치하는 세대.[128] 펜윅은 말하기를 각 세대는 사람을 새롭게 시험하는 것으로 간주되며, 각 세대는 심판 날에 완벽한 실패의 흔적을 지니며 끝날 것이라고 주장하였다.

셋째로, 펜윅은 다섯 가지 심판을 주장하였다: (1) 죄에 대한 심판; (2) 자기 심판; (3) 신자의 행위에 대한 심판; (4) 나라들에 대한 심판;

(5) 죽은 자에 대한 심판.[129] 이 다섯 가지 심판 역시 스코필드의 심판에 언급되어 있고, 그리고 심판은 네 가지 특징-주제, 장소, 시간, 그리고 결과-에 따라 다르다.[130]

넷째로, 펜윅은 환란 전 휴거설의 주장자로서 세대적 전천년주의를 강조하였다. 실제적으로 펜윅은 "우리 敎會가 僞 基督 前에, [아니면] 죽음을 받은 後에 가겠습니까? 아무쪼록 그 前에 가게 합시다"라며 환란 전 휴거설을 주장했다.[131] 펜윅은 대 환란이 오기 전에, 즉 적그리스도가 활동하기 전에 교회가 휴거할 것임을 믿고 있었다.

펜윅처럼 환란 전 휴거설을 믿는 자들 가운데 보스턴 선교사 훈련학교의 교무처장이었던 채펠(F. L. Chapell) 교수는 다음과 같이 주장하고 있다: "성경의 예언은 주로 7년 대환란 동안 문자적 완성을 이루는 것으로 이 기간에 그리스도를 대적하게 될 적그리스도가 등장하여 세상을 통치하거나 고대 로마 지역을 지배할 것이다…. 교회의 휴거는 경고와 함께 발생할 것이고, 널리 알려진 주요 사건들은 7년 대환란 보다 먼저 일어날 것인데 이때 주님은 불 가운데 계시하게 될 것이다."[132]

펜윅은 환란 전 휴거설을 믿는 세대적 전천년주의에 속한 자였다. 펜윅처럼 나이아가라 지도자들 가운데 환란전 휴거설을 주장하는 사람은 스코필드, 브룩스, 개블라인(Gaebelein)이었다. 이와 반면 사경회에서 환란 후 휴거설을 주장하는 자들을 역사적 전천년주의자들이라 부르는데 이들은 어드만, 무어헤드, 카메론, 고든이었다. 고든 목사와 같이 역사적 전천년주의를 주장하는 자들은 주로 다음과 같은 사실을 채택하였다: "이들은 교황이나 교황권을 적그리스도라 보고 성도들의 휴거는 영광 가운데 임할 것이라 믿고 있고 영광 중에 성도들과 함께하는 그리스도의 현현은 언제든지 동시에 발생한다고 믿고 있다."¹³³⁾ 나이아가라사경회에서는 일반적으로 세대적 전천년주의가 역사적 전천년주의보다 더 왕성하였다.

하나의 질문을 던지고 싶은 것은 고든이 왜 역사적 전천년주의 진영으로 이동하였는가 하는 것이다. 고든은 원래 전천년주의 개념을 받아들였지만 나중에 요한계시록의 미래 개념과 죄 많은 인간의 재림을 수용하였다. 하지만 고든은 말하기를 "미래주의 수업 하에 예언에 관한 연구를 하다가 우리는 점차 세대에 관한 가르침을 반대하는 쪽으로 기울게 되었다"고 주장하였다.¹³⁴⁾ 그래서 고든은 세대주의 견해에서 역사적 전천년주의자의 관점으로 바꾸게 된 것이다.¹³⁵⁾

요약컨대 펜윅은 나이아가라 사경회에서 자신의 종말론을 형성하였다. 특별히 그의 사경공부는 여러 가지 면에서 스코필드의 세대주의를 요약했다는 느낌이 들기 때문에 그의 종말론은 고든이나 브룩스보다는 오히려 스코필드의 영향이 컸다고 볼 수 있다.¹³⁶⁾ 결론적으로 펜윅은 종말론 신학에 있어서 스코필드로부터 많은 영향을 받았음을 알 수 있다.

(3) 종말론의 영향

첫째로, 펜윅의 종말론은 교회성장에 큰 기여를 하였다. 펜윅의 임박한 종말론은 특별히 그의 추종자들로 하여금 복음을 비신자들과 함께 나누도록 강요하였고, 그 결과 대한기독교회는 급속도록 팽창하였다. 예를 들어 1906년에 31개의 교회가 1911년에는 162개로 1935년에는 200개의 교회로 늘어났다.¹³⁷⁾ 물론 나이아가라 사경회에서도 동일한 결과가 일어났다. 루퍼스 클락(Rufus Clark)은 이 사상을 사람들에게 가

| 초기 펜윅 제자들의 교회개척자들

르치기 시작하며 자신이 지금까지 경험한 가장 놀라운 부흥이 그의 교회에서 일어났다고 하였다.[138) 전천년주의 사상은 영혼을 구원시키는 자극제가 된 것이다.

둘째로, 펜윅의 전천년주의는 해외선교를 활성화시켰다. 이미 언급하였듯이 그의 오지선교 정책은 제자들로 하여금 만주, 시베리아, 그리고 몽골과 같은 해외 선교지에 가서 복음을 전하도록 강요하였다. 예를 들어 대한기독교회가 1906년 타문화권 선교지에 파송한 선교사의 수가 5명, 1913년에는 7명, 1920년에는 20명, 1925년에는 34명, 그리고 1934년에는 36명으로 늘어났다.[139) 선교사의 숫자가 증가하였던 이유는 펜윅의 제자들이 선교지에서 영적인 삶을 살기로 원했고 크리스천 삶의 실제적인 책임을 수행하기로 했기 때문에 가능하였다.

(4) 평가

펜윅의 종말론은 그의 제자들에게 순교도 두려워하지 않고 기쁜 마음으로 복음을 전하게 하여 주님을 위해 자신들의 삶을 내려놓는데 초연할 수 있었다. 이들은 아브라함 같은 마음으로 선교지로 파송받아 사역하다가 영원한 생명을 얻게 되는 것을 즐겁게 받아 들였는데 이것은 임박한 그리스도의 재림사상을 강하게 믿는 신앙 때문에 가능할 수 있었다.

일제 강점기(1910-1945)에는 대한기독교회의 수많은 선교사들이 끊임없이 순교를 당하였다. 1918년에는 박노기, 김희서, 전영태, 최응선 선교사가 시베리아로 파송 받아 가는 도중 예상치 못한 파도와 풍랑을 만나 배가 파선하며 해상에서 순교를 당하게 되었다.[140] 이들의 죽음은 오히려 시베리아로 복음을 확장시키는데 큰 영향을 끼치게 되었는데, 박성래 목사는 시베리아 선교의 영향에 대해 지적하기를 "네 분 전도가 살아서 전도했을지라도 이처럼 많은 교인을 얻지 못했을 것이라"고 말하였다.[141]

몽골의 선교사였던 이현태는 현지인의 습격을 받아 1939년에 순교를 당하였고,[142] 이현태 선교사가 죽고 난 이후 그의 아내는 남편이 세운 교회를 도우며 수년 동안 그곳에서 복음을 전했다고 한다. 이들 부부는 마치 스스로를 하나님께 헌신하였던 현대판 아굴라와 브리스길라와 같이 있다.[143]

대한기독교회에서 배출된 수많은 선교사들은 대다수가 그리스도의 임박한 재림 사상에 빠져 있었으며 이들은 죽음을 두려워하지 않았고 오히려 영원한 삶을 위해 주님의 나라에 들어가려는 소망을 지니고 있

| 초기 북방선교를 떠나는 전도자들(최응선, 이종덕, 전치규, 한봉관)

었다. 순교자들은 종말론 사상으로 인해서 자신들의 죽음을 극복할 수 있었다. 이들의 종말론적 순교는 두려움을 사라지게 하였고 오히려 믿는 무리의 수가 증가토록 하는 중요한 역할을 하게 되었다.

반면에 주님의 임박한 재림을 너무 강조한 나머지 펜윅은 1926년 제12차 대화회[총회]부터 대한기독교회의 자녀들에게 공립학교에 가는 것을 금지시켰다. 그는 실과를 아는 것이 사람을 어리석게 하고(창 3:22), 죽이게도 한다(고후 3:6)며 세상교육을 반대하였다. 펜윅은 주님의 임박한 재림을 강하게 믿었기 때문에 성경공부가 아닌 세속적인 모든 교육에 부정적인 자세를 취하였다. 이들의 신앙을 지속적으로 유지하기 위해 교회 지도자들은 솔선수범하여 자신의 아이들부터 먼저 학교에 가지 못하도록 하였고 성경만을 반복적으로 읽도록 강요하였다.[144] 펜윅의 리더십 하에 있는 모든 훈련생들은 우선적으로 그의 명령에 순종해야만 했다. 하지만 펜윅의 결정은 그의 제자들에게 다가올 미래에 재난의 씨를 뿌리는 결과를 가져왔다.[145]

사실 펜윅이 공공교육을 금지시킨 것은 나이아가라 사경회의 지도자들의 견해와는 전혀 다른 것이었다. 나이아가라 사경회가 조직되었던 이유 중의 하나가 제1장에 기술되어져 있는데 여기에 보면 당시 찰스 다윈(1809-1882)이 저술한 「종의 기원」(Origin of Species)의 진화론과 싸우기 위한 것이었다.[146] 사경회는 신학적 자유주의를 막기 위해 조직되었고, 이러한 목적은 하나님의 말씀을 온전하게 보호하려는 것이었다. 제임스 브룩스는 한때 "요즘 세상에는 세상 서적 이상으로 성경을 사랑하는 크리스천들 가운데 신학교를 무시하는 경향이 늘어나는 추세이다"라고 당시의 기독교 상황을 비판하였다.[147]

이 시기 동안 고등 신학교육을 포함하여 성경학원운동[148]은 된 서리를 맞게 되지만 나이아가라 지도자들은 학교를 세우는데 아주 활동적이었다. 무디성경학교는 1886년 시카고에서 문을 열었고[149] 이 학교의 교수에는 나이아가라 사경회의 지도자였던 어드만, 무어헤드, 고든, 카메론이 포함되어 있었다. 또한 고든 박사는 스스로 보스턴 선교사 훈련학교를 1889년에 설립하였다.[150] 나이아가라 지도자들은 자신들의 신앙을 보호하는데 중심적인 인물이었고 또한 학교를 통하여 복음을 정확히게 가르치려고 애쓴 자들이있다. 이들은 변화하는 세속 문화를 이해하는데 폐쇄적인 마음을 지니지 않았고 오히려 더욱 수용적이었다.

나이아가라 지도자들과는 달리 펜윅은 세상 문화를 이해하는데 너무 부정적이었다. 당시 모든 학교들이 다윈의 진화론을 가르쳤고 일본식

교육을 강요한 것은 사실이다. 이에 조효훈 박사는 펜윅이 왜 세상교육을 멀리하게 되었는지를 지적하고 있다. 그에 따르면 펜윅이 세상교육에 냉담하였던 이유는 그의 제자들이 공공교육을 받음으로서 스승인 펜윅 자신을 무시할까봐 두려워하는 마음이 생겨났기 때문이라고 설명하고 있다.[151] 결론적으로 펜윅이 세상교육을 폐지시킨 것은 그의 사역 가운데 가장 부정적인 결과를 초래하였다고 본다.

2. 교회론

펜윅의 교회론은 말할 것도 없이 나이아가라 사경회를 통해 형성되었다.[152] 특별히 제임스 브룩스의 영향을 받은 관계로 펜윅은 초교파주의 교회를 한국에 세웠고 이것은 한국에서 최초의 개신교 초교파주의가 되었다. 펜윅이 세운 교회가 초교파주의이다보니 한국 침례교회에서는 펜윅의 침례교 정체성에 관해 끊임없이 논쟁을 해왔다. 펜윅은 과연 침례교도인가? 이 논쟁은 어디에 기초를 두어야 하는가? 이 연구는 왜 펜윅이 초교파주의 교회론을 선택하였는지를 다룰 것이며, 펜윅의 교단적 특성을 연구할 것이고, 또한 펜윅의 교회론을 침례교적인 관점에서 평가해보려고 한다.

(1) 교회론의 기원

펜윅은 초교파적 교회론을 표명하는 대한기독교회를 1906년에 조직하였다.[153] 펜윅은 처음부터 교단에 별로 관심을 가지지 않았는데 그가 이처럼 교단에 대해 무관심을 갖게 된 것은 나이아가라 사경회의 직접적인 영향이었다.[154] 브룩스는 나이아가라에서 처음으로 열린 1883년 사경회에서부터 초교파적 모임의 성격이 강하였다고 피력하였다: "[1883년] 모임은 "내게 예수에 대해 말해주오"라는 입에 익은 찬양으로 시작이 되더니 곧바로 1시간가량 진심을 다해 기도하기 시작하였다…. 형제들은 모든 이름과 개인이 좋아하는 것을 모두 잊어버린 채, 모든 교단적 편견을 전적으로 내려놓은 채, 구속함을 받은 은혜 위에 우뚝 서서 예수 그리스도의 이름을 더 높이기 위해 그리고 다시 오실 주님과 관련된 성령이 주신 영감 있는 말씀을 좀 더 배우기 위해 모여 들었다."[155]

브룩스는 사경회를 탈교단화하는 초교파적 모임으로 인도하였다. 사경회가 시작된 지 3년이 지난 1886년에 사경회의 사무총장인 어드만은 이 모임의 특징을 다시 강조하였고, 이때에 펜윅은 처음으로 성경 사경회에 참석하였던 것이다. 어드만은 말하기를 "모든 이름을 지닌 크리스천들이 정중히 초대받는 이 모임은 처음부터 단순히 하나님의 말씀을 연구하는 목적만을 지닌 것이 아니라 오히려 이러한 공부를 통해서 서로를 위로하며 어린아이와 같이 원기회복을 받고 하나님을 섬기는 자가 되도록 하는 것이다"라고 언급하였다.[156]

나이아가라 지도자들은 사경회에 참석하는 자들이 침례교인인지, 장로교인인지, 회중교인인지, 혹은 감리교인인지 별로 신경을 쓰지 않았고 모든 참석자들을 교파와 상관없이 기쁘게 환영하였다. 이들 지도자들은 교회론 가운데 특별히 침례[세례]에 관한 주제는 전혀 다루지 않았다. 14년 동안 어떤 지도자들도 이 문제를 언급하지 않았던 것이다. 이 개념은 펜윅이 앞으로 한국에서 어떻게 선교할 것인지에 대해 절대적으로 영향을 미치는 계기가 되었다.

(2) 교회론의 특징

첫째로, 펜윅이 추구하던 초교파적 교회론은 신약개념의 교회를 세우는 것이었다. 펜윅의 침례교 정체성에 대해 허긴 박사는 "펜윅은 결코 침례교의 신앙 사상이나 원리를 지녔던 침례교인은 아니었다. 그는 다만 사도행전에 나타나 있는 신약 성서적 교회의 원리와 신앙정신에 따라 대한기독교회를 이끌어 나가려고 했던 신앙정신에 있어서는 즉, 한 사람의 침례교인이었다고 할 수 있다"라고 지적했다.[157] 펜윅이 신약교회를 세우려는 사상은 사경회에서 강조되었던 것이다. 니드함(Needham) 여사는 "대답하는 것이 어렵고도 쉬운데…. 오늘날 신자는 세상의 처세술과 경험을 융합시키는데 몰두하고 있지만, 나이아가라 사경회는 단순히 원시적인 신약교회의 사상을 명백히 이루려는데 그 목적을 두고 있다"라고 강조했다.[158]

펜윅의 신약교회 사상을 어떻게 알 수 있을까? 이 질문에 대한 답변은 그가 신자의 침례를 시행한 것에서 찾을 수 있다. 침례라는 규정은 펜윅이 1906년 대한기독교회를 조직하면서 처음 발표하였고, 그 내용을 보면 펜윅은 대한기독교회를 창립한 뒤 전문 14장 46조로 제정된 교단 규약을 발표하였다.[159] 규약 7조에 따르면 목사[순회목사]는 감목[총회장]으로부터 명령을 받고나서야 자신의 구역 안에서 복음을 전할 수 있고, 침례식과 결혼식을 거행할 수 있다고 하였다.[160] 또한 규약 8조에 의하면 감로[장로]는 목사가 침례식이나 결혼식을 주관할 때 보좌해야 하지만, 목사 부재 시 대신 거행할 수 있다고 하였다.[161] 또한 규약 20조에 보면 당원[정회원] 외의 직책을 받은 자는 꼭 침례를 받아야 한다고 했으며,[162] 규약 21조에는 침례는 구원의 경험이 있는 모든 신자에게 주어진다고 언급하고 있다.[163]

여기서 대한기독교회가 어떻게 신자의 침례를 베풀었는지 살펴 볼 필요가 있다. 1906년 대화회[총회] 보고에 따르면 신명균은 이때에 목사 안수를 받았다고 기록하고 있다.[164] 분명한 것은 그가 대한기독교회에서 최초로 안수 받은 목사가 된 것이다.[165] 하지만 그가 언제 침례 받았는지는 명확히 알 수 없다. 사실 침례 규정이 처음으로 발표되었던 제1차 대화회 이전에 펜윅이 침례를 베풀었는지 확인할 증빙 자료가 없다. 대한기독교회의 규약을 보면 신명균이 목사 안수받기 전 침례를 받지 않았더라면 그는 목사 안수를 받을 수 없었을 것이다. 그래서 신명균은 자신이 목사 안수 받기 5년 전인 1901년 9월 공주에서 사역을 시작한 이후 어느 시점에서 이미 침례를 받았음에 틀림없을 것이다.

펜윅은 제1차 대화회가 소집되기 전 신명균의 회심을 확인한 다음 그에게 침례를 베풀었을 가능성이 높다. 또한 펜윅은 어느 젊은 남자에게 침례를 베푼 것에 대해 다음과 같이 술회하고 있다: "나는 그들 중 여섯 명에게 침례를 베풀었다. 훌륭하고 고결한 사람들이었다. 이 청년은 아직 머리를 땋아 뒤로 길게 늘어뜨린 것으로 보아 미혼임이 분명했다. 나는 제일 먼저 그 젊은[마른 버섯 다발을 파는] 총각에게 우선적으로 침례를 주었다. 내가 질문하기를 '사랑하는 형제여! 당신은 하나님의 아들인 예수 그리스도를 믿습니까?'… '예 저는 믿습니다'라고 대답한 그의 목소리가 아직 내 귀에 쟁쟁하다. 이것은 내가 한국에서 누린 가장 행복한 순간이었다."[166]

교회정책적인 관점에서 대한기독교회를 분석해 본다면 신약교회와는 거리가 멀다. 허쉘 홉스(Herschel Hobbs)는 그의 저서 「침례교 신앙과 메시지」(The Baptist Faith and Message)에서 교회라는 용어를 다음과 같이 정의하고 있다: "주 예수 그리스도의 신약교회는 침례 받은 신자들의 지역교회로 이들은 복음을 믿는 신앙과 교제 안에서 계약으로 결합되어 있고, 그리스도의 두 개의 예식[침례와 주의 만찬]을 지키며, 그의 가르침에 헌신적이고, 하나님의 말씀으로 이들에게 주어진 은사, 권리, 그리고 특권을 사용하며, 복음이 땅 끝까지 확장되기를 소망하고 있다.

이 교회는 독립조직으로서 예수 그리스도의 주되심 하에 민주적인 절차로 운영되고 있고, 이러한 모임에서 회원들은 동등한 책임을 지고 있다. 신약교회의 성경적 직분은 목사와 집사가 있다. 신약성경은 또한 교회가 모든 시대에 구속함을 받은 모든 사람들을 포함하는 조직으로 묘사하고 있다.[167]

처음부터 대한기독교회의 조직은 민주적인 절차가 거의 존재하지 않았다.[168] 신약성경이 강조하는 지역교회는 사실 그리스도의 주되심 하에서 민주적인 조직을 말하며 자신의 본연의 업무를 관장하는 것이다[169]: 집사를 선출하고(행 6:1-6), 두 개의 예식을 거행하고(행 2:41-42), 전도사역에 중점을 두며(행 11:1-8), 선교사를 파송하고 이들로부터 보고를 받는 것이다(행 13-14장). 하지만 대한기독교회라는 교단은 전적으로 펜윅의 지배하에 있었다. 침례교회의 핵심정신인 회중정치는 대한기독교회에 나타나지 않았기 때문에 펜윅은 일종의 권위주의 교황처럼 비춰졌다.

더욱이 펜윅이 세운 교단은 성경이 말하는 목사와 집사라는 직분만을 지니고 있지 않았고, 마치 계급제도처럼 수직적으로 조직되었다. 펜윅은 감목[총회장]으로 대한기독교회의 최고의 수반이었다. 모든 법규는 감목인 펜윅이 작성하였고, 모든 직위도 펜윅의 임명으로 이루어졌다. 감목 하에 수직적인 군대형식의 조직이 형성되어진 것이다. 직위를 순서별로 나열하면 다음과 같다: 감목[총회장], 안사[일반 순회목사], 목사[순회목사], 감로[장로], 교사[선생], 전도사[복음전도자], 당원[정규회원], 통장[100명을 통솔하는 직분], 총장[50명을 통솔하는 직분], 반장[10명을 통솔하는 직분].[170] 이 직위 가운데 집사와 관련된 것을 발견할 수 없다.

결론적으로 신자의 침례의 관점에서 보면 대한기독교회는 침례교적이라 할 수 있겠지만, 교회정책적인 면에서는 침례교적인 요소가 거의 없다. 대한기독교회는 교회행정적인 측면에서 신약교회의 특성을 지니지 못했지만, 신자의 침례를 통하여 순수한 신약교회를 세우려고 했고 이것이 그가 한국에서 뿌리를 내려 확장시키려고 했던 교회론 사상이었다.[171]

둘째로, 펜윅의 초교파적 교회론은 무형의 우주교회를 세우려는 것이었다. 어떤 교단이나 신자들의 지역교회를 고려하지 않고 우주교회를 세우려는 나이아가라 사경회의 강조사항은 말할 것도 없이 펜윅에게 영향을 주었다. 교파주의나 지역교회는 나이아가라 지도자들에게 관심의 대상이 아니었고, 오직 우주교회를 세우려는데 중점을 두다보니 결과적으로 복음적 초교파주의를 낳게 되었다.[172] 대한기독교회도 의심할 여지없이 나이아가라 사경회처럼 다른 어떤 교단에 비해 복음적이었다.[173] 펜윅은 자신의 교회론을 형성하도록 도움을 준 나이아가라 지도자들에게 여러모로 빚을 지고 있었다.

(3) 교회론의 영향

먼저 펜윅의 교회론의 긍정적인 영향을 살펴본다면 그는 처음부터 자립교회를 세우려고 했다. 펜윅은 선교사들에게 사역을 잘 감당하기 위해 매월 일정의 급료를 주기보다는 여행비용만을 지급하였기 때문에 이들은 자신의 생활비를 스스로 가지고 있는 자원을 통하여 해결해야만 했다. 본부는 당시 10원을 선교사에게 지불하였는데 5원은 현금으로 주었고 나머지 5원은 전도용 쪽복음으로 주어져서 선교사는 이것으로 자신의 생활비를 마련하기 위해 팔아야만 했다.[174] 이들은 모두 사도 바울처럼 자립적(self-supporting)인 선교사였다.[175]

대한기독교회의 본부는 선교사들에게 기본 생계비만 지불하였고 이 기본 생계비에 관해 펜윅이 정의하기를 "우리는 하나님의 자녀요 영혼 구원은 하나님의 명령으로서 자식이 아버지의 심부름을 할 때 수고료를 받지 않지만 아버지는 자식에게 기본적인 경비를 대어 줄 수 있다"라고 언급하였다.[176] 하지만 자립 선교의 원리를 소개한 헨리 벤(Henry Venn)과 펜윅 간의 "자립(自立)이란 용어에는 약간의 차이가 있다. 헨리 벤이 말하는 자립은 지역교회가 외부 선교사나 선교단체의 도움을 받지 않고 현지인 교회가 스스로의 능력으로 전임사역자의 임금을 지불하는 것에 초점을 두고 있지만, 반면에 펜윅의 자립이라 하는 것은 지역교회의 자립보다는 선교사 스스로의 자립에 중점을 두고 있다는 점이다.

자립 선교정책은 펜윅의 초교파적 교회론 사상 가운데 가장 가시적인 선교열매를 거두게 하였다. 그래서 이 전략은 대한기독교회가 선교사를 해외로 파송하면서 쇠퇴하지 않고 폭발적으로 성장하는 원동력이 되었다.

그다음 펜윅의 교회론에 관해 부정적인 결과를 살펴본다면 개방적이지 않은 폐쇄적인 선교정책을 수행하였다는 점이다. 펜윅의 이러한 사상은 나이아가라 사경회가 모든 교파의 회중을 나누지 않고 받아들였던 것과는 너무나 대조적이었다. 제임스 브룩스가 1887년 사경회에서 지향한 교회론 정신을 살펴볼 수 있는데 그는 강조하기를 "우리는 캐나다와 미국의 여러 지역으로부터 온 자들로 여기에는 침례교인도, 회중교인도, 감독교인도, 감리교인도, 장로교인도 함께 모였다. 우리는 그리스도에 속한 자들로 하나님의 사람으로 더욱 가까워지기를 소망하며, 우리가 진실이라고 믿는 것을 보호하도록 결정해야 하고, 하나님의 왕국이 확장되도록 힘써야 할 것이며, 주님의 몸된 교회의 한 지체로서 서로서로를 기쁜 마음으로 받아들여야 할 것이다"라고 역설하였다.[177]

탈교단주의는 무엇보다도 교단을 뛰어넘는 강한 네트워크를 형성하는 것이 필요하다. 하지만 펜윅은 이 사실을 무시함으로 그의 교회론의 큰 약점이 되고 말았다. 펜윅은 한국에서 선교사역을 하는 동안 당시 초기 개신교 선교사들과 좋은 관계를 형성하지 못하였다. 예를 들면 그는 1890년에 한국성경번역위원회의 위원으로 위촉을 받았지만 각 교단의 대표로 구성된 위원회를 탈퇴하고 독사석으로 성성번역 활동을 시작하였다.[178] 펜윅이 성경번역위원회에서 탈퇴한 이유로는 침수침례와 살수침례간의 이견이 생겨 세례로 번역하려는 것에 반발하여 탈퇴한 것이다.[179] 펜윅이 나이아가라 지도자들처럼 좀 더 주변에 있는 선교사들과 협력적인 자세가 있었더라면 그의 선교사역은 생각했던 것 이상으로 더 풍부한 열매를 거두었을 것이다.

(4) 펜윅의 침례교 정체성과 한국선교

펜윅은 교회론에서 자신이 나이아가라 사경회에서 배운 초교파적 교회론을 가르쳤다. 그렇다 보니 한국 침례교인들 사이에 끊임없이 펜윅이 침례교인인지 아닌지에 대한 공방이 있어왔다. 논쟁이 일어나게 된 배경은 펜윅이 처음에 한국으로 올 때에 캐나다 독립 선교사로 왔고, 1906년 대한기독교회를 조직할 때에도 그는 "침례교"라는 말을 사용하지 않았기 때문이다. 이후 교단의 이름이 다음과 같이 바뀌면서 침례교단의 흔적은 펜윅이 세상을 떠나고 나서야 찾아볼 수 있다: 동아기독교회(1921),[180] 동아기독대(1933),[181] 동아기독교(1940),[182] 그리고 대한기독교침례회(1949).[183]

사실 "침례교"라는 교단 이름이 한국에서 처음으로 사용된 때는 1949년이었다.[184] 그래서 한국 기독교 학자들 사이에 몇 가지 논쟁이 일어나고 있는데 그것은 펜윅을 어떻게 침례교와 연관시키느냐 하는 점이다. 이 문제를 해결하기 위해 필자는 10명의 학자들이 주장하였던 의견들을 연대적으로 살펴보기를 원하고 이 10명 가운데 8명이 침례교인임을 밝힌다.

첫째로, 김용해(침례교인) 목사는 자신이 편집한 「대한기독교침례회사」(1964년)에서 펜윅을 한국침례교단의 창시자로 언급하고 있다: "1890년 12월 8일 인천항에 상륙한 말콤씨 펜위윅 선교사는 캐나다 토론토 출신으로서 센템 신학교를 졸업하고 극동(極東)에 있는 한국에 개척선교의

| 한국에서 46년간 선교활동을 한 펜윅 선교사와 부인 하인즈 여사

사명을 받고 있었던 차에 토론토 대학 기독청년회(YMCA)로부터 후원을 얻어 복음을 전할 불타는 사명감으로 수륙만리(水陸萬里)를 거쳐 28세 청년의 몸으로 내한(來韓)하였다…. 한국어 공부를 하는 한편 전도하기 시작하였는데 이것이 기독교 침례회 한국 선교의 시발이다."[185] 하지만

김용해 목사의 주장에는 세 가지 잘못된 부분이 있다: (1) 펜윅은 26세였던 1889년 12월 11일 부산항에 도착하였다; (2) 펜윅은 스스로 정규 신학교를 다니지 않았음을 주장하고 있다; (3) 펜윅은 토론토 대학교의 YMCA로부터 파송을 받은 적도 또한 토론토 대학교의 YMCA로부터 후원을 받은 적도 없었다.[186]

둘째로, 조효훈(침례교인) 박사는 한국침례교 역사상 최초로 Ph.D. 학위를 받은 인물이다. 그는 서든침례신학대학원에서 "한국침례교회사, 1889-1969"(1970년)라는 박사학위 논문을 발표하였고, 조효훈 박사는 자신의 논문에서 펜윅을 한국침례교회의 창시자로 받아들이기를 꺼려하고 있다. 그는 "엄격하게 말해서 엘라 씽 기념 선교회가 한국에서 사역을 시작했던 5년 동안(1895년-1901년)만이 진짜 침례교 역사였다"라고 강조하였다.[187] 또한 논문을 발표한 지 1년이 지난 1971년에 조효훈 박사는 "펜윅의 교단적 정체성에 관한 최상의 결론은 그는 약간의 침례교 영향을 받은 엄격한 스코틀랜드 장로교인으로서 미국의 남침례교인(SBC)처럼 신앙적으로 침례교인은 아니었다"라고 또 한 번 주장하였다.[188]

셋째로, 김갑수(침례교인) 목사는 자신이 저술한「한국침례교인물사」(1981년 8월 20일)에서 펜윅을 한국침례교 창시자로 보았다.[189] 그리고 펜윅은 장로교 선교사 언더우드와 감리교 선교사 아펜젤러가 한국에 들어온 지 4년이 지난 1889년 12월에 한국을 방문하였음을 언급하고 있다.

넷째로, 김장배(침례교인) 목사는「침례교회의 산증인들」(1981년 10월 1일)에서 한국침례교회의 역사는 1889년부터 시작된다고 주장하였다.[190] 이런 이유는 펜윅이 당해 연도 12월에 한국에 도착하였기 때문이라고 하였다.

다섯째로, 이현모(침례교인) 교수는 자신의 Ph.D. 논문인 "신학적 상황화의 관점에서 한국교회에 대한 선교학적 평가"(1992년)에서 펜윅이 한국을 방문했을 때 그는 독립선교사였지 침례교인은 아니었고, 그가 첫 휴가를 갔던 3년(1893-1895년) 동안 펜윅은 침례교인이 되었고 이때부터 그는 침례교인으로 사역하였음을 지적하고 있다.[191] 이현모 교수는 덧붙여 펜윅이 자신의 휴가기간인 1894년에 침례교 목사인 아도니람 고든으로부터 침례를 받았음을 하나의 입증으로 제시하고 있다.

여섯째로, 민경배(비침례교인) 교수는 "말콤 펜위크의 한국선교"(1993년)라는 기사에서 한국침례교회의 기원은 펜윅으로부터 시작되어야 한다고 주장했다. 그는 "비록 펜위크가 한국에 들어올 때 독립 선교사로 왔지만, 그 이후 침례교 선교부와 공사 간에 연결되고, 그 교회의 조직이 오늘날 한국 침례교의 역사를 형성하는 것이기 때문에 그에게서 한국 침례교회사의 원점(原點)을 찾는 것은 결코 무리가 아니다"라고 강조했다.[192]

일곱째로, 이정수(침례교인) 목사는 자신이 편집한 「한국침례교회사」(1994년)에서 말콤 펜윅을 현재 한국침례교회의 창시자로 보았다.[193] 그는 강조하기를 한국침례교회의 역사는 펜윅이 1889년 말엽 서울에 도착하면서 시작되었다고 주장하였다.

여덟 번째로, 김승진(침례교인) 교수는 자신의 Ph.D. 논문인 "미국남침례교의 한국 선교역사: 한국침례교회의 성장에 미친 영향"(1995년)에서 "펜윅이 엘라 씽 기념 선교회를 1901년에 인수한 이후 펜윅의 침례교 정체성은 미국남침례교 선교사들이 1950년 한국에 들어올 때까지는 선명하지 않다"며 부정적인 태도를 취하였다.[194] 펜윅의 침례교 정체성에 대한 김승진 교수의 견해는 대체적으로 조효훈 박사와 흡사하다고 할 수 있다.

아홉 번째로, 유영식(비침례교인)은 토론토 대학교에서 "캐나다 선교사들의 한국에서의 영향: 초기 캐나다 선교사역에 대한 역사적 고찰, 1888-1898"(1996년)이란 논문으로 Ph.D. 학위를 받았다. 그는 이 논문에서 펜윅이 엘라 씽 기념 선교회로부터 공주지역을 인수받던 1902년까지 펜윅은 침례교인으로 활동하지 않았음을 지적하였다. 예를 들어, 유영식 목사는 주장하기를 펜윅이 1896년 캐나다와 미국을 3년간 방문하고 한국으로 돌아왔을 때 "나는 침례교인입니다" 혹은 "나는 침례교회의 정책에 따라 이것을 할 것이다"라는 말을 전혀 사용치 않았음을 제시하고 있다.[195] 이것은 펜윅이 스스로를 침례교인과 같은 무리로 보지 않는 것임을 의미한다는 것이다.

더욱이 유영식 목사는 침례교 선교사들을(엘라 씽 기념 선교회) "어느 미국 선교사들"로 혹은 "다른 선교단체"의 한 회원으로 소개하였다는 점에서 펜윅에게서 침례교의 정체성을 찾아볼 수 없음을 주장하였다.[196] 마지막으로 유영식 목사는 펜윅이 1906년 대한기독교회를 조직하기 이전 그가 1891년과 1893년에 성경을 번역할 때에 침례라는 말을 사용치 않았음을 지적하고 있다. 그에 따르면 침례라는 용어는 1919년 원산번역에 사용되었다는 것이다.[197] 하지만 필자는 이 문제에 관해 유영식 목사에게 반박하려고 한다.

열 번째로, 허긴(침례교인) 박사는 자신이 저술한 「한국침례교회사」(1999년)에서 "그[펜윅]는 다만 사도행전에 나타나 있는 신약성서적 교회의 원리와 신앙정신에 따라 대한기독교회를 이끌어 나가려고 했던 신앙정신에 있어서는 즉, 한 사람의 침례교인이었다고 할 수 있다"라고 언급하였다.[198]

대다수의 침례교인들은 펜윅이 침례교인이었다는 것에 동의하고 있다. 하지만 조효훈 박사와 김승진 교수는 교단의 이름인 "침례교"가 한국에서 처음으로 사용된 1949년부터 한국침례교회는 시작되었다고 주장하고 있다. 하지만 필자는 펜윅의 정체성을 그의 신학에 기초하여 재평가 해 보았을 때 펜윅이 침례교적이었음을 말하는데 주저하고 싶지 않다.

첫째로, 펜윅은 엘라 씽 기념 선교회와 합병하기 전 혹은 대한기독교회를 조직하기 전 신자의 침수례를 실시하였기 때문에 침례교적이었다. 예를 들어 펜윅은 1906년 10월 강경교회에서 열린 제1차 대화회[총회]에서 대한기독교회 교규를 발표하였는데 제20조에 의하면 "당원은 성은을 입고 침례를 받은 자로서 예수님에 대한 충성이 있는 자 내에서 감목이 선정한다. 단, 당원 이상의 직은 누구든지 침례를 받은 자라야 한다"라고 규정하였다.[199] 이 때 신명균은 목사로서 최초로 안수를 받았는데 대한기독교회 내규를 따르기 위해서는 필히 침례를 먼저 받아야만 했다.

또한 앞서서 주장하였듯이 신명균이 1903년 교사의 직책을 받기 이전에 침례를 받아야 할 필요기 있었기 때문에 그는 1901년 4월과 1902년 12월 사이 어느 시점에 펜윅으로부터 침례를 받았음에 틀림이 없다. 다시 말해 신명균의 침례식은 펜윅이 엘라 씽 기념 선교회를 인수하던 1902년 9월보다 이르거나 늦을 수 있었다는 점이다. 따라서 펜윅이 대한기독교회를 1906년 10월 창립하기 이전에 이미 그는 신자의 침례를 행했다는 사실이 분명하다는 것이다. 펜윅과 엘라 씽 기념 선교회와의 합병과는 관계없이 또한 대한기독교회를 조직한 것과 상관없이 펜윅은 이미 실천하는 침례교인이었다.

둘째로, 펜윅의 그리스도론을 보면 펜윅은 당연히 침례교적이다. 그는 확신하기를 인간은 다만 그리스도를 영접하고 믿음으로만 의롭게 되고 구원받을 수 있음을 말하고 있다. 그래서 구원은 예수 그리스도를 구주로 받아들이는 모든 자들에게 자유롭게 주어진다고 믿고 있다. 이유는 주님의 피가 예수 그리스도를 믿는 신자들에게 영원한 구속함을 주기 때문인 것이다.[200] 펜윅의 주장에 따르면 신자는 그리스도를 믿는 개인의 신앙에 반응하여 성령께서 변화시키는 능력으로 다시 태어나게 됨을 강조하고 있다.[201] 의심할 것 없이 그리스도론적 관점에서 보더라도 펜윅은 역시 침례교적이다.[202]

셋째로, 펜윅이 믿는 성경의 권위는 침례교인이 믿는 것과 유사하기에 그 역시 침례교적이다.[203] 펜윅은 영적으로 영감 받은 자가 성경을 기록하였다고 믿고 있으며, 성경은 하나님께서 스스로 인간에게 계시하신 말씀으로 믿고 있다.[204] 성경은 어떤 혼합된 실수도 없이 저자들에게 말씀하기 위해 하나님이 계시고, 마지막 심판과 진리를 알리기 위해 구원이 있다는 사실을 펜윅은 강조하고 있다.[205] 성경적 관점에서 보아도 펜윅은 침례교적이다.

넷째로, 펜윅은 침례교인이 믿는 것과 조화를 이루는 주의 만찬을 행해 왔기 때문에 침례교적이다.[206] 사실 그가 실시하였던 주의 만찬에 관한 개념은 나이아가라 사경회를 통해서 배운 것이다. 제임스 브룩스는

| 펜윅 부부와 원산교회 교인들

나이아가라 사경회에서 주의 만찬이 가르치는 교훈 일곱 가지를 발표하였다: 감사, 순종, 기념, 그리스도의 속죄 피의 가치, 주님의 죽음, 교제, 그리고 그리스도의 재림.[207] 주의 만찬은 교회의 회원들로 하여금 떡을 떼며 포도주를 나눔으로 그리스도의 죽음의 중요성을 회상시켜 상징적인 순종의 행동을 나타냄을 펜윅 또한 강조하였다.[208] 주의 만찬의 관점에서 보더라도 펜윅은 침례교적이다.

하지만 교회정책적인 관점에서 보면 펜윅과 그의 제자들은 침례교적이지 않았다. 홉스의 주장을 참고로 했을 때 대한기독교회는 주님의 주되심 하에 민주적인 절차로 진행되지 않았다.[209] 오히려 교단 전체는 펜윅의 영향력 하에 있는 교회여서 대한기독교회는 회중 정치를 하기보다는 군대의 계급제도와 같았다.[210] 조직 구조적인 관점에서 보면 펜윅은 침례교적이지 않았다. 하지만 신자의 침례를 행한 것을 볼 때 펜윅에게 침례교 정체성은 분명히 있다는 사실이다. 펜윅은 침례교인이다!

3. 성서론

나이아가라 사경회는 펜윅에게 어떻게 성경을 해석할 것인지를 처음으로 가르쳐 주었다. 훗날 사경회는 펜윅에게 영어와 중국어판 성경을 한국어판으로 번역할 수 있도록 동기부여를 심어 주었으며 펜윅이 성경번역 작업에 관심을 갖게 하는 계기가 되었다.

(1) 성서론의 기원

성경은 나이아가라 사경회의 핵심 요소였다. 사경회가 효과적인 성경공부 방법을 제공하였기 때문에 많은 사람들이 사경회에 참석한 것이다. 펜윅도 예외는 아니어서 그 또한 사경회의 선생들을 통해 성경을 배우게 되었다. 특히 펜윅의 성경 선생 가운데는 아도니람 고든이 있었고, 그는 나이아가라의 거장 중 한 명이었다.[211] 고든은 유명한 성경학자였다. 다음 내용에서 고든은 성도들이 성경공부를 통해 얻을 수 있는 영적인 유익과 또한 신도들이 신조를 앎으로 얻는 유익을 서로 비교해 두고 있다:

"성령으로 영양분을 공급받음으로 여러분 모두는 머리되시는 주 안에서 성장할 것이다. 이것은 영적으로 성장하기 위한 하나님의 방법이다…. 성경은 신실한 말씀의 젖이고, 고백서는 응축된 말씀의 젖이라 할 수 있다; 복음은 인생나무의 열매이고, 신조는 통조림 속의 열매라 할 수 있다. 이러한 고백서나 신조가 신앙생활의 중심이 되지 못하는 이유는 무엇일까? 이러한 것을 거절하는 이유는 하나님께서 우리로 하여금 통조림 속의 열매를 위해 사는 것을 원치 않으시기 때문이다."212) 성경을 너무나도 사랑하는 고든의 영향으로 펜윅은 사경공부라는 성경공부 교재를 만들어 성경을 가르칠 수 있었다. 더욱이 그는 이로 인하여 성경을 번역할 수 있게 되었다.

(2) 성서론의 특징

첫째, 펜윅은 성경 영감설을 강조하였다. 그는 구약에 나타난 한 이야기를 통해 축자영감설(문자영감설)의 중요성을 설명하였다. "하퍼 목사는 처녀를 의미하는 히브리어에 두 개의 단어 즉, *bathoola*와 *halmah*가 있음을 발견했다. 전자는 약혼을 하지 않은 처녀를 의미하고, 후자는 약혼한 처녀를 의미한다. *bathoola*는 구약성경에서 여러 번, *halmah* 두 번만 기록되어져 있는 것을 하퍼 목사는 발견했다. 관련된 구절을 주의 깊게 읽어보면서 엘리에셀이 이삭의 신부를 구하려고 찾고 있을 때 그는 하나님께 아직 약혼하지 않은 처녀 즉, *bathoola*를 위해 기도했다는 것을 하퍼 목사는 발견했다. 엘리에셀의 기도가 하나님께 즉시 상달되자마자 엘리에셀은 리브가에게 약혼선물을 주고 그녀의 집으로 안내 받았을 때 엘리에셀은 리브가를 *halmah* 즉, 약혼한 처녀로 호칭하고 있음을 상기시키고 있다."213)

펜윅이 축자영감설에 관해 호의를 두는 것은 선적으로 고든의 영향이라 할 수 있다. 고든은 자신이 저술한 「성령의 사역」(The Ministry of the Spirit)에서 "성령의 영감설"에 대한 내용을 8장에서 다루고 있다.214) 고든은 "모든 성경은 하나님의 감동으로 된 것으로 교훈과 책망과 바르게 함과 의로 교육하기에 유익함으로(딤후 3:16), 주께서 성령을 사람에게 부어 주사 이들로 하여금 죄를 용서받을 수 있는 특권을 주셨고, 또한 성령께서 어떤 책에게 영감을 불어 넣어서 그 책들이 진리를 가르치는 데 무오하도록 하셨다"라고 기록하였다.[215] 다시 말해 성령께서 거룩한 자들에게 신성한 집필을 하도록 허락하셨다는 것을 펜윅은 고든을 통해 배웠고, 영적 영감설은 어떤 차이가 있는 것이 아니라 집필의 모든 분야에도 똑같이 성령이 역사한다는 점이다.

둘째, 펜윅의 성서론은 문자적 성경해석을 강조하였다. 그는 다음과 같이 문자적 성경해석 방법을 설명하였다: "우리의 사랑하는 친구이자 고인이 된 고든 목사는 '성경의 유형은 마치 유클리드(Euclid, BC 300년경에 활약한 그리스의 수학자로 그리스 기하학 즉, 유클리드 기하학의 대성자. 역자 주)의 명제처럼 증명할 수 있습니다. 그렇기 때문에 고등비평은 결코 성경에 이를 수 없다'는 것을 들려주었다. 성경 해석이 마치 둘에 둘을 더하면 넷이 되듯이 명백하지 않을 때는 성령께서 아직 깨닫는 은혜를 주지 않았음을 믿고 위로를 받으라고 가르쳐주었다."[216]

고든은 성경의 문자적 해석방법을 주장하였다. 글자 한자 한자 해석에 심혈을 기울이는 축자영감설은 조잡하고 세속적인 진리의 견해를 풀기에 좋은 용어인 반면에 우화적 해석방법은 위험을 안고 있다고 주장하였다.[217] 펜윅의 축자영감설은 고든으로부터 영향을 받았다. 더욱이 축자영감설로 인해 펜윅과 고든은 자기중심적 성경해석방법을 강조하게 되었고, 성경은 스스로 해석되어 질 때 가장 좋은 것이라는 것을 이들 둘은 믿고 있었다.

셋째, 펜윅이 성경을 무척 아끼는 마음의 표시는 독경운동(讀經運動, 성

| 하인즈 여사의 원산에서의 성경공부 인도

경읽기)에 잘 나타나있다. 독경운동은 대한기독교회로 하여금 성경의 신앙을 튼튼하게 만드는 주요한 도구로 사용되어졌으며 펜윅은 제자들에게 3가지를 강조하였다: (1) 성경 많이 볼 것; (2) 성령에게 순복할 것; (3) 마귀를 대적할 것.[218] 이 내용은 복음찬미의 '세 가지 볼일' 이라는 제목에 노래 가사로 실려 있다: "세 가지 볼일이 있다네. 두 번 난 자에게 성경보고, 슴(성령)께 순복하고, 마귀를 대적하오."[219]

고든 역시 독경운동을 다음과 같이 정의하고 있다: "독경운동[성경읽기]은 교회의 수많은 신앙부분 가운데 가장 흥미 있는 특징 중에 하나입니다. 우리는 주일날 예배를 인도하는 목사가 설교 시에 성경구절에 짧은 메모나 해설을 딛지 않고 단지 하나님의 말씀을 읽는 것에 익숙해져 있기 때문에 우리 모두는 스스로 한 문장을 각각 다르게 해석할 수 있으며 한 본문을 다른 뜻으로 밝히는 것도 가능합니다. 그래서 예배시간의 흥미는 극대화되고 예배가 시작될 때 교회는 늘 초만원을 이루게 되는 것입니다."[220]

고든은 독경운동이 "성경해석상 가장 간단하고 자연스러운 방법이다"라고 확신하며 자신이 편집장으로 있던「슬로건」(The Watchword)에 이슈가 될 만한 성경읽기 구절을 하나씩을 실었다.[221] 펜윅이 편집장으로 있었던「달편지」역시「슬로건」(The Watchword)처럼 성경공부 내용을 매호마다 싣고 있었다.[222] 이처럼 펜윅은 고든에게 자신의 성서론에 관해 많은 영향을 받고 있었다.

(3) 성서론의 영향

펜윅의 성서론의 가장 큰 열매는 사람들 사이에 독경운동이 확산되었다는 것이다. 구전에 의하면 젊은 아낙네들은 신약성경을 약 30회 정도 읽었고, 노인들은 신구약 성경 모두를 200번에서 500번 정도 혹은 1천 번 정도 읽은 자도 있었다고 한다.[223] 또한 이종덕 감독은 만주 종성동 교회에 성경학원을 설치하고 각 지역에서 온 학생들에게 성경을 가르치는 일에 혼신의 힘을 쏟아 부었다고 한다.[224] 결국 펜윅의 독경운동은 국내뿐만 아니라 만주, 시베리아, 몽골과 같은 타문화권으로 급속도로 확장되었다.

(4) 평가

펜윅은 "한국의 르네상스" 시대에 문맹을 타파하는 운동에 큰 기여를 하였다. 1910년에 구약이 한국어로 완역되었고, 1911년에는「성경젼서」가 출판되었고, 1919년에는 원산번역이라고 불리는「신약젼셔」가 대한기독교회에 의해 출판되었다.[225] 한국어 성경이 잇달아 출판됨으로 모든 개신교 교회들은 독경운동에 박차를 가할 수 있었다. 그 결과 성경공부에 관한 관심이 1905년부터 1934년까지 전국에 있는 모든 교회까지 확산되었고, 이 기간 동안 펜윅의 독경운동은 문맹타파에 큰 일조를 한 것이다.[226]

하지만 펜윅은 그의 제자들에게 성경을 깊이 연구하는 것은 금지시켰다. 성경은 연구하는 것이 아니라 단순히 읽는 것이라고 주장하면서 "연구"는 지식의 나무를 먹는 것이며 사탄에게 속한 것과 같다고 정의를 내렸다.[227] 그런데 크리스천들은 단지 성경을 암송하도록 훈련 받는 것이 아니라 성경공부를 활발하게 하고 나아가 성경을 비평적으로 연구하고 묵상하며 비교하도록 부름을 받은 자들이다.

책임 있는 사고를 지닌 활발한 신앙은 기독교 문화의 근간을 이루는 것이고 복음의 수동적인 동화는 아니라는 얘기다.[228] 하지만 펜윅은 제자들에게 성경을 반복적으로 읽게 하였지 연구하도록 강요하지는 않았다. 펜윅의 많은 추종자들은 마치 무슬림처럼 성경을 반복해서 읽고 여러 구절들을 의무감으로 암기하였지만 성경에 대해 생각하거나 비평하도록 허락을 받지는 못하였다. 그의 이러한 판단은 대한기독교회의 자질을 떨어뜨렸고 산업화가 일어나는 시기에 시대의 흐름을 잘못 읽고 역행한 아픈 흔적을 지니게 되었다.

III. 요 약

나이아가라 사경회는 펜윅에게 있어서 일종의 신학교 기능을 한 것 같다. 펜윅은 사경회에서 성경을 연구했을 뿐만 아니라 신학을 배우기도 했다. 특히 그의 종말론, 교회론, 성서론은 나이아가라 사경회에서 형성되었다. 나이아가라 사경회는 1883년부터 1897년까지 아름다운 나이아가라 호숫가에서 매년 정기적으로 모임을 가졌는데 펜윅은 평신도 선교사로서 한국으로 들어오기 전 1886년부터 1889년까지 이 모임에 참석하였고, 또한 그가 1893년부터 1895년까지 캐나다와 미국을 방문하던 3년 동안 사경회에 다시 참석할 수 있었다. 바로 이때에 펜윅은 침례교 목사인 고든으로부터 목사 안수를 받고 한국으로 돌아왔다.

종말론 사상에 있어서 펜윅에게 가장 큰 영향을 준 사람은 스코필드라 할 수 있겠다. 펜윅은 1888년과 1895년 사경회에서 스코필드의 설교와 강의로부터 큰 영향을 받았다. 펜윅은 스코필드의 종말론을 완전히 이해하고 나서야 1909년에 사경공부를 실시하였고, 놀랍게도 같은 해에 스코필드 관주성경이 출판되기도 하였다. 펜윅이 나이아가라 사경회에 참석한 각 년도는 분명히 누가 그의 신학에 직접적으로 영향을 끼쳤는지 그리고 왜 그런 결과를 얻게 되었는지를 밝혀주고 있다.

펜윅은 나이아가라 사경회를 통해 세대주의 전천년주의와 환란전 휴거설을 믿는 자가 되었다.[229] 그의 세대주의는 교회성장과 해외선교에 긍정적인 영향을 끼치기도 하였다. 하지만 환란전 휴거설의 강한 입장 때문에 펜윅은 그의 제자들로 하여금 그들의 자식들을 공립학교에 보내지 않게 하는 감목칙령을 발표하였고, 이러한 펜윅의 세상교육에 대한 부정적인 태도는 훗날 그를 따르는 자들에게 잊을 수 없는 상처와 영원한 짐으로 남게 되었다.[230]

교회론에 있어서 펜윅은 브룩스로부터 강한 영향을 받았고 이 영향력은 초교파적 교회론을 세우는 것이었다. 이런 이유로 인해 펜윅은 자연스럽게 자립선교 정책을 지향하지 않을 수 없었고, 이 전략은 교회성장과 교회개척을 이끄는데 도움을 주기도 하였지만 다른 한편으로는 초교파적 교회론으로 인해 펜윅이 교단의 간섭과 재제를 받지 않다보니 폐쇄적인 선교정책으로 이끌게 하는 어려움을 낳기도 하였다. 펜윅이 다른 교단의 동료 선교사들과 좋은 네트워크를 형성하였더라면 그의 가시적인 선교열매는 아마 생각했던 것 이상으로 좋은 결과를 얻었을 것이라 여겨진다.

성서론에 있어서 고든은 펜윅에게 절대적으로 영향을 끼쳤다. 펜윅은 고든 박사로부터 축자영감설과 독경운동에 관한 것을 배웠기 때문에 펜윅에게 있어서 고든은 성경 교사요 개인 선생이요 교관으로 훗날 한국에서 사역하는데 절대적인 영향을 주었다.

펜윅은 나이아가라 사경회에서 여러 사람들로부터 영향을 받았다. 주요한 사람들을 소개한다면 회중교회의 스코필드 박사와 장로교인 브룩스 목사와 침례교인 고든 박사를 들 수 있겠다. 이것은 펜윅 개인에게 있어서는 많은 혜택이 된 것처럼 여겨진다. 하지만 한국침례교회에서는 펜윅이 침례교 정체성을 가지고 있어서 침례교인인지 아닌지 논쟁이 있는 것은 사실이다. 필자가 언급하였듯이 신자의 침례, 그리스도론, 성경, 주의 만찬의 관점에서 보았을 때 펜윅은 분명히 침례교적이다. 다른 한편으로 교회 행정적 시각에서 평가한다면 펜윅은 침례교적이지 않아서 마치 교황이니 군주와 다를 바 없는 것처럼 보인다. 그러나 펜윅의 침례교 정체성의 논란에 관해 필자는 펜윅이 무엇보다도 신자의 침례를 실행한 것을 보아 그가 분명히 침례교인 이었음을 강조하고 싶다.

결론적으로 펜윅은 나이아가라 사경회에서 큰 은혜를 입었고 빚을 진 사람으로서 특별히 스코필드, 브룩스, 고든과 같은 사경회 지도자들은 펜윅의 신학을 형성하는 데 큰 도움을 주었다. 대체로 나이아가라 "신학교"에서의 종말론과 성서론은 펜윅과 대한기독교회에 긍정적인 영향을 끼쳤지만 반면에 교회론은 그렇지 않은 편이었다.

"성경은 신실한 하나님 말씀의 젖이요, 복음은 인생나무의 열매이다."
– 아도니람 고든 저서 중에서

제3장
펜윅의 선교훈련 아도니람 고든

아도니람 고든 목사 Adoniram Judson Gordon, 1836–1895

제3장 | 펜윅의 선교훈련 아도니람 고든

　아도니람 고든(Adoniram Judson Gordon, 1836-1895)은 펜윅의 선교전략과 철학을 형성하는데 지대한 영향을 준 사람이다. 펜윅은 1893년부터 1896년까지[1] 3년간 캐나다와 미국을 방문하였을 때 보스턴에 있는 클래런던 스트리트 침례교회(Clarendon Street Baptist Church, 이하 클래런던 침례교회)[2]에서 목회를 하고 있는 고든 목사가 운영하는 보스턴 선교사 훈련학교(Boston Missionary Training School)를 통해 선교사 훈련을 받았다. 본장에서는 펜윅의 선교에 반영된 독특한 전략들을 다루고 이러한 전략들을 보스턴 선교사 훈련학교의 전략과 비교해 보면서 펜윅이 어떻게 고든으로부터 영향을 받았는지를 살펴보고 평가해 보려고 한다.

I. 고든을 통한 펜윅의 선교훈련

　고든은 1836년 4월 19일 뉴햄프셔주 뉴햄톤(New Hampton)에서 태어났다. 그가 '아도니람 저드슨 고든'이란 이름을 갖게 된 배경은 미국침

| 고든의 첫 목회지인 자마이카 광야침례교회

례교 선교의 선구자인 아도니람 저드슨(Adoniram Judson)의 이름을 본 딴 것이다. 어떤 이는 고든이 선교사역을 위해 이미 운명을 받은 사람이라고 말하는 자도 있다.³⁾ 고든은 16살의 나이에 구원의 확신을 경험하고 목회자로 헌신할 것을 결심하였다. 그는 24살의 나이가 되던 1860년에 브라운 대학교를 졸업하고 곧바로 뉴톤(Newton) 신학교에 입학하여 1863년 6월 24일에 신학과정을 모두 마치게 되었다.⁴⁾

고든은 뉴톤 신학교에서 공부를 끝내기 전 1863년 메사츄세츠주 웨스트 록스베리(West Roxbury)에 있는 자마이카 광야 침례교회(Jamaica Plain Baptist Church)로부터 담임목회자로 청빙을 받아 일찍부터 목회에 뛰어들게 되었다.⁵⁾ 그는 1863년 6월 25일 목사 안수를 받았고 1869년까지 웨스트 록스베리에서 목회를 하였다. 이후 고든은 보스턴에 있는 클래런던 침례교회로부터 청빙 제안을 끊임없이 받다가 2년이 지나고 나서야 마지못해 그곳에서 사역할 것을 1869년 12월에 수락하였다.⁶⁾

그는 클래런던 침례교회에서 1895년 2월 2일 세상을 떠날 때까지 25년간 목회를 하였다. 고든은 주님의 품으로 가기 6년 전인 1889년에 교회 내에 보스턴 선교사 훈련학교를 개원하였고, 펜윅은 캐나다와 미국을 방문하는 동안에 이미 사경회에서 「슬로건」(The Watchword)이란 잡지의 글을 통해 알려졌던 고든의 교회를 방문하여 이 학교에서 선교사로의 자질을 다듬고 훈련을 받게 되었다.

1. 클래런던 스트리트 침례교회
(Clarendon Street Baptist Church, 이하 클래런던침례교회)⁷⁾

펜윅이 고든을 만났던 1893년에서 1896년까지 고든은 여러 면에 있어서 매우 활동적인 목회자였다. 그는 1877년에 가난하고 도움이 필요한 사람들을 돕기 위해 보스턴 산업 기지(Boston Industrial Home)를 세웠고,[8] 이듬해 월간지 「슬로건」(The Watchword)에는 고든에 대해 "소박한 믿음과 소박한 소망과 소박한 자선을 옹호하는데 혼신의 힘을 기울이는 자"로 언급되어 있다.[9] 1888년에 고든은 미국침례회 선교연맹(America Baptist Missionary Union)과 미국 북침례회 해외선교회 회장이 되었고,[10] 1889년에는 보스턴 선교사 훈련학교가 고든의 교회에 세워지기도 하였다. 더욱이 그는 여러 사경회의 유명 강사로 알려져 있어서 펜윅은 고든이 어떻게 클래런던 침례교회를 운영하고 있는지 그리고 그가 어떻게 효과적으로 교회를 성장시키고 선교열매를 얻게 되는지 볼 수 있는 좋은 기회를 가졌다.

(1) 개혁을 실현하는 교회[11]

| 클래런던 스트리트 침례교회의 담임목사인 아도니람 고든

고든이 클래런던 침례교회에서 담임 목회를 시작하였을 때 이 교회는 시내 중심가에 위치한 돈 많은 상류층이 모여드는 교회였다.[12] 클래런던 침례교회는 색유리 창문과 고급스러운 카펫 통로와 덮개와 값비싼 오르간을 갖춘 새로운 고딕양식의 건물이었다.[13] 실내는 밝고 화사한 프레스코 화법을 지닌 블랙 목재로

갖춰져 있다. 이 멋진 모든 가구들은 좌석 임대 프로그램을 실현하였기 때문에 가능하였다.[14] 찬양은 완벽하고 변함없이 고전적이었으며 전문 4중주가 노래를 인도하였다.[15]

고든에게 가장 힘든 일은 오랫동안 뿌리를 내리고 있는 형식주의(形式主義)를 제거하여 교회의 영성을 회복하는 것이었다. 그래서 그는 세 가지 분야가 교회의 예배에 회복이 되어야 할 것임을 주장하였다. 가장 먼저 회복되어야 할 것은 회중 예배였다. 마치 구경꾼처럼 예배에 임하는 구식 스타일의 예배는 고든이 부임하기 전 클래런던 침례교회의 성도들이 익숙해 있던 형식이었다.[16] 그래서 고든은 모든 성도들이 참여하는 예배를 기획하기로 결정했다.

고든이 클라렌돈 교회에서 전한 시리즈 설교집인 「회중예배」(Congregational Worship)를 보면 회중이 어떻게 예배에 참여할 수 있을는지 적극적인 제안을 소개하고 있다. 이 제안은 교독문 낭독과 기도가 끝날 즈음에 회중들이 아멘으로 화답하는 것이었다.[17] 더욱이 고든은 고용된 찬양 4중주를 해고하고 12명의 자원 합창단이 찬양을 인도하도록 하여 회중이 예배의 중심이 되게 하였다.[18] 마침내 1894년까지 클래런던 침례교회는 회중 예배에서 가장 앞서가는 침례교회 중 하나가 되었다.

교회의 영성을 회복해야 할 두 번째 과제는 "베푸는 것이 주님을 찬양하는 것"[19]이라고 고든이 지적하였듯이 회중들로 하여금 나누는 삶을 살도록 하는 것이었다. 사실 클래런던 침례교회는 좌석 임대[20]나 재정모금 이벤트[21]를 제외하고는 별로 함께 나누는 조직적인 프로그램이 없었다. 그래서 1871년에 고든은 카드시스템을 도입하여 모든 회중들로 하여금 주정헌금과 매달마다 기부금을 사전에 약정토록 하였다.[22]

그는 베푸는 것의 개념도 다음과 같이 확대하였다:

"주정헌금은 구걸하는 것이 아니라 자원하여 바치는 것이며 사람에게 주는 것이 아니라 하나님께 드리는 것이다. 또한 이것은 기부행위가 아닌 예배의 행위로 이해되어져야 한다."[23] 클래런던 침례교회의 밝은 미래를 위해 고든은 좌석 임대 프로그램을 없애려고 23년 동안이나 회중과의 전쟁을 지속해야만 했다.[24] 그의 이 같은 노력은 대가를 치르며 마침내 1892년에 교회는 좌석 임대 프로그램을 없애는데 투표를 하였고 교회의 필요한 재정을 자유기부금을 통해 충당하기로 하였다.[25]

교회의 영성을 회복할 수 있는 마지막 방법은 교회의 잘못된 오락프로그램에 강력하게 대처해 나가는 것이었다. 고든은 교회의 잘못된 오락으로 댄스, 연극, 코믹 오페라, 희곡, 복권 뽑기, 축제, 이름 없는 각종 페스티발과 같은 것을 들고 있다.[26] 고든은 이러한 오락행위가 예배당에서 비신자들을 대상으로 의도적으로 실시된다는 것은 하나님의 집을 그저 파티 하는 집으로 바꾸는 행위가 된다고 주장하였다. 그래서 그는 그러한 오락을 포기할 것을 강하게 주장하였고 마침내 영적으로 돌아서서 신선한 활력을 경험할 수 있었다고 말하고 있다:

"그래서 우리가 알리려고 하는 것은 젊은 청년들이 예전에 많은 시간을 투자하고 힘을 쏟아 부었던 오락시스템을 포기하고 단호히 영적인 일에 자신들의 에너지를 집중시키려고 결정했을 때 새로운 축복의 시대가 이런 젊은이들 사이에 도래하였음을 나타낸 것이다. 1년이 지난 이후 젊은 층의 기도실에는 참석자들이 2배, 3배로 모여들기 시작하였고 이후부터 이들의 모임은 더욱 복음사역 쪽으로 추진되어 담임 목회자의 강한 오른팔이 되었다."[27]

오랜 세월이 지난 이후에 한 영적 혁신가인 디트리히 본회퍼(Dietrich Bonhoeffer)는 "구세대의 녹슨 칼은 오늘과 미래의 악들을 제거하는데 쓸모가 없다"라고 말하고 있다.[28] 고든 목사는 교회의 어두움을 뿌리째 뽑기 위해 칼날을 날카롭게 갈아 이것을 하나님이 주신 신앙 안에서 지혜롭게 사용함으로 마침내 고든은 19세기 말 교회의 영성 회복을 이루는 혁신가가 되었다.[29] 펜윅은 클래런던 침례교회에 머물면서 고든 목사가 자신의 삶의 목적을 증인과 봉사의 삶에 두고 살아가는 것을 보며 자신을 희생할 때 목적을 상실하는 것이 아니라 오히려 이루게 됨을 발견하게 되었다.

(2) 네트워크 중심의 교회[30]

클래런던 침례교회와 고든 목사는 어떤 것이 계기가 되어 새로운 전환기를 맞게 되었을까? 이들은 영적건강과 영혼구원을 위해 무엇을 준비하였을까? 말할 것도 없이 보스턴에서 1877년 1월 28일부터 5월 1일까지 4개월 동안 진행된 무디 부흥회가 이 질문에 열쇠가 될 수 있다

| 보스턴 / 생키 부흥회 (1877. 1. 28 - 5. 1)

하겠다.³¹⁾ 이 기간 동안 교회와 고든 목사는 무디 부흥회를 후원하는데 총력을 기울였다. 클래런던 침례교회의 많은 성도들이 행사 감독을 하거나 전도하는 일이나 모임의 후원활동에 적극적으로 참여하게 되었다.

고든은 교회 건물이 그리스도를 영접한 새신자를 위한 영접실로 사용될 수 있도록 허락하였고, 교회의 다른 회중들은 그의 일을 도왔다.³²⁾ 안수집사인 조지 덱스터(George S. Dexter)는 몇 주 동안 집회의 안내위원장 직을 훌륭하게 잘 감당하였다. 그는 전반적인 운영과 매일 집회에 몰려드는 수천 명의 좌석과 외부 방문객들을 위한 계획을 맡아 진행하였다.³³⁾ 고든은 교회의 성도들이 집회의 한 식구처럼 연합하여 섬기는 모습을 보고 기뻐하였고, 더욱이 이 교회는 무디 부흥회와 관련되어 있고 집회의 한 부분으로 느꼈음을 고든은 말하고 있다.³⁴⁾

| 드와이트 무디 목사

1877년 무디 부흥회는 클래런던 침례교회가 성장할 수 있도록 영향을 주었다. 5월 초순경 교회에 등록한 수가 약 50명이 되었다.³⁵⁾ 부흥회 결과로는 공식적으로 91명이 침례를 받았고 34명이 등록하여 총 125명이 교회에 입적하게 되어서 당해 연도에 교회 회원으로 들어온 숫자가 다른 해에 비해서 가장 많았다.³⁶⁾ 더욱이 무디 부흥회는 고든이 오랫동안 씨름하였던 좌석임대 계획을 철회시키는 기초가 되어 고든은 23년 만에 좌석임대 프로그램에서 해방될 수 있었다. 급기야 1892년에 그의 끊임없는 시도와 노력으로 인하여 교회가 좌석임대를 더 이상 하지 않도록 투표하게 하는데 성공하였다.³⁷⁾

펜윅이 1893년과 1896년 사이 클래런던 침례교회를 방문했을 때 그는 자신의 좌석을 임대할 필요가 없었다. 펜윅은 당시 클래런던 침례교회에서 일어나고 있는 놀라운 변화와 회중들이 마음껏 주님을 찬양하는 것을 목격한 증인이 되었고, 이처럼 교회가 대내외적으로 성장하고 부흥하게 된 것은 보스턴 부흥회와 직접적으로 협력한 결과임을 발견하게 되었다.

(3) 선교에 열매가 있는 교회[38]

고든은 목회 말년에 클래런던 침례교회가 영적으로 과감한 변화를 시도할 수 있도록 고취시켰다. 예를 들어 고든이 1869년 12월에 클래런던 침례교회에서 목회를 시작할 때는 회중이 358명이었지만 20년이 지난 이후 933명으로 성장하였다.[39] 더욱이 그가 세상을 떠나던 1895년에 교인수가 1천명을 넘어섰다. 1869년에 교회는 1명의 복음전도자와 1명의 해외선교사를 후원하였지만 1895년에는 12명의 복음전도자와 12명의 해외선교사를 후원하게 되었다.[40] 1869년에 교회의 자선기금은 거의 바닥인 상태였지만 1889년에는 16,000달러나 되었다.[41]

1869년 교회의 연장사역은 흑인선교나 60명 정도 회원이 있는 젊은 단체나 여성자선단체를 돌보는 수준이었는데,[42] 1895년에는 아주 다양하게 확장되었다. 우선 유대인, 중국인, 흑인들을 개종시키기 위한 새로운 선교전략이 수립되었고, 그 다음 옥외 실교집회가 부두에서 자수리 공장에서 그리고 공공광장 등지에서 열리기도 하였다. 하지만 당시 보스턴 시당국이 명령하는 것과 정반대 태도를 보여준 보스턴 공공장소에서의 설교행위는 고든이 체포되고 벌금을 물도록 하는 해프닝을

겪기도 했다.[43]

| 복음성가 가수 생키 집사

고든의 사역은 많은 이들을 놀라게 하였다. 교회의 젊은이들이 교회의 사역에 동참하게 된 것을 바라보면서 고든은 다음과 같이 보고 하였다: "내가 주일 예배를 준비하기 위해 아침 9시경 교회에 갔을 때 20명에서 30명 정도의 젊은 남녀 청년들이 기도실에 무릎을 꿇고 주일아침 사역을 잘 감당하도록 주님으로부터 새 힘을 간구하는 것을 목격하게 된다…. 젊은 남녀들이 찬양을 인도하게 되자 곧바로 주의를 끌게 되며, 이들은 신실한 크리스천으로부터 메시지를 듣고, 이들의 마음은 하나님의 말씀을 받는데 활짝 열려져 있으며, 다른 무리들은 부둣가로 가서 이곳에서 배를 타는 선원들과 선착장 주변을 어슬렁거리는 이름 없는 게으름뱅이들을 만나게 되고, 이곳에서 젊은이들은 듣는 사람들의 반응이 좋지 않을지라도 준비한 복음을 전함으로 놀라운 결과가 일어나게 된다."[44]

펜윅은 한국에 와서 첫 3년 동안 비신자들에게 복음을 전하려고 노력을 하였지만 결과는 기대했던 것보다 좋지 못했다.[45] 그래서 그는 미국으로 잠깐 돌아갔고 클래런던 침례교회를 방문하게 되었다. 이 시간은 펜윅에게 있어서 축복의 경험이었다. 그는 자신의 두 눈으로 복음을 나누는데 혼신의 힘을 기울이는 젊은이와 영혼을 사랑하는 회중과 교회에서 선교에 열정적인 관심을 지니고 있는 회중을 직접 목격하게 되었다. 펜윅의 사역과는 달리 고든의 교회는 살아 숨 쉬고 있었다. 펜윅이 클래런던 침례교회에 머무는 동안에 그는 분명히 영혼을 사랑하는 선교전략을 배울 수 있었다. 이런 이유로 클래런던 침례교회는 펜윅에게 있어서 잊을 수 없는 선교세미나로써 기능을 담당한 것처럼 보인다.

2. 보스턴 선교사 훈련학교

보스턴 선교사 훈련학교(Boston Missionary Training School, BMTS)는 1889년 10월에 개원하여 "자신을 그리스도께로 드리겠다는 남자와 여자 또한 국내 및 해외선교사역에 필요한 능력과 헌신을 보이는 자들에게 간단한 과정의 성경 및 실제 훈련을 제공"하는데 그 목적을 두고 있다.[46] 펜윅은 고든이 지도하는 이 학교에 와서 선교훈련을 받게 되었는데 이 학교에서 1년 미만 정도 머물며 훈련 받은 것으로 보여 지며 머문 시기가 언제인지는 명확하지 않다.[47] 보스턴 선교사 훈련학교의 교육 특성을 평가해보기 위해 필자는 펜윅이 이곳에 머무는 동안 이 학교가 학생들에게 우수한 커리큘럼을 제공하였는지, 유능한 교수진을 고용하였는지에 대해 살펴보려고 한다.

(1) 설립 배경

보스턴 선교사 훈련학교는 어떻게 설립되었을까? 고든으로 하여금 보스턴에 선교사 훈련학교를 세우도록 지대한 영향을 끼친 사람은 그라탄 기네스(H. Grattan Guinness)였다. 고든은 리빙스톤 내지 신교회(Livingstone Inland School, LIS)의 설립자인 기네스를 1884년에 처음으로 만났는데 이때에 기네스는 미국침례교 선교연맹으로 하여금 영국 콩고 선교회를 인수할 것을 요청하였다. 1884년에는 고든이 선교연맹에서

활동적인 회원으로 일할 때 디트로이트에서 열린 연차총회에서 콩고 선교회를 인수하기로 결정했다.[48]

4년이 지난 1888년 여름에 고든이 선교연합회의 일로 런던 선교 100주년의 대표자로 참석하였을 때 그는 기네스의 선교사 훈련학교와 런던 동부 국내외선교회와 런던에 있는 할리(Harley) 집을 잠깐 방문하였다.[49] 하지만 이 방문기간 동안 고든과 기네스가 선교사 훈련학교의 설립 가능성을 논의했다 할지라도 이런 결정은 선교연합회가 콩고 선교회를 인수하기로 한 사업관계로 인하여 기네스가 1889년 미국을 방문할 때까지 연기되었다.[50]

1889년에 기네스는 다시 미국을 방문하여 도움이 절실히 필요한 콩고에 단 한명의 미국선교사도 파송되지 않은 사실에 대해 부담을 주었다. 이때 기네스는 두 학교를 설립하였는데 하나는 복음전도자 조지 니드함(George C. Needham)과 YMCA의 협조로 캔사스주의 캔사스 시티에 학교를 설립하였고,[51] 또 다른 하나는 센트럴 침례교회의 담임목사인 헨리 마비(Henry Mabie)의 도움을 받아 마비를 학장으로 임명하며 미네소타주의 미니에폴리스에 학교를 세웠다.[52]

이 두 학교처럼 보스턴 선교사 훈련학교도 기네스의 도움을 받아 설립하게 되었다. 고든은 런던에 설립된 기네스의 선교사 훈련학교처럼 보스턴 선교사 훈련학교를 세우도록 결정한 것에 대해 다음과 같이 설명했다: "기네스가 1889년에 미국에 왔을 때 우리는 함께 기도하며 심사숙고하였다. 기네스는 자신의 선교사 학교처럼 한 학교를 세울 것을 요청하였지만 콩고에 있는 선교지를 돕기 위해 연장교육조직을 만들도록 요구한 것은 아니었다. 하지만 학교는 어디에 있어야 하는가? 누가

이 일을 조직하고 실행해야 하는가?"[53]

고든이 선교에 헌신하게 된 것은 기네스와의 밀접한 관계로 인해 도전 받아 이루지게 되었다는 것은 당연한 사실이다. 기네스는 선교 주창자일 뿐만 아니라 영국에서 가장 앞서있는 역사적 전천년주의의 보급자였는데 그의 사상은 고든이 주장하였던 전천년주의의 해석과도 같았다. 보스턴 선교사 훈련학교의 설립을 발기시킨 것은 선교에 대한 관심과 전천년주의적 열정이 혼합된 것이었다.[54]

(2) 학교 개원

보스턴 선교사 훈련학교는 1889년 10월 2일 개원하여 다음과 같이 교수와 행정 직원을 임명하였다: 고든 박사를 학장으로, 고든 부인은 비서로, 채펠(F. L. Chapell)은 전임 교수로, 퍼킨스(C. W. Perkins)는 사무처장으로 임명하였다.[55] 고든이 학교를 개원하면서 선교이론을 실제화하는데 주력하였음을 볼 수 있다. 보스턴 선교사 훈련학교는 평신도들에게 성경을 교재로 해서 전도하는 방법과 도시 선교사역을 할 수 있도록 훈련시켜 훗날 평신도 선교사로서 선교지에 가서 사역할 수 있도록 훈련시키는데 그 목적을 두고 있었다.[56]

이러한 학교의 설립 목적을 달성하기 위해 대체적으로 두 종류의 학생들이 등록하게 되었다. 첫째 부류는 독특하게도 많은 중년층의 사람들이 등록하였다. 고든은 30내가 넘는 많은 사람들이 주님을 섬기는데 소명을 받기는 했지만, 시간이 허락지 않아서 또한 경제적인 이유로 공식적인 훈련을 받지 못한 것을 알고 있었다.[57] 그래서 이 학교를 다니는데 나이제한을 두지 않았고 펜윅 역시 미국을 방문했던 때에 그의 나

| 보스턴 선교사 훈련학교가 개원된 클래런던 스트리트 침례교회

이가 30대가 되었음에도 이 학교에서 공부할 수 있었다.

둘째, 이 학교는 공식 학교나 신학교에서 훈련받지 못한 사람들을 위해 개원하였다. 그래서 이 학교는 평신도들로 하여금 정식 선교사로서 사역을 잘 감당할 수 있도록 훈련시키는데 주로 목적을 두었기에 고든은 다음과 같이 기술하고 있다: "요컨대 분명히 이해합시다. 이런 이해는 잡지 「조사자」(Examiner)가 주장한 것처럼 새로운 어떤 사역의 지름길을 조장시키는 것이 아니라 돈도 없이 기부금도 바라지 않고 착수한 사람의 노력에 불과한 것으로서 자신의 길을 아직 발견하지 못한 평신도 선교사로 섬기려는 남녀 모두를 선교지로 파송하려는 것이다….

우리들은 통신으로 이런 목적을 지닌 사업과 선교 강연 및 전도 여행에 종사하고 있어서 해외선교 사역의 자원자들에게 해마다 도시선교 사역을 경험케 하여 평가하고, 그리고 우리가 이들의 나이와 상황을 판단해서 훗날 대학교나 신학교에 가려는 자들을 인증해주려고 돕는 것이기에 이들이 원하는 방법대로 이들을 돕는 것이다. 다른 사람들에게도 똑같이 우리가 할 수 있는 최상의 실제적이고 성서적인 가르침을 주려고 하는 것이 우리의 목적이다."[58]

펜윅은 학교에서 정상교육을 받거나 신학을 공부하지 못했고 평신도 선교사로서 사역하려는 자신에게 보스턴 선교사 훈련학교는 그의 필요를 충족시킬 수 있는 가장 적합한 학교임을 발견하였다.[59] 그래서 고든은 그의 멘토가 되었다.

(3) 학교 교수진

누가 이 새로운 학교에서 가르칠 것인가? 고든은 커리큘럼을 만들고 수업시간에 가르칠 사람이 필요하였다. 아도니람 고든은 최초의 전임 교수와 신학교수와 교무처장으로 채펠(F. L. Chapel)을 선정하였다.[60] 고든 대학의 전 총장이었던 우드(Nathan R. Wood) 박사는 채펠은 "헌신적이며 전도에 열정적이며 따뜻한 심성을 지녔고 학자적이며 지칠 줄 모르고 사심이 없는 사람"으로 극찬하였다.[61]

채펠은 예일 대학교에서 공부를 하고난 뒤 침례교 학교인 로체스터 신학교(Rochester Theological Seminary)에서 신학을 마쳤다.[62] 채펠은 다른 복음주의 목회자들처럼 교회 개척가이기도 하였는데, 일리노이주의 에반스톤(Evanston)에 사는 사람들은 말하기를 "채펠은 방법이 없는 어려운 상황에 처한 약한 교회를 새롭게 발견하여 조직이 잘된 건강한 교회로 만들어 대로(大路)에 완벽한 건물을 짓고는 사임하고 떠난 목회자"라고 얘기하고 있다.[63]

채펠은 1901년 죽기 전 10년 동안 보스턴 선교사 훈련학교에서 가르쳤지만 그가 세상을 떠날 때에는 자신이 주장하였던 세대주의 가르침을 남겨 둔 채 떠나 개인적으로 학교에 커다란 영향을 끼쳤다.[64] 예를 들어 1896년 학교 카탈로그에 그의 의지가 공개적으로 공포되었다: "하나님의 진리를 다루는데 적절한 균형이 전체적으로 있어야 한다고 본다면 세대주의에 관한 진실이 좀 더 중요하게 강조되어져야 하는데, 그 이유로는 이와 같은 연구가 일반적으로 무시되어져 왔기 때문이다."[65]

이 학교를 위해 섬기는 자들은 채펠과 함께 고든 박사 내외와 고든 교회의 부목사인 맥엘웨인(J. McElwain)과 보스턴에서 목회하는 제임스 그레이(James M. Gray)였다.[66] 학교의 설립자인 고든은 대체로 한 과목정도만 가르쳤음에도 당시에 올림픽 영웅처럼 존경을 받은 것으로 여겨진다. 그의 아들은 진술하기를, 이 학교의 교수진들 가운데 어느 누구도 혼자서 토라지지도 않고 또한 자신의 경력에 초초한 표현을 나타내지도 않았다고 주장하였다.[67]

고든 목사 내외는 두 사람 모두 가르치는 일에 잘 동참하였고 이 학교가 가족적인 공동체로 형성되는데 힘을 기울였다.[68] 존 맥엘웨인은 능력 있는 교수 중의 한 명이었다. 예전에 보스턴에서 비즈니스 일을 했던 맥엘웨인은 클래런던 교회에서 가장 오랫동안 고든을 도운 자였다.[69] 그는 클래런던 회중들의 삶을 돌아보며 그들에게 문제가 생겼을 때 가장 가까이에서 그들을 어루만지며 보살펴 주었다. 그는 교회에서 복음전도자로 능력 있는 영혼 구령자로 고든을 도와주었을 뿐만 아니라 학교에서는 교수로 활동하기도 하였다.[70]

학교가 세워진지 3년이 되던 해에 학교에는 변화가 필요하게 되었다. 교수진은 메리암 목사(Rev. F. E. Merriam)와 검바트 목사(Rev. M. R. Gumbart)와 데밍 목사(Rev. M. R. Deming)와 콜만 여사(Mrs. Alcice M. Coleman)와 다른 사람들이 보충되었다.[71] 고든 목사는 이 학교의 특징을 다음과 같이 설명하였다:

"이 학교는 지금까지 클래런던 거리의 7번가에 위치해 있었는데 내년에는 학장 자택 옆의 180번가 서부 브룩클린에 본부를 세워 고든의 지도하에 직접 운영될 것이다. 젊은 여성들은 이곳에서 편안한 집을 찾을 수 있을 것이고, 식대비는 값싼 비용으로 제공될 텐데 대략 매주 3달러 정도이고, 그리고 약간의 가사 서비스에 대한 비용은 매일 첨가될 것이다. 학비는 무료이다…. 젊은 남자 학생들은 자신들의 식사비와 하숙비를 절약할 수 있을 텐데 이곳에서 편리함을 느낄 것이다. 강의는 클래런던 침례교회의 부속건물에서 진행이 되며 똑같은 강사가 지난 2년간처럼 채용될 것이라 생각된다."[72]

펜윅은 미국에 머무는 동안 고든 학교가 제공하는 유능한 교수진에 의해 멋진 강의를 들을 수 있는 기회를 얻었다. 나이아가라 사경회처럼 보스턴 선교사 훈련학교는 펜윅에게 성경과 신학과 선교를 배울 수 있는 두 번째 기회를 제공하였다. 이것은 펜윅에게 있어서 덤으로 주어진 축복이었다.

(4) 수업과 커리큘럼

보스턴 선교사 훈련학교가 2년의 교과과정을 실시하고 있지만 학점이나 시간에 관하여 정식 학위가 주어지지 않았기 때문에 학생들의 체류기간은 자신들의 필요와 상황에 맞게 조절 가능하였다.[73] 카탈로그에 보면 "하나님께서 2년간 체류하게 하신다면 학생은 그렇게 할 수 있을 것이다. 하지만 많은 학생들은 1년짜리 프로그램이 더 유익하다고 생각하였다"라고 한다.[74]

어떤 학생은 낮에는 일하고 밤 시간에 한 과목을 선택하여 수업에 참여함으로 오히려 도움을 받기도 했고 과정을 마친 학생들은 졸업 증서를 수여받기도 하였다. 고든은 학교가 성공을 거두기위해서 1894년에 알바 호베이(Alvah Hovey)에게 주(州)정부가 인정하는 학위를 어떻게 얻을 수 있을 것인지 요청하기도 했는데,[75] 이것은 사실 학교 훈련에 관한 비평을 의식해서 이루어진 것이었다.[76]

수업은 1889년 10월 목요일에 처음 열렸고,[77] 오후시간에 기도모임이 연장되어 진행되기도 하였다. 이 때 참석한 사람들을 보면 교무처장인 채펠과 런던에서 온 기네스 박사와 학장인 고든 박사와 성막교회의 데밍 목사와 15명의 젊은 남자들과 1명의 젊은 여성이 참석하였다.[78]

1890년까지 약 40명의 학생들이 등록을 하였다.[79] 특별히 한 학생은 아프리카에서 왔고, 앞으로 두 명 이상의 아프리카 학생이 올 것으로 연락이 되어 있는 상태였다. 고든 박사는 소망이 넘치는 메시지를 학교 당국에게 알렸는데 "학교 후원금은 우리가 필요한 만큼 충분하며 성공적으로 사역한 선교사들과 교육자들은 이러한 학교의 상황을 이미 알고 있다"라고 주장하였다.[80] 고든 박사가 메시지를 끝낼 무렵 학생들은 자신의 삶을 선교사로 드리기로 결심하였다.

1891과 1892년에는 학교가 개원한 지 3년째 되는 해로 카탈로그에 보면 8명의 학생들이 2년 학사과정을 공부하기 위해 복학했고, 30명의 신입생들이 주간 강좌에 등록을 하였는데 그중 10명의 여학생들과 20명의 남학생들이 있었으며, 12명이 스스로 야간 강좌를 선택하기도 하였다.[81] 더욱이 12명의 임시학생들은 특별히 그들에게 흥미를 끄는 강좌에 들어갔다.[82] 1894년의 카탈로그에 보면 14명의 복학생들과 28명의 주간 신입생들과 34명의 야간 학생들과 13명의 임시 학생들이 있었다.[83]

수업 스케줄과 커리큘럼은 아주 독특하게 흥미를 끌었다. 학생들은 화요일부터 토요일 아침까지 교회의 부속건물에서 강의를 들었고 야간은 가끔씩 개설되었다. 오후에는 보스턴 시에 학생들의 선교적인 방문과 특별 활동을 위해 비워 두었고, 학생들은 월요일에는 쉬며 대다수의 학생들이 주일날에는 여러 가지 신앙적인 사역에 참여하고 있었다.[84]

이 학교에서는 8가지 주제를 주로 가르쳤다: (1) 성서 및 실천 신학; (2) 성경 종합연구; (3) 성서 해석학; (4) 특별 성경연구; (5) 성경읽기; (6) 영적 삶과 크리스천 사역; (7) 선교; (8) 찬양.[85]

이 기간 동안 고든 박사와 고든 여사 또한 성경을 가르쳤다. 그레이 교수는 "성경의 종합연구"라는 강좌를 처음 소개하였는데 나중에는 무디성경학교의 중요한 프로그램이 되었고,[86] 채펠 교수는 성경중심의 신학, 해석학, 설교학을 가르쳤으며, 맥엘웨인 교수는 "영적 삶과 크리스천 사역"이란 강좌를 개설하여 학생들로 하여금 호별방문이나 설교나 기도회를 계획하는 것이나 병원선교를 준비하는 것이나 연구사역을 이끄는 실제적인 크리스천 활동들을 인도하였다.[87] 때때로 침례교 지도자들과 선교사들은 특별강의를 하기도 하였다.

펜윅은 미국에 머무는 동안에 보스턴 선교사 훈련학교의 유능한 교수로부터 성경, 신학, 설교, 제자훈련, 그리고 선교와 같은 다양한 강좌를 배울 수 있었다. 펜윅은 선교훈련과 관련하여 고든에게 많은 빚을 지고 있다.

| 마리아 고든 여사
(Maria Halle Gordon)

(5) 학교 이름 개명

고든이 1895년 세상을 떠난 이후에 학교 이름이 보스턴 선교사 훈련학교에서 고든 선교사 훈련학교로 개명되었다.[88] 고든 여사는 학교 이름 개명으로 자기 남편이 존경을 받은 것에 대해 기뻐했음이 틀림없지만, 또한 개명할 수밖에 없었던 다른 이유도 조심성 있게 발표

| 단란한 고든 목사와 그의 가족들

했다: (1) 성경연구가 학교훈련의 중심이 된다는 것을 지적하였다; (2) 진리를 잘 알기 원했던 사람들은 수업을 통해 스스로에게 주어진 기회를 가치 있게 하려고 했다. 그 이유는 자신들이 해외선교사로 가든 국내에서 일을 하든 앞으로의 사역에 관련해 주님의 인도하심을 믿기 때문이었다.[89]

피어선 박사는 자신이 사는 곳이 브룩클린이다보니 많은 시간을 할애해서 이동해야 하는 불편함이 있지만 학장이라는 호칭은 영광스러운 일이라 생각하여 학장의 공백기를 메우기 위해서 자신이 선출되었음을 발표하였다.[90] 고든이 세상을 떠난 이후에도 학교에 관한 일은 지속되는 것처럼 보였다.[91] 고든 훈련학교는 많은 등록자를 약속받은 채 1895년에도 개원되었다. 교수들은 자신들의 위치를 지켜왔으며, 피어선 박사는 가능한 사역에 주의를 기울였다. 선교사들의 임시숙소로 마련된

'케리홈'(Carey Home)이 개원되었는데 고든 여사는 그곳 옆의 집에 살면서 학교와 학생들을 끊임없이 관리해 주었다.⁹²⁾

(6) 펜윅과 보스턴 선교사 훈련학교

필자의 마음에 생기는 첫 번째 질문은 펜윅이 한국으로 오기 전 과연 고든과 안면이 있었느냐에 관한 것이다. 필자는 '당연히 그렇다'라고 생각하는데 그 이유를 두 가지로 들 수 있겠다. 먼저 펜윅은 자신이 1886년 회심을 하고 난 이후 나이아가라 사경회를 통해 고든의 글을 접하게 되었다.⁹³⁾ 나이아가라 사경회의 가장 우수한 지도자들⁹⁴⁾ 중에 한 사람인 고든 박사는 나이아가라 지도자들과 사경회 참석자들에게 그의 월간지인 「슬로건」(Watchword)을 통해 커다란 영향을 끼쳤다.

이 잡지는 특별히 그리스도의 전천년주의 재림을 집중적으로 다루고 있었다.⁹⁵⁾ 고든은 나이아가라 지도자들과 비교해 봤을 때 교회론과 종말론에 관해 다른 견해를 지니고 있었다. 하지만 이들은 문자적 성경해석⁹⁶⁾을 강조하는 고든의 성서론을 수용하게 되었고, 의심할 여지없이 펜윅은 사경회에서 고든을 통해 성서 해석학을 배우게 되었다.⁹⁷⁾

그 다음 보스턴 선교사 훈련학교의 개원식은 펜윅이 선교지로 떠나기 전에 열렸다는 사실이다. 이 학교는 1889년 10월 2일에 개원하였고,⁹⁸⁾ 펜윅은 약 1달 후인 1889년 11월에 캐나다를 떠나 40일이 지난 이후 1889년 12월 11일에 한국에 도착하였다.⁹⁹⁾ 이런 관점에서 보면 펜윅은 한국으로 출발하기 전 이미 중년에 있거나 공식교육을 받지 못한 평신도로 하여금 보스턴 선교사 훈련학교 입학을 허락한다는 입학자격요건에 관해 알고 있었음에 틀림 없었을 것이다.¹⁰⁰⁾ 더욱이 이 학교에서 강좌를 듣기 원하는 귀국 선교사들과 출국 선교사들은 '케리홈'에 있는 임시숙소를 사용할 수 있었다.[101] 이처럼 보스턴 선교사 훈련학교는 펜윅에게는 최상의 학교였다.

필자의 마음속에 생기는 두 번째 질문은 펜윅이 보스턴 선교사 훈련학교를 졸업했느냐 안했느냐 하는 것이다. 「고든 대학교 동창회 주소록, 1889-1979」의 규정을 보면 고든 대학의 동창생 자격을 자세히 언급하고 있다: 고든 대학을 다닌 모든 졸업생들과 예전의 학생들은 적어도 "1년"간 전임 학생(full-time)이 되어야 한다.[102] 그런데 펜윅의 이름은 동창생 명단에도, 캐나다 동창생에도, 고인(故人)이 된 동창생에도 기록되어 있지 않다.[103] 결론적으로 펜윅은 이 학교에서 1년 미만의 기간 동안 머물렀고, 등록학생이 아닌 임시학생이나 청강생이었을 가능성이 높다는 점이다.

펜윅의 부인인 패니 하인즈 여사(Fannie Hinds)도 1898년 한국에 도착하기 전 역시 보스턴 선교사 훈련학교에서 훈련을 받았다.[104] 하지만 하인즈 또한 고든의 학교에 동창생으로 등록되어 있지 않는 것으로 보아 남편 펜윅처럼 임시학생이거나 청강생이었을 것이다.[105]

3. 엘라 씽 기념 선교회

엘리 씽 기념 신교회(Ella Thing Memorial Mission)는 고든의 선교정책인 오지선교의 부산물이었다.[106] 사실 엘라 씽 기념 선교회는 적도지역에 있는 아프리카에서 사역할 선교사를 훈련시키기 위해서 설립되었다.[107] 이런 독특한 선교정책은 리빙스톤 내지 선교회(Livingstone Inland

Mission)의 설립자인 그라탄 기네스의 영향 때문이었다.[108] 그래서 고든은 처음에는 아프리카와 중국에 선교사를 파송하였다가,[109] 1895년에는 한국이 오지선교지로 선정되었다.

(1) 설립 배경

고든이 1895년 클래런던 침례교회의 담임목사로 있을 때 7명의 집사인 조지 덱스터(George S. Dexter), 살몬 히바드(Salmon P. Hibbard), 찰스 퍼킨스(Charles W. Perkins), 린더 빌(Leander Beal), 엘리후 언더힐(Elihu T. Underhill), 사무엘 씽(Samuel B. Thing), 윌리엄 브리드(William H. Breed)는 고든 목사가 목회를 잘 할 수 있도록 도왔다.[110] 이 7명의 집사 가운데 신발 제조회사의 관리 총책임자가 되었던 사무엘 씽(1833-1900)[111] 집사의 외동딸인 엘라(Ella)가 어느 날 그녀 위에 하나님의 손이 얹히는 것을 보고는 얼마 살 수 없다는 사실을 아빠인 씽 집사에게 말했다.

| 1895년 클래런던 침례교회를 섬기던 7명의 안수집사와 고든 목사
서있는 사람이 왼쪽부터 윌리엄 브리드, 엘리후 언더힐, 찰스 퍼킨스, 사무엘 씽이고 앉아있는 사람이 왼쪽부터 린더 빌, 조지 덱스터, 고든 목사(중앙), 살몬 히바드이다. 뒷줄 가장 우측에 서있는 사람이 씽 집사로 엘라 씽 기념 선교회를 만든 사람이다.

| 에드워드 폴링 선교사
(1864-1960)

엘라는 아빠에게 자신의 상속금을 사용할 수 있는지를 물어보았고, 아빠와 충분히 대화를 나눈 후에 엘라는 아빠인 씽 집사에게 자신의 상속금을 외국에서 선교사로 섬기는 자들을 위해 사용해 줄 것을 요청했다. 그래서 씽 집사는 이 사실을 담임목사인 고든과 상의를 하였고 곧바로 엘라 씽 기념 선교회가 1895년에 설립된 것이다.[112] 한편 한국은 오지선교 정책으로 인하여 선교지로 선정되어 첫 선교사로 에드워드 클레이턴 폴링(Edward Clayton Pauling) 목사 내외와 아만다 가델린(Amanda Gardeline) 양이 한국으로 파송되었다.[113] 이들은 엘라 씽 기념 선교회가 설립되기 전 1894년 5월에 먼저 파송을 받아 일본에서 체류한 뒤 11월에 내한하였고 이후 엘라 씽 기념 선교회 선교사로 허입되었다.[114]

고든이 사망한 이후 이사회가 결성되었고 에클스(Sadie Ackles) 양과 엘머(Arma Ellmer) 양과 프레드릭 스테드만(Frederick W. Steadman)[115] 목사가 1896년에 뒤이어 파송되었다. 한국으로 파송된 1, 2차 선교사 6명 모두는 보스딘 신교사 훈련학교 출신이었다. 놀라운 것은 이들 모두가 고든 학교의 동창생 명단에 기록되어 있지

| 프레드릭 스테드만 선교사(1871-1948)

제3장_ 펜윅의 선교훈련 아도니람 고든 · 155

않다는 사실이다.[116] 이들은 모두 펜윅처럼 임시학생이거나 청강학생이거나 혹은 졸업장을 받기 전에 선교지로 떠났을 가능성이 높다. 이들이 졸업장을 받지 않은 이유로는 주님의 임박한 재림사상을 믿고 있는 전천년주의자들이었기에 주님 오시기 전 하루라도 빨리 선교지에 가서 일해야 한다는 열정 때문에 일어났다.

(2) 한국 최초의 신자의 침례[117]

한국에서 거행된 최초의 침례식은 엘라 씽 기념 선교회에서 한국으로 파송 받은 최초의 선교사였던 폴링 목사에 의해 1896년에 실시되었다.[118] 이 일은 첫 선교사들이 한국에 도착한 지 1년이 지난 이후에 일어난 일로써 1896년은 한국침례교 역사상 가장 중요한 날짜 중의 하나가 되었다. 폴링 목사는 한국에 도착하여 서울에 머물며 사역을 준비하는 도중 한 사람만이 침례를 받았다고 하였다.[119] 이 사람이 바로 침례교 전통에 따라 한국에서 침례를 받은 최초의 한국인이 되었던 것이다.

| 한국 최초로 침례 받은 교인, 지병석 집사

허긴 박사는 이 사람을 인천 출신의 포목 상인인 지병석으로 지목하고 있다.[120]

두 번째 침례식은 1902년 3월 16일에 스테드만 목사에 의해 거행되어졌는데 스테드만은 처음에는 엘라 씽 기념 선교회의 선교사로 한국에 파송을 받았지만 나중에는 미국침례교 선교연맹(America Baptist Missionary Union)의 소속으로 일본에 파송을 받았

| 펜윅 선교사가 가장 기억에 남는 침례를 준 버섯 파는 소년이 뒷줄 맨 우측에 서있다.

다.[121] 사실 1898년 8월에 스테드만은 6명의 한국인에게 침례를 줄 기회가 있었지만 당시 목사안수를 받지 않았기 때문에 침례를 베풀 수 없었다. 그래서 스테드만은 미국장로교 선교사였던 부위렴(Bull William, 1874-1941)에게 이들 6명에게 금강에서 침례를 베풀어 줄 것을 요청하였다.[122]

하지만 이에 대해 아무런 기록이 남아있지 않기 때문에 부위렴 선교사가 침수침례를 베풀었는지는 알 수가 없다.[123] 이런 이유로 이 사건은 한국에서 행한 침례식으로 볼 수 없을 것이다. 스테드만은 나중에 심한 기근으로 어려움을 겪고 있는 자신이 사랑하는 제자들을 위로하기 위해 1902년 3월에 한국으로 잠시 귀국하였다. 이때에는 스테드만이 목사안수를 받은 이후였기 때문에 그는 1902년 3월 16일에 몇몇 신자들에게 침례를 베풀었다. 이들이 바로 장기영, 김한나, 장석천, 이화춘,

이화실, 홍봉춘이었다.[124)]

세 번째 침례식은 펜윅이 아마 1901년 4월과 1902년 12월 사이 어느 때에 신명균에게 침례를 베푼 것이라 여겨진다.[125)] 필자가 이것을 주장하는 이유는 대한기독교회의 헌장에 따르면 신명균은 1903년 교사로 임명받기 전에 침례를 받아야만 했다.[126)] 그래서 신명균의 침례식은 펜윅이 1906년 대한기독교회를 조직하기 전에 행했음을 알 수 있다.

이런 세 가지 침례식은 한국침례교회의 전신인 대한기독교회가 1906년 10월 6일 창립되기 이전에 실시되었다. 예수 그리스도 안에서 형제요 동료였던 폴링, 스테드만, 펜윅은 모두 보스턴 선교사 훈련학교에서 훈련을 받은 자들이었다. 이 세 명의 선교사들 가운데 폴링과 스테드만은 엘라 씽 기념 선교회의 후원을 받아 한국으로 파송을 받은 선교사들이었고,[127)] 반면에 펜윅은 보스턴의 고든 학교에 머무는 동안 자신이 1894년에 조직하였던 한국 순회선교회(CIM)의 선교사 자격으로 한국에서 활동을 재개하였다.[128)]

(3) 선교회의 의미

한국침례교회에 있어서 엘라 씽 기념 선교회는 두 가지 측면에서 중요한 의미를 지니고 있다. 첫째로, 엘라 씽 기념 선교회는 한국침례교 선교사역의 선구자가 되었다. 엘라 씽 기념 선교회 소속이었던 폴링은 펜윅이 침례를 베풀기 적어도 5년 전에 지병석에게 침례를 베풀었다. 폴링은 당시 침례교회를 세우지 않았지만 엘라 씽 기념 선교회는 한국 최초의 침례교 그룹이 되었다. 나중에 펜윅은 엘라 씽 기념 선교회를 1901년 9월에 인수하였다.[129)]

둘째로, 엘라 씽 기념 선교회는 한국에서 최초로 오지선교 전략을 수행하였다. 이들은 처음에 서울에서 사역을 시작하였지만 이곳에는 이미 다른 교단의 선교사들이 많은 활동을 하고 있어서 사람들이 많이 살고 있지 않은 오지지역으로 옮길 것을 결정했다.[130] 그래서 이들은 서울에서 남쪽으로 240km 떨어진 충청도 지역에서 사역을 시작했다.[131] 어떤 선교사도 아직 이곳에서 활동을 하고 있지 않았고, 이 일은 1896년 초에 시작되었다.[132] 놀라운 사실은 엘라 씽 기념 선교회가 충청지역인 공주, 강경, 칠산에서 끊임없이 사역의 열매를 거두게 되었다는 점이다. 기록에 의하면 1905년 이곳에는 약 200명의 신자들이 있었다고 한다.[133]

펜윅은 1906년 대한기독교회를 조직하자마자 오지선교를 실시하여 한태영 외 4인을 그해 오지지역인 북간도에 파송하였다.[134] 엘라 씽 기념 선교회는 적어도 펜윅보다 5년 일찍 오지선교 전략을 구체화하였다. 펜윅이 엘라 씽 기념 선교회를 인수한 이후부터 오지선교 정책은 대한기독교회의 가장 주요한 선교전략이 되었다.

II. 펜윅의 한국 선교에 적용된 요소들

아도니람 고든은 펜윅의 신학보다는 오히려 선교전략에 큰 영향을 끼쳤다. 그래서 넓은 의미에서 펜윅의 선교정책은 고든으로부터 배운 것이라 해도 과언이 아닐 것이며, 이러한 전략은 펜윅이 미국에서 머무는 동안에 만들어졌다.

1. 한국순회선교회

펜윅이 1893년부터 1896년까지 캐나다와 미국에 머무는 동안에 두 가지 중요한 일이 생겼다. 먼저는 그가 1894년에 목사안수를 받은 것이고,[135] 그 다음은 대략 1894년 캐나다 토론토에서 한국순회선교(CIM)를 조직한 것이다.[136] 펜윅은 스스로 회장이 되었고, 조셉 더글라스(Joseph R. Douglas)는 사무총장 겸 재무로 일하였는데 더글라스는 캐나다 신용 융자회사의 토론토 지사 사원으로 일하는 자였다.[137] 한국순회선교회와 관련된 다른 사람에 관한 기록은 없는 실정이다. 펜윅은 1896년 봄에 한국순회선교회의 원리를 효과적으로 적용하기 위하여 원산으로 돌아왔다.

"한국 순회 선교회의 원리와 목적 선언문"을 보면 10가지 주요한 특징이 나타나 있다: (1) 초교파적인 특징을 지니고 조직되었다; (2) 복음 전도적 성격이 강하다; (3) 아주 진취적인 방법을 지니고 있다; (4) 오지선교를 강조하고 있다; (5) 복음을 모든 사람들에게 전하는 것을 목적으로 삼는다; (6) 성령께 의지하는 것이 강하다; (7) 재정 예산에 있어서 돈을 직접 요청하거나, 빚을 지거나, 고정된 월급을 주는 의무를 지지 않고 하나님의 사람들의 자발적인 헌금에 의존한다; (8) 교육 수준과 상관없이 모든 이에게 복음이 열려 있다; (9) 회원이 될 수 있는 최상의 자격은 진실로 거듭나야 하고, 그리스도를 증거하고 영혼들을 구원하기 위해 성령으로부터 훈련을 받는 자이어야 한다; (10) 정식 선교사가 될 수 있는 사람은 2년간의 선교지 현장 경험을 가진 자라야 한다.[138]

위에 진술된 10가지 특징 중에서 2번, 4번, 5번, 6번, 8번, 9번, 10번은 고든의 선교정책과 너무나 흡사하다.[139] 펜윅은 처음부터 끝까지 초교파주의로 일관했다. 사실 고든 역시 침례교 목사라 할지라도 그의 학교는 초교파주의로 진행되었다.[140] 이러한 펜윅의 탈교단주의 성향은 한국침례교인들 사이에 반복적으로 펜윅의 정체성에 의문을 제시하였다.

더욱이 펜윅의 선교정책에서는 기독교인의 사회적 책임에 별로 관심을 두지 않는 것을 볼 수 있다. 19세기에 한국은 "개화"의 도전을 받았고,[141] 이 당시 기독교인들은 한국 사회의 계몽과 근대화에 주도적인 역할을 하고 있었다. 하지만 펜윅은 전혀 다른 곳에 관심을 두고 있었고, 그가 환란 전 전천년주의 견해를 지니고 있던 탓에 그의 주된 관심은 이방인들에게 복음을 전하는 것뿐이었다.

펜윅의 전략에서는 아직까지 토착화가 나타나 있지 않았다.[142] 그는 선교초기에 한국인을 훈련시키는데 관심을 두기보다는 오히려 "선교사 문화우월주의"(ethnocentrism)에 빠져 있었고, 19년이 지난 후 자신의 잘못된 생각을 털어놓았다: "그 때가 19년 전의 일이었다. 만약 내가 지금 알고 있는 것을 그때 알았었더라면 나는 신발을 벗은 채 수영하러 갔을 것이다. 필요하다면 내가 그 사람[김씨]에게 월 생활비로 얼마 되지 않는 5달러를 지불하여 생활하도록 하고 그의 전(全) 시간을 나의 '어리석은 설교'를 듣도록 했을 것이다.

그러나 나는 그토록 어두운 장님이었고, 황인종에 대한 백인 우월사상에 흠뻑 빠져 있어서 이와 같은 경험에도 불구하고 나의 교만에 가득한 마음은 겸손을 몰랐고, 나는 계속 스스로 헤엄치려 했었다…. 나는 당시 다른 선교단체들이 하고 있던 것처럼 백인 선교사들을 더 많이 한국에 파송해야 한다는 생각에 사로잡혀 있었다. 그리고 우리의 선교원리와 관례에 토착인 신자를 설교자로 고용하지 않는 조항을 삽입해야 할 것을 주장했는데 이것은 이들이 잘못된 교리를 전할까봐 두려워했기 때문이었다."[143]

2. 신앙선교[144]

신앙선교란 성령께 직접적으로 기도하면서 강하게 의존하는 것을 말한다. "대한기독교회의 원리와 목적 선언문"을 보면 펜윅은 성령께 전적으로 의존하는 것과 믿음 있는 기도에 응답해 주실 것이라는 확신은 선교사에게 있어서 가장 중요한 것이라고 주장하고 있다.[145] 이러한 펜윅의 선교정책인 신앙선교 역시 고든 박사로부터 영향을 받았다.

고든은 주장하기를 가톨릭은 신자가 그리스도에 대한 관계를 교회의 관계에 의존케 하지만, 개신교는 신자가 교회에 대한 관계를 그리스도의 관계에 의존케 한다고 언급하였다.[146] 이처럼 그는 신앙선교 이론을 강조하였다. 고든은 또한 선교사로 하여금 선교할 때에 기도를 더 많이 할 것을 주장하였다.[147] 사실 고든이 미국침례교 선교연맹의 행정위원회 위원장직을 맡고 있었지만 그는 수많은 선교단체들을 후원하기도 했다.[148] 중국내지선교회나 국제 선교 연합회와 같은 신앙선교는 교단적인 조직이라기보다는 신학적으로 오히려 고든의 사상과 흡사하였다.[149]

더욱이 펜윅의 재정 운영방법은 신앙선교의 원리를 잘 따르고 있었다. 그는 선교사들을 후원하기 위해 후원자들에게 직접적으로 돈을 요구하지 않고 하나님의 사람들의 자발적인 헌금을 강조하였다. 이런 재정 전략 역시 고든으로부터 배운 것이다. 고든은 말하기를 "우리 선교 단체가 겪는 어려움은 선교사를 돕는 재정과 관련된 것인데 이 재정의 어려움 조차도 우리가 생각지도 못한 신앙과 관련되어 있음을 알아야 한다"라고 지적했다.[150]

신앙선교가 한국순회선교회의 선교정책에 잘 나타나 있듯이 펜윅은 자연스럽게 오지선교, 자립선교, 자치선교, 자전선교를 강조하였다.[151] 펜윅의 초교파주의와 환란 전 휴거설 전천년주의는 그로 하여금 신앙선교에 몰입하게 하였고, 그 결과 국내외 지역에 교회가 많이 세워지고 선교지가 놀랍도록 확장된 것은 당연한 일이었다.

3. 오지선교[152]

펜윅은 오지선교의 용어를 한국순회선교회의 원리 선언문에서 다음과 같이 설명하였다: "이제 선교지에서 다른 선교단체나 선교사들과 충돌을 겪지 않고 한국 전 지역에 복음을 직접 전할 수 있는 열린 문과 넓은 장소가 있게 되었다. 이것이 한국순회선교회의 커다란 목적이다."[153] 펜윅이 "길과 산울가로 나가서"(눅 14:23)라는 메시지에 의지해서 선교사들을 "열린 문과 넓은 장소"로 파송하게 된 것은 당연한 일이다.

그렇다면 오지지역은 어디를 말할까? 펜윅은 다음과 같이 말하고 있다: "아마 선교에 관심이 있는 학생들에게 더욱 흥미로운 일은 한국의 '북쪽 끝'인 국경지역에서의 사역에 대한 결과일 것이다. 이곳은 두만강

넘어 광활한 중국 대륙이 시작되는 곳이며, 러시아가 그들의 땅을 둘러싸고 있어서 지역 밖의 대양으로 진출하려는 억제할 수 없는 열망으로 국경을 확장시켜 온 곳이기도 했다. 이곳의 사역은 주변 상황과 하나님께서 이것을 극복하기 위해 사용하신 도구들 때문에 더욱 흥미롭다."[154]

펜윅은 한국이 오지지역인 만주와 시베리아와 몽골까지 복음을 전할 수 있는 가교라 여겼기에 한국은 북방선교의 가장 적합한 토대가 되었다. 그의 선교 개념은 국내지역보다는 오히려 오지지역에 교회를 세우는데 더 많은 관심을 두었다.[155] 의심할 것 없이 펜윅의 오지선교 전략은 고든의 학교가 세웠던 원리로부터 이루어졌다: "초교파적으로, 복음적으로, 소박하게 '오지선교'가 주는 유익함을 얻기 위해 집중하며 1889년 10월 2일에 개원했다."[156]

고든의 오지선교 전략은 분명히 아프리카나 중국뿐만 아니라 한국에 대해서도 언급되어져 있다: "지난 세월 학교에 다녔던 자들의 명단을 훑어보면 서로 생활 편지를 주고받는 자들로 고려되는 자가 약 100명 정도나 된다. 이중 25명은 외국으로 나갔는데…. 대다수의 사람들은 아프리카, 인도, 중국, 한국, 일본, 인도서부와 같은 지구의 오지지역에서 믿음으로 좋은 소식을 전하고 있다."[157]

더욱이 1895년 10월에 보스톤 선교사 훈련학교에서 오지선교에 관한 보고가 다음과 같이 있었다: "이미 우리에게서 나간 사람들로부터 오는 기분 좋은 소식은 끊임없는 격려가 되며 또한 이곳에서 이루어진 가르침의 실제적인 가치를 분명히 입증하는 것이다. 한국[엘라 씽 기념 선교회]에서의 새로운 선교는 이미 서울에서의 첫 개종자[지병석]를 얻었고 점차 해안가 지역으로 팽창되어져 가고 있으며 그 지역의 다른 곳

| 노상묵 교사 외 11명의 간도 전도대원들(1922년)

에 새로운 선교센터를 개원하려고 계획 중에 있다."[158]

엘라 씽 기념 선교회가 1895년 한국에서 성공을 거둔 것은 놀랄만한 일이었다. 사실 엘라 씽 기념 선교회가 복음을 콩고에 전하기 위해 아프리카에서 일한 리빙스톤의 사역으로 인하여 생겨났지만,[159] 이것의 열매는 아프리카뿐만 아니라 한국에서도 일어났다. 그런데 엘라 씽 기념 선교회의 선교열매는 오지선교를 통해 주로 동북아시아에서 이루어졌다.

4. 타종교 선교

펜윅은 타종교를 믿는 사람들에게도 복음을 잘 전하였다. 그는 특별히 한국의 샤머니즘과 유교를 신봉하는 자들에게 접근했으며, 그가 타종교를 믿는 자들에게 잘 접근할 수 있었던 전략 역시 고든으로부터 강하게 영향을 받은 것이다. 19세기 미국의 이민 정책은 다양한 종교와 관습과 문화를 지닌 이방인들을 미국으로 들어오게 했고 이것은 훗날 미국에서 하나님을 믿는 크리스천들에게는 큰 도전이 되었다.

첫째로, 고든은 유대인 선교에 선구자 역할을 하였다. 그는 1890년대 후반 유대인을 복음화하는데 기울인 자신의 노력을 다음과 같이 기술했다: "9월 30일 포틀랜드가 18번지에 있는 보스톤의 유대인광장에 그리스도를 유대인에게 전하기 위해 사무실이 기증되었다…. 이것은 누군가가 이런 목적을 달성하기 위해 모금을 한 것이 아니라 오히려 신앙의 연수가 깊은 자들 사이에서 하나님의 말씀이 그리고 현재 일어나고 있는 놀라운 각성이 이러한 것을 이루도록 한 것 같다."[160]

고든 또한 1891년 1월에 유대인 선교에 관한 보고를 하였다: "보스턴에서의 유대인 선교에 관한 결과는 놀라지 않을 수 없다. 선교지 사무실을 위해 기도한 지 2개월이 지나 포틀랜드가 18번지 시대가 활짝 열렸고, 지난 주말에는 이곳에 청취자들이 경쟁적으로 모여들기 시작했다."[161] 1891년 4월에 고든은 다시 보고하였다: "이런 사역을 수행하는데 헌신적으로 봉사한 사람들에게 진심으로 감사를 표한다. 유대인 선교회를 통해 변화 받은 첫 번째 개종자는 최근 클래런던 침례교회에서 침례를 받았다. 침례식에서 '예수 그리스도를 구주로 믿습니까?'라는 질문에 그 히브리인은 '네, 예수 그리스도가 나의 메시아이요 하나님의 아들임을 믿습니다'라며 답변했다. 이것은 참석한 회중들에게 깊은 감명을 주는 순간이었다."[162]

두 번째로, 고든은 중국의 불교인들에게 복음을 전하는데 매진하였다. 그는 자신이 편집장으로 있던「슬로건」(The Watchword)에 보스턴의 클래런던 침례교회에 참석하여 크리스천이 된 중국인의 간증을 다음과 같이 싣고 있다: "심주에(Juee Sim)는 최초로 침례를 받은 중국인으로 우리와 함께 교제를 나누고 있다. 그는 간증 중에 떨거나 결점을 보이지도 않았고 복음적인 말씀과 지혜로 인해 참석한 모든 사람들이 놀랄 만한 자신의 신앙 경험을 소개하였다. 교회의 선임 안수집사 한 분이 지난 50년 동안 이런 회심과 신앙과 같은 만족할 만한 이야기를 들어 본 적이 없다고 주장하였다."163)

펜윅은 고든의 학교에 머무는 동안 고든이 유대인 선교회와 메세르비(Messervey) 선교회와 중국인 주일학교와 중국인 YMCA를 통해 유대인과 중국인에게 복음을 전하려고 상황화 선교전략을 사용하는 것을 보았다.164) 펜윅이 1896년 봄 한국으로 돌아온 이후165) 그 역시 타종교를 믿고 있는 자들에게 복음을 전하였다.

(1) 펜윅의 샤머니즘 선교전략

1897년 펜윅이 한국으로 귀국한 지 1년이 지난 이후 그는 황해도 소래에 샤머니즘166)에 빠져있는 자들에게 하나님의 말씀을 선포할 수 있는 기회를 가졌다. 펜윅이 방문한 교회는 한때 복을 빌며 귀신을 숭배하던 숲이 있던 곳이었다.167) 하지만 이 장소에서 귀신을 숭배하는 것이 중단되고 이 숲은 귀신이 싫어하는 하나님을 경배하는 곳으로 바뀌어졌다.168) 아마 펜윅이 소래에 갔을 때 그는 불교에 심취해 있던 숭국인들에게 효과적으로 말씀을 전하는 고든을 기억하였을 것이고, 이것은 그로 하여금 더욱더 참석자들을 위해서 간증을 하게끔 하였다. 필자가 이 말을 하는 이유는 펜윅이 클래런던 침례교회에 참석했을 때 중국

| 한때 성황당이 있던 곳에 한국인의 힘으로 세운 아름다운 교회의 모습

인의 숫자가 점차 증가하는 것을 목격하였기 때문이다.[169] 그래서 고든처럼 펜윅도 하나님의 말씀을 다른 세계관을 지닌 자들에게 분명하게 전달하기로 마음먹었던 것이다.

　기록에 보면 2주 동안에 약 300명이 소래사경회에 참석하였다고 한다. 펜윅은 소래사경회를 결코 잊을 수 없었을 것이다.[170] 왜냐하면 그가 처음으로 샤머니즘에 빠져있던 사람들에게 복음을 나눌 수 있는 경험을 하였기 때문이다.[171] 펜윅은 1897년 소래에서 샤머니즘을 믿고 있던 자들에게 효과적으로 복음을 전할 수 있었는데[172] 그 이유는 다음과 같다: (1) 그가 소래 사람들을 알고 있었기 때문이다; (2) 그 자신과 소래 사람들 간의 깊은 신뢰를 이미 쌓아 두었기 때문이다; (3) 그가 진실하고 인내심이 많고 겸손한 인품을 지녔기 때문이다;[173] (4) 그가 참석자들을 만나기 전에 영적으로 준비하였기 때문이었다; (5) 그가 그리스도를 통해 성경과 구원을 가르칠 수 있었으며 하나님의 영광을 맛보게 했기 때문이다.

사실 펜윅이 1897년 소래사경회에서 성공할 수 있었던 이유는 영향력 있는 설교나 조직적인 성경공부가 아니라 오히려 개인적인 친분이 있었기 때문이었다. 유진 나이다(Eugene Nida)는 그의 저서 「메시지와 선교」(Message and Mission)라는 책에서 한국과 같은 안면사회(face-to-face society)에서 가장 효율적인 커뮤니케이션은 개인적인 교제에 달려있다고 했다.[174] 펜윅이 소래 사람들에게 복음을 효과적으로 전할 수 있었던 것은 이들이 예전에 펜윅으로부터 좋은 인상을 가지고 있었기 때문에 가능했던 것이다.

(2) 펜윅의 유교 선교전략

엘라 씽 기념 선교회는 1901년 4월 공주지역에서 6년간의 사역을 중단 하고, 5개월 후인 1901년 9월에 펜윅으로 하여금 이 선교회를 인수케 하였다.[175] 같은 해 4월 펜윅이 아식까시노 선교사분화우월주의(ehtnocentrism)에 빠져 있었을 때에 신명균을 만나게 되었다. 펜윅은 신명균을 만나자마자 자신이 살고 있는 원산에서 480km나 떨어져 있는 공주에 신명균을 파송했다는 것은 놀랍고도 대단한 결정이 아닐 수 없었다.

펜윅은 그 때 상황을 다음과 같이 진술하였다:

"이때에 상복을 입은 꾀죄죄한 키 작은 사람[신명균]이 그리스도를 영접하고는 자신의 신앙을 훌륭하게 고백하고 간증하는 것을 보았다. 나는 그에게 이[엘라 씽 기념 선교회] 사역을 맡기도록 했다. 이곳[공주]은 내가 사는 곳에서 480km나 떨어진 곳이었고, 한국인을 그렇게 먼 지역에 파송하는 것은 큰 호수를 헤엄쳐 건너려는 것처럼 보였다. 그러나 나는 여전히 이들이 비록 나에게서 480km나 떨어져 있을지라도 예수님은 그들에게 선한목자가 되신다는 사실을 깨닫지 못하고 있었다."[176]

사실 공주는 유교의 본산지이기 때문에 이곳에 사는 이방인들에게 복음을 전한다는 것은 그리 쉽지 않았다.[177] 하지만 공주는 충청도의 정치, 경제, 문화, 교통, 생활의 중심지다보니 이곳은 충청도를 복음화하는데 중요한 장소였다.[178] 펜윅은 선교사문화우월주의를 버리지 않았음에도 불구하고 신명균을 공주로 파송하였고, 이것은 펜윅과 신명균 모두에게 축복이 아닐 수 없었다.

펜윅이 엘라 씽 기념 선교회를 인수하기 전 엘라 씽 선교사로 파송 받은 스테드만은 공주에서 자신의 사역을 잘 감당하기 위해 땅과 주택을 샀지만 강경으로 옮기기 전까지 단 하나의 교회도 세우지 못했다.[179] 이것은 선교사가 한 지역에서 영혼을 얻는 것이 얼마나 중요한지를 잘 말해주고 있다. 펜윅은 신명균을 공주로 파송한 이후 그가 그곳에서 성공적인 사역을 할 것이라는 큰 기대를 하지 않았다.[180] 그런데 신명균은 펜윅의 기대와는 달리 그곳에서 12 교회를 개척하였다.[181] 이것이 어떻게 가능했을까? 신명균이 어떤 선교전략을 가지고 유교인들에게 접근

| 맨 좌측 펜윅 선교사 곁에 한복 차림의 현지인 지도자 신명균 목사와 토착 교인들

했는지 살펴보길 원한다.

첫째로, 신명균은 유교인들에게 성경을 가르칠 수 있는 교육받은 엘리트였다. 앞서 지적한 것처럼 유교는 교육의 가치를 무척 중요시하였기 때문에 교육을 많이 받은 사람이 유교인들을 가르치는데 적합하였다. 이런 면에서 신명균은 이들과 함께 복음을 나누는데 적합한 후보자였다. 그는 양반 계급의 서울 태생으로 한학자였고, 군관학교를 졸업한 능력 있는 사람이었다.[182] 한국침례교 목사 가운데 한 사람은 신명균을 펜윅보다 더 학식 있는 사람이라고 증언한 것으로 보아 신명균은 유교인들에게 접근하는데 최상의 사람이었다.[183]

1903년 2월 10일 펜윅은 공주성경학원을 개설하고 신명균을 이곳 학교의 책임자로 임명하였다.[184] 이곳은 배우기를 좋아하는 유교인들에게 접근하는데 최고의 곳이기도 하였다. 같은 해에 약 30명의 학생들이 학교에 등록을 하였고,[185] 능력 있는 사람들이 이 학교에서 많이 배출되어 훗날 대한기독교회의 중추적인 인물들이 되었다.

둘째로, 신명균은 자신의 깊은 영성을 아직까지 복음을 접하지 못한 유교인들에게 보여줌으로서 영적 삶의 가치를 일깨워 주었다. 공자는 말하기를 기품 있는 사람은 음식보다 진리를 추구하는 자이기에 아침에 진리를 발견하면 저녁에 죽어도 후회가 없다고 말했다.[186] 예수께서도 "너희는 먼저 그의 나라와 그의 의를 구하라 그리하면 이 모든 것을 너희에게 더하시리라"라고 말씀하셨다.[187] 신명균은 최초로 영적인 축복을 추구하는 지혜로운 사람이었다. 펜윅은 "그[신명균]가 심한 핍박을 받았을 때처럼 박해를 받을 때도 자신의 적들이 그와 함께 화해를 할 때까지 학생들을 자기 주변에 모아놓아 놓고 열심을 다해 기도했다. 이런 모습은 학생들에게 살아있는 교육이 되었다"라고 진술하였다.[188] 신명균의 영적 자산은 공주의 유교인들을 구원시키는 큰 무기가 되었던 것이다.

셋째로, 신명균은 진실과 정의를 추구하는데 헌신적인 사람이었다. 유교에서는 삶의 가장 가치 있는 목적으로 정의를 이루라고 가르친다. 삶의 최상의 교훈으로 "너 자신을 알라"라는 말은 "너 자신이 되어라"는 뜻으로 어떤 상황에서든지 최선을 다하는 것이 진실이라는 얘기다.[189] 말할 것도 없이 신명균은 유교인들에게 영향을 끼칠 수 있는 진실 되고 의로운 사람이었:

"나는 그[신명균]에게 작지만 집을 새로 마련토록 하기 위해 50달러를 보냈다. 그 다음 내가 그의 집을 방문했을 때 이들은 전과 다를 바 없이 초라하게 살고 있었다…. 그래서 다른 사람에게 물어보았더니 이 헌신적인 사람이 주변 마을에 설교자를 파송하기 위해 그 돈을 사용한 것이었다. 내가 그에게 이 돈으로 특별히 집을 새로 장만하라고 보낸 것인데 왜 그렇게 했느냐고 묻자 그가 '목사님 저는 이 돈을 제 자신을 위해 사용할 수가 없었습니다. 우리 주위에는 많은 사람들이 그리스도를 알지도 못한 채 죽어가고 있지 않습니까?'라고 말했다."[190]

넷째로, 신명균은 삶의 청지기 이론을 직접 실천하였다. 유교의 교리를 보면 지도자의 능력과 위치는 신이 위임한 것이기에 자기를 따르는 사람들을 위해 잘 사용되어져야 한다고 강조한다.[191] 신명균은 공주에 도착하자마자 여러 유교인들에게 깊은 감명을 주었는데 그 이유는 그의 섬기는 삶 때문이었다: "나중에 이[신명균] 가족은 사역의 중심지로 이사를 했고 집은 역시 작은 오두막집이었다. 진흙 벽돌과 초가지붕을 한 이 오두막집은 사방은 6자이고 넓이가 3자인 베란다가 있고 부엌을 만들기 위해 장대를 한쪽 끝에 모아 기대 세우고 짚으로 덮어 두었다."[192]

유교는 사실 넓은 의미에서 공자가 가르친 대로 도덕적, 정치적, 종교적 사상을 이루려는 총체적 시스템이며,[193] 이 원리가 신명균에 의해서 공주에서 특별히 이루어지고 있었다. 신명균에게 있어서 공주에 사는 유교인들을 주님의 제자로 만들기 위해선 무엇보다도 바른 예의가 첫 번째였고, 전략은 두 번째에 해당되었다.[194]

5. 문서 선교

아도니람 고든은 여러 권의 책을 출판한 유능한 작가였으며 또한 월간지인 「슬로건」(The Watchword)에서 1878년에 시작해서 그가 1895년에 죽을 때까지 편집장으로 섬겼다.[195] 그는 또한 1891년부터 1895년까지「세계선교비평」(The Missionary Review of the World)[196]의 부편집장으로도 봉사했다. 고든의 유명한 책들을 특징별로 분류해서 소개하면 다음과 같다: (1) 음악과 예배 -「침례교회를 위한 예배송」,「교회음악과 선율집」,「회중예배」,「대관식 찬송가집」; (2) 그리스도의 인성과 사역 -「그리스도 안에서」,「두 가지 인생」,「세상에서 처음 있는 일」; (3) 예언 -「그리스도의 부활과 에세 베니트」; (4) 성령의 인성과 사역 -「치유사역」,「성령의 사역」,「성령과 선교」; (5) 설교 -「은혜와 영광」,「말씀」,「위대한 설교자들」; (6) 영적 자서전 -「그리스도가 교회에 임하시게 하는 방법」.[197]

펜윅은 보스턴 선교사 훈련학교에서 한국으로 돌아온 뒤 고든이 했던 것처럼 문서선교에 박차를 가했다. 펜윅의 주요 문서사역은 달편지, 원산번역, 만민됴흔긔별, 복음찬미였다. 이 가운데 펜윅의 달편지와 복음찬미를 고든의 문서선교와 비교해 보면 다음과 같다.

(1)「슬로건」(The Watchword)과「달편지」

필자는「슬로건」(The Watchword)과 달편지의 특징 5가지를 다루려고 한다. 첫째로 두 잡지 모두 같은 혈통을 지니고 있다.「슬로건」은 전천년주의 사상을 집중적으로 다루고 있어서,[198] 비록 이 잡지가 교회회복, 금주, 성경공부, 전도에 관한 기사를 다루고 있긴 하지만 대체적으로 전천년주의 대변자 역할을 하도록 꾸며져 있다.[199] 달편지는 예수 그리스도의 임박한 재림에 중점을 두고 있으며,[200] 다음과 같은 네 가지 요소를 담고 있다: (1) 교단의 행정 업무 집행에 관한 보고 지시사항; (2)

감목과 임원의 직분 임명에 관한 공고 사항; (3) 성경공부 자료; (4) 펜윅과 감목들의 설교와 편지들.201)

고든은 「슬로건」이란 이름을 신약성경의 두 구절에서 힌트를 얻었는데, 고린도전서 16장 13절-14절의 "깨어 믿음에 굳게 서서…. 너희 모든 일을 사랑으로 행하라"의 말씀과 마태복음 24장 42절의 "그러므로 깨어 있으라 어느 날에 너희 주가 임할는지 너희가 알지 못함이니라"의 말씀을 통해 만들었다.202) 고든은 이 구절들을 통해 잡지의 세 가지 목적을 주장하였다: "원시(原始) 신앙 주장, 원시 소망, 원시 사랑."203) 반면에 달편지는 바울서신을 기초로 해서 만들어 졌는데,204) 서신서처럼 신앙생활의 지침서 역할을 감당하였다.205) 달편지의 목적은 1개월간의 교단의 행정 지시와 홍보를 전달하고, 은혜의 말씀을 서로 나누는 신앙 공동체를 만들어 가기 위한 것이었다.206)

둘째로, 「슬로건」과 달편지의 발행인 간에 차이점이 있다. 클래런던 침례교회의 집사이자 발행인이기도 한 에베네저 슈트(Ebenezer Shute)는 「슬로건」의 최초 발행인이었지만 2년 6개월이 지난 이후에 아무런 설명도 하지 않은 채 발행을 중단하였다.207) 하워드 가네트(Howard Gannett)는 슈트를 대신해서 3년 동안 발행업무를 주관하였고,208) 이후 「슬로건」은 1884년 9월부터 1885년 4월까지 8개월 동안 발행이 중단되기도 했는데 고든은 발행이 재기되었을 때 그 이유를 설명하지도 않았다. 그는 단지 독자들에게 잡지의 목적은 "변하지 않는다"라고만 확신을 주었다.209) 1년 이후 스파울딩(F. M. Spaulding)이 발행을 인수했지만 이후 2년이 지나서 은퇴했다. 그 이후 하나포더(W. P. Hanaford)가 인수했고 고든이 1895년 세상을 떠날 때까지 발행인으로 일하였다. 달편지는

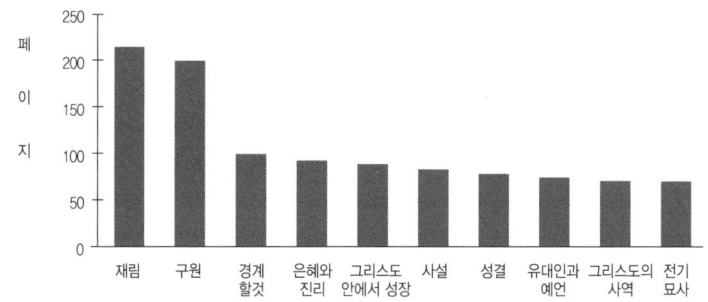

| 잡지 「슬로건」(The Watchword)에 한번 발행시 주로 다루는 주제들

교단의 총본부가 있는 원산에서 발행되었다.[210] 달편지는 한 달에 한 번 발송하는 것을 원칙으로 하였지만 때로는 한 달에 두 번씩 발송될 때도 있었는데,[211] 이 경우는 대화회[총회]의 소집 공고나 혹은 감목의 사임과 임명과 같은 특별한 경우에 발생하였다.

셋째로, 「슬로건」과 달편지 간의 비용 면에 있어서 차이가 있다. 기부자들이 「슬로건」에 지불하는 연간 기부금은 고작 1달러였음에도 불구하고 고든은 17년 동안 편집장으로 섬겼다. 이 값은 월간 종교 잡지를 출판하는 데도 너무 작은 액수인데 그 이유는 대략 그 값이 1달러에서 2달러 50센트 정도 하였기 때문이다.[212] 고든은 「슬로건」으로부터 재산을 증대하거나 편집장으로 봉급을 받는데 그 목적을 둔 것이 아니라 다만 경영하면서 손해 보지 않길 바랐다.[213] 반면에 달편지는 총회본부의 지휘아래 모든 교회에 발송되었다.[214]

넷째로, 두 잡지 사이에 독자층의 차이가 있다. 「슬로건」의 독자층은 주로 그리스도의 전천년주의 재림에 관심을 두었고, 정결, 성령의 사역과 능력, 크리스천의 삶과 같은 이슈들을 주로 다루었다.[215] 「슬로건」의

| 달편지

독자층은 교단에 제한을 두지 않았지만, 이와 반면에 달편지는 교단적 서신으로 이 잡지의 독자층은 대한기독교회에 제한되었다.

다섯째로, 두 잡지 사이에 기고가의 차이가 있다. 고든의 잡지에는 18명의 많은 사람들이 기고하였는데 이들을 살펴보면 복음성가 작곡자이라 생키, 복음전도자 조지 펜티코스트, 헨리 베를리, 위틀, 조지 니드함이 포함되어 있다.[216] 여기에다 영국작가 멕케이와 토론토 목사인 레인스포드 같은 자도 있다.[217] 프랑스 복음전도자 데오도레 모노드, 미국금주운동가 프란시스 윌라드와 퀘이커 복음전도자 사라 스밀리의 글도 1880년 1월에 게재되었다.[218] 반면에 달편지의 기고가들은 펜윅과 감목들 밖에 없다. 다시 말해 다른 교단의 뛰어난 지도자들이나 사회문제의 전문가들과 같은 특별한 기고가들이 포함되어 있지 않았다.

「슬로건」(1878-1895)은 19세기 말 전천년주의 사상을 확산시키는 데 가장 앞서있는 정기간행물이었다. 펜윅 또한 그리스도의 전천년주의 재림을 강조하기 위해 달편지를 발행하였다. 그래서 이 둘은 모두 영혼구원과 해외선교에 큰 영향을 끼치고 있었다. 예를 들어 고든의 「슬로건」은 일반적으로 아프리카, 중국, 인도, 한국선교에 관한 이야기를 싣고 있었다.[219] 한편 달편지는 만주, 시베리아, 몽골과 같은 동북아시아 선교에 관한 내용을 주로 다루고 있었다.[220] 이들은 다른 선교지를 취급하고 있었다 할지라도 모두 다 오지선교를 강조하였다는 공통점을 가졌다.

「슬로건」은 다양한 기고가들이 있는 반면 달편지에는 교단의 지도자들로 제한되어 있었다. 더욱이 「슬로건」은 당시 공동체에서 떠오르는 현재의 중요한 이슈들을 다루었지만 달편지는 사회적 이슈에 관해 전혀 관심을 두지 않았다. 달편지의 주요 관심은 오직 신자의 믿음과 주님 오시기전 하나님의 나라가 확장되는 것뿐이었다. 이것이 달편지가 지니고 있는 큰 약점이라 할 수 있다.

(2) 고든의 찬송과 펜윅의 복음찬미

펜윅은 고든의 학교에서 돌아온 지 3년이 지나서 1899년에 복음찬미를 발행하였다. 이 복음찬미 역시 고든의 영향을 받았다고 볼 수 있다. 고든의 찬송과 펜윅의 복음찬미 사이의 공통점은 이 둘 모두가 임박한 전천년주의 소망을 강조하고 있다는 점이다.[221] 고든은 그의 인생가운데 세 번 찬송가를 편집하였는데 첫 번째 편집은「침례교회를 위한 예배송」으로 1871년에 출판되었다.[222] 반면 다른 침례교 찬송가에는 그리스도의 재림이 후천년주의 용어로 언급되어져 있었는데 고든은 이것을 그리스도의 임박한 재림으로 전달하였다.[223] 특별히 금주에 관한 내용이 찬송가 5편 모두에 실리게 되었다.

고든은 1872년에「교회음악과 선율집」을 편집하였고, 그의 유명한 찬송 "내 주 되신 주를 참 사랑하고"(My Jesus, I Love Thee)는 이 찬송가에 수록되었다. 그는 1864년「런던찬송가」판에서 발견한 가사에 멜로디를 붙인 것으로 이것은 가장 인기가 있었고, 성가대나 솔로들이 자주 노래를 부르기도 했다.[224] 이 찬송은 "고든 박사의 찬송"이라고도 불리며 그의 장례식 때에 고든을 기리기 위해 불리기도 하였다. 고든은 세상을 떠나기 1년 전 1894년에 피어선 박사와 함께「대관식 찬송가집」을 편집하기도 했다. 이 찬송가집의 특징은 말할 것도 없이 전천년주의 사상을 강조하는 것이었다. 특별한 가사로는 전천년주의 교리를 언급하는

 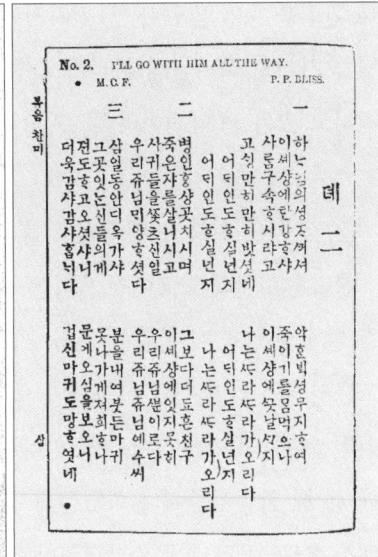

| 복음찬미

"성도의 재림" 같은 것이다.[225]

펜윅 역시 복음찬미를 발행하여 자신의 뜻을 밝혔다: "나는 한국어로 찬송 부르기를 원했고 한국 사람들이 찬송을 하도록 했다."[226] 결론적으로 복음찬미의 제1판은 14개의 찬양을 수록하여 1899년에 출판하였다. 제1판에는 펜윅 자신이 번역한 "예수 사랑하심은"(Jesus Loves Me)과 "나는 기뻐요"(I Am So Glad)와 "보라 그러면 살리라"(Look and Live)가 포함되어 있다.[227] 마지막 판은 274개의 찬송가를 수록하고 있는 것으로 1939년에 출판되었다.[228] 이처럼 복음찬미는 한국에서 네 번째로 찬송가를 출판하는데 공헌하였다고 한다.[229]

다른 찬송가와는 달리 복음찬미는 펜윅이 직접 번역하거나 작곡한 노래들을 수록하고 있다.[230] 1904년에 출판된 제2판은 펜윅에게 목사안수를 준 아도니람 고든이 쓴 노래가 두 곡(4번과 12번)이 수록 되어있고, 한국 최초의 침례교 목사가 된 신명균 목사가 쓴 곡이 한 곡(20번) 들어 있고, 현대 미국선교사들 중의 한 명인 윌리암 스왈렌(1865-1954)이 쓴 두 곡(18번과 19번)도 포함되어 있다.[231] 복음찬미는 다음과 같이 8가지의 특별한 주제를 다루고 있다: (1) 성령; (2) 구속과 십자가의 보혈; (3) 성경; (4) 천국과 재림; (5) 성도의 의무와 순종; (6) 전도와 복음; (7) 위로, 보호, 인도, 사랑; (8) 크리스마스.[232]

펜윅과 고든은 음악을 무척이나 사랑하였다. 이들은 찬송가를 통하여 주님의 임박한 재림 사상을 재 진술하기를 원했다. 이러한 찬송가들은 스스로 하나님의 왕국을 확장시키는데 귀하게 사용되어졌고, 해외 선교의 불꽃을 지피는데 중요한 역할을 담당했다.

III. 요 약

펜윅에게 있어서 고든은 선교사역을 위한 개인교사이며 훈련가며 길잡이였다. 펜윅은 고든의 선교학교에서 훈련을 받고 난 뒤, 혁신적인 선교를 한국에서 수행할 수 있었다. 이런 배경은 펜윅이 미국에 머무는 동안 고든의 교회에 참석하면서 부터였다. 고든이 1869년 12월 클래런던 침례교회에서 목회를 시작했을 때,[233] 의식적이고 형식적인 예배에서 영혼을 사랑하며 선교중심의 회중예배로 전환시키는네 혼신의 힘을 기울였다.

이 시기에 펜윅은 1893년 그 교회에 도착하여 고든 목사의 사역에 20년 이상 족쇄를 죄고 있던 좌석임대 시스템이 사라진 것을 목격하게 되었다.[234] 펜윅은 그 교회의 성도들이 예배를 통하여 어떻게 세계선교에 동참하게 되는지를 발견하게 되었다. 더욱이 이 교회가 엘라 씽 기념 선교회를 조직하여 세계 각처로 오지선교를 하는 것을 보았고, 이 선교회는 1895년에 담임목사가 주축이 된 것이 아니라 성도에 의해 조직되어져 고든의 혁신적인 선교정책을 이루어가고 있었다.[235]

펜윅이 고든의 학교에서 공부할 기회가 있었다 할지라도 그가 선교사 훈련을 받는 기간 동안 보스턴 선교사 훈련학교를 졸업하지 않았다는 것은 큰 실수였다고 본다. 미국과 캐나다에 머무는 동안 펜윅은 고든의 학교에 등록하지 않고 임시학생이나 청강생으로 수업에 임한 것 같다. 이 학교에서 펜윅은 고든 박사, 피어선 박사, 채펠 같은 유능한 교수를 통해 심도 있는 공부를 할 수 있었고,[236] 심지어 이 학교에서 그는 조직신학, 설교학, 선교학, 제자훈련, 신약 및 구약신학, 교회음악 등을 배울 수 있었다.[237] 이 학교는 오늘날 교과과정과 비교해 봤을 때 최상의 교육커리큘럼을 제공하였다. 하지만 펜윅은 1년 동안 전임학생으로 공부하지 않았다. 이 학교 정책에 따르면 적어도 1년간 공부한 학생에게 졸업증서를 수여하기 때문에 펜윅에게는 아쉬움으로 남는 일이었다.[238]

펜윅이 학문에 증진하지 않은 것은 그에게 있어서는 후회스럽고 그의 제자들에게는 불행이었다고 본다. 왜냐하면 그가 너무 지나칠 정도로 그리스도의 임박한 재림을 강조한 나머지 그는 온통 복음을 듣지 못한 이방인에게 복음을 전하는 데만 관심을 가졌지 성경을 연구하는 일에 관심을 가지지 않았기 때문이다.[239] 펜윅이 세상을 떠난 이후에 능력 있는 제자들이 펜윅의 뒤를 이어 나오지 못한 것은 그가 잘못된 선택을 했기 때문이었다. 펜윅이 교단을 이끌어 가야 할 능력 있는 일꾼을 훈련시키거나 경쟁력 있는 교회를 세우는 데 실패한 것은 꼭 짚고 넘어가야 할 펜윅의 전략이다.[240]

이처럼 펜윅은 자신의 학문적 배경에 많은 결핍이 있었지만 고든의 선교정책인 신앙선교와 오지선교를 한국에 효과적으로 적용하는 일에 성공했다. 펜윅의 신앙선교와 오지선교를 그의 동료이기도 한 장로교와 감리교 선교사들의 교육선교와 의료선교와 비교해 본다면 독특하고 혁신적이며 효과적이었다. 루셀(C. Allyn Russell)은 고든을 "교회의 영성회복과 해외선교를 위한 혁신자"라고 불렀다.[241] 클락 역시 펜윅을 "한국선교의 혁신자"라고 부른 것을 기억하며 그의 정신적 선교 유산을 후세들이 이어가야 할 것이다.[242]

"동양인에게는 서양인이 아닌 동양인의 방법이 어울린다. 이것은 마치 잘 익은 과일에서 아름다운 꽃을 따버리지 않는 것과 같기 때문이다."
– 펜윅의 자서전 중에서

제4장
나이아가라 사경회와 고든이 펜윅에게 미친 영향

펜윅 선교사 내외와 원산에 있던 그의 제자들

제4장 | 나이아가라 사경회와 고든이 펜윅에게 미친 영향

펜윅의 주요 신학인 종말론, 교회론, 성서론은 초기에 나이아가라 사경회의 지도자들로부터 영향을 받아 형성되었다. 훗날 펜윅의 선교에서 볼 수 있는 그리스도론, 성령론, 구원론과 같은 신학은 어느 정도 고든의 사상과 잘 어울려져 있음을 알 수 있다. 펜윅의 선교철학이라든가 선교전략은 말할 것도 없이 고든의 선교학교에서 직접적으로 배운 결과물들이었다. 그렇다면 나이아가라 사경회와 아도니람 고든이 한국에 복음의 씨앗을 뿌린 펜윅과 한국침례교회에게 어떤 영향을 끼쳤는지를 선교학적으로, 전략적으로, 신학적으로 평가해 보길 원한다.

I. 선교학적 평가

펜윅의 해외선교는 그의 종말론 사상, 특별히 환란 전 휴거설 종말론으로 인하여 강력하게 추진되었다.[1] 다른 말로 표현하자면 세대주의적 전천년주의 사상이 펜윅의 선교동기와 목적을 형성하는데 기초가 되었다.[2] 그런데 펜윅의 선교동기는 고든의 것과 흡사하지만 그의 선교목적은 고든과 많은 차이를 드러내고 있음을 알 수 있다.

1. 선교 동기

펜윅은 세대주의적 전천년주의자였고 환란 전 휴거설자였기 때문에 펜윅의 선교 동기는 대체적으로 종말론으로부터 형성되었다고 볼 수 있다. 그는 생각하기를 선교가 완성되고 나서야 종말론이 이루어 질 것임을 인식하고 있었다.[3] 그래서 펜윅에게 있어서 선교와 종말론은 서로 뗄 수 없는 관계를 유지하고 있었다. 특히 펜윅의 세 가지 선교 동기는 그의 선교활동에 잘 나타나 있고, 이것은 당시 그가 동북아시아를 선교하는 이유였던 것이다.

(1) 종말론

나이아가라 사경회에서 펜윅은 "승천하신 주님의 재림이 임박하였다"라는 사실이 그의 주된 관심사라고 고백하였다.[4] 그의 선교 동기는 주님의 임박한 재림을 통해 직접적으로 만들어진 것이다. 이런 종말론적 동기는 "나라이 임하옵시며"라고 표현한 주기도문에도 뚜렷하게 잘 나타나 있듯이 펜윅의 선교 동기는 이런 종말론적 동기 때문에 아주 분명하였다.[5] 즉 복음을 이방인에게 전하며, 모든 열방을 제자로 삼고, 주님 나라가 임할 때까지 이 일은 계속될 것이다.

펜윅은 이런 긴박한 동기로 인해서 교회와 선교사역을 종말론적으로 이해한 것처럼 보이는데, 즉 "교회는 임시현상이고 임시 시기에 교회의 특징적 활동은 무엇보다도 선교활동이 되어야 한다"라고 믿었던 것이다.[6] 그래서 어떤 주변의 상황이나 형편도 그의 사역을 좌지우지 하진 못했다. 일단 하나님으로부터 확신을 얻게 되면 그는 주저하지 않고 이방인들을 향해 복음을 소개하는데 혼신의 힘을 기울인 것이다.

(2) 책임감

펜윅은 조선 땅을 떠나 만주나 시베리아나 러시아 등지에서 살고 있는 한국 동포들에게 복음을 전해야 한다는 강한 책임감을 느끼고 있었다. 펜윅은 우선적으로 선교해야 할 곳을 「잔속에 든 생명」(Life in the Cup)에서 잘 나타내 주었는데, 이 책에서 그는 "중국 북쪽과 시베리아와 같은 곳이 선교지로 선정되었다"라고 지적하고 있다.[7] 그래서 펜윅은 그 당시 동북아시아로 이주하여 살고 있던 한국 동포들에게 하나님의 말씀을 전하기 위해 약 36명의 선교사를 파송하였다.

펜윅은 당시 동북아시아에 살고 있는 한국 동포들의 인구에 관해 언급하기를 "10만에서 20만 정도의 한국인들이 만주지역으로 이주(移住)

| 간도지역에 살고 있던 한국동포 마을

와서 살고 있었고, 거의 비슷한 숫자의 한국 사람들이 러시아 국경을 넘어가 살고 있었다"라고 진술하였다.[8] 이들이 조선 땅을 넘어 그곳으로 이주한 이유는 두 가지였는데 첫째는 경제적 고통 때문이었고, 두 번째는 압록강과 두만강을 넘어 정치적으로 새로운 기지를 만들기 위해서였다.[9] 사도 바울이 헬라인이나 야만인이나 지혜 있는 자나 어리석은 자 모두에게 복음에 대한 책임감을 느꼈듯이,[10] 펜윅 또한 동북아시아에 살고 있는 한국 동포들에게 강한 책임감을 지니고 있었다.

(3) 관심

전천년주의자들에게 있어서 선교 대상자는 대체적으로 복음을 듣지 못한 이방인들이었다. 그래서 당시 오지지역이었던 한국이 펜윅에게 선교지로 선정된 것이다.[11] 그의 최대 관심사는 한국의 이방인들이었다. 그는 복음이 들어갔던 지역에 선교하는 것에는 별로 관심이 없었고 오히려 이제 막 복음을 받아들이는 지역으로 선교하는 것에 많은 시간을 투자하였다. 마치 바울이 우상을 버리고 하나님께로 돌아오는 자들에게 주로 관심을 가졌던 것처럼,[12] 펜윅 역시 그리스도의 대사(大使)로서 한국 이방인들을 구원하는데 큰 관심을 지녔다. 결론적으로 펜윅은 이방인들로 하여금 그리스도 안에서 구원을 받게 하는데 주목적이 있었다. 하지만 펜윅의 궁극적인 선교 목적은 그의 선교사역을 통해 알 수 있듯이 세상 사람들로 하여금 하나님께 영광 돌리며 모든 열방들이 그 분을 찬양할 때를 준비시키는 것이었다.

2. 선교 목적

기독교인의 선교는 하나님의 선교와 조화를 이루어야 한다. 절대적으로 하나님께 영광을 돌리는 것에 변함없어야 하며 기독교인의 궁극적 목적으로 유지되어야만 한다.[13] 그래서 하나님은 스스로 그리스도를 통하여 '자신의 영원한 영광에 들어가셨기' 때문에 하나님을 믿는 일꾼들에게 선교에 동참토록 하신 것이다. 한편으로 이러한 선교 목적은 피할 수 없는 주제가 되어왔기에 이것은 곧 선교 정책이나 전략이나 방법을 결정짓는 주요한 사항이 되었다.[14] 예를 들어 펜윅은 하나님께 영광 돌리는 선교의 목적을 달성하기 위해 영혼을 구하는 사역에는 중점을 두었지만 기독교인의 사회적 책임에는 별로 관심을 두지 않았다.

(1) 전도 명령 강조

전도 명령(evangelistic mandate)[15]이란 죄로 인하여 하나님과 멀어졌던 잃어버린 영혼들을 찾고 발견하는 것을 말한다. 이 선교 이론은 1966년 베를린 세계 선교대회에서 존 스토트(John R. W. Stott)에 의해 강하게 주장되었고, 그 당시 그는 국제적인 전도 연설가로 널리 알려져 있었다. 그는 주장하기를 "교회는 명령을 받고 있는 상태이며 부활하신 주님께서 우리에게 가서 전하고 제자를 삼으라고 명령하셨는데 이 명령은 복음을 전하는 우리에게는 낭연한 것이나"라고 하였다.[16]

사실 이 명령은 "모든 족속을 제자 삼으라"(마 28:19)는 말씀에 기초하고 있다. 펜윅에게도 이 전도 명령은 그의 선교사역에 잘 나타나 있다. 나이아가라 사경회에서 그의 주된 관심은 모든 이방인들에게 하나님의 말씀을 전하는 것이었다. 그는 말하기를 "모든 사람들에게 하나님의 증인이 되어 주님의 재림을 앞당겨야 한다는 생각이 늘 뇌리에 남아 있었다"라고 고백하였다.[17] 이처럼 그의 독특한 선교목적은 펜윅이 선교하던 곳에서 교회를 세우거나 재생산하거나 활성화시키는 배경이 되었다. 존 스토트처럼 펜윅의 선교 목적은 세계를 복음화시키려는 전도 명령으로 요약할 수 있겠다.

(2) 부정적 문화 명령 태도

문화 명령(cultural mandate)[18]이란 "네 이웃을 네 몸과 같이 사랑하라"(마 22:39)는 신약성경의 말씀에 기초한 것으로 기독교인이 사회적 책임을 감당해 나가는 것을 말한다. 이 전도 명령은 한국이 19세기 말경 개화의 물결이 막 일어나며 개신교가 확산되어져 가던 시점에 널리 주창되었다. 특별히 여성 계몽운동은 한국에서 더욱 활발하였다. 성(性) 차별 반대가 확산되었고, 첩 제도가 사라졌으며, 어린나이에 결혼하는 풍습이 폐지되기도 하였다.[19] 더욱이 여성교육의 실시로 많은 여성들이 한국 사회에 적극적인 참여를 이끌어 감으로서 여성들은 점차 자신들의 잠재력을 발견할 수 있었다. 이처럼 한국 여성들이 무지와 배척에서 벗어나도록 이화학당이 1886년 5월 메리 스크랜톤(Mary F. Scraton) 여사에 의해 설립되기도 하였다.[20]

YMCA에서 주도한 산업교육은 1906년에 처음 실시되었다. 산업교육으로 인하여 많은 사람들은 성과 관계없이 인쇄업, 목수업, 철공업, 구두수선, 사진업무와 같은 분야에서 밤낮으로 일하게 되었고, 그 결과 기술 및 직업교육은 한국 사람들에게 "산업의 긍지, 돈과 시간의 가치,

경제발달의 필요성"이라는 건전한 개념을 갖게 한 중요한 요소가 되었다.[21] 초기 한국 기독교는 기술교육의 확산으로 인하여 음주, 담배, 아편과 같은 사회악을 뿌리 뽑는데 주도적인 역할을 하게 된 것이다.[22] 그래서 초기 개신교회는 사회 정화작업에 중요한 영향을 끼쳤다. 하지만 이 모든 공헌이 주로 한국 장로교와 감리교의 독점물이 된 것은 초기 한국 침례교회에 있어서 아쉬움으로 남는다.

당시 사회적 상황과는 관계없이 펜윅은 환란 전 휴거설 종말론에 심취해 있다 보니 사회에 대해선 철저히 무관심하였다. 사실 펜윅은 뛰어난 농학자이어서 초기 한국 사회에 영향을 끼칠 수 있는 절호의 기회를 지니기도 하였다.[23] 펜윅이 1891년 원산에서 일을 처음 시작했을 때 그가 사들인 산업 농장은 그 지역의 공동체를 위해서는 이상적이었고 붐을 일으킬 수도 있었다.[24] 펜윅이 원산에 머물고 있을 때 원산 시장으로 일했던 윤치호(1865-1945)는 회고하기를 "나는 이 지역의 침례교 선교사인 말콤 펜윅 목사와 함께 일하고 있으며 [원산농장에서 거둬들인] 과일이 잘 자라서 수확 중에 있다"라고 말하였다.[25]

| 펜윅이 원산농장을 경영할 당시 원산시장 윤치호 (1865-1945)

수확한 과일은 학교 커리큘럼에 따라서 원산의 공립학교에 공급되기도 하였고, 또한 원산과일은 블라디보스토크에 수출되기도 하였는데 이 때 2말에 15루블(러시아의 화폐단위) 정도로 팔려나가던 원산과일은 금한 배럴에 25달러의 값과 맞먹는 비싼 값으로 팔려나갔다고 펜윅은 전하고 있다.[26] 원산성경학교에서 수학하던 펜윅의 제자들이 펜윅을 "3

제4장_ 나이아가라 사경회와 고든이 펜윅에게 미친 영향 · 193

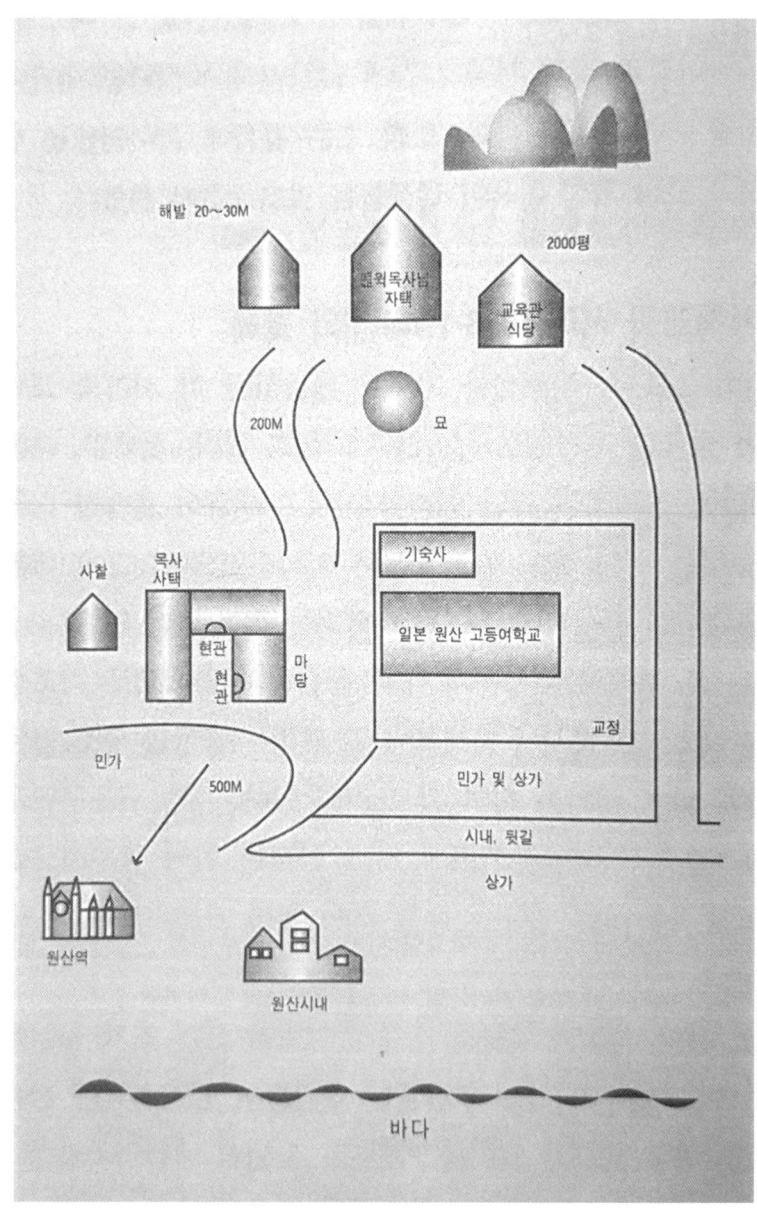

| 한국침례교회의 산실, 원산 총부의 조감도

박사"[27]–농학박사, 의학박사, 측량박사–로 별칭한 것으로 보아 알듯이 펜윅은 일찍부터 농학에 박식하여 당시 원산에 산업선교로 큰 영향력을 끼칠 수 있는 사람이었다.

하지만 펜윅은 1926년 기술교육을 이루기 위해 사들인 원산농장을 팔아버렸고,[28] 이 때 펜윅은 자신의 제자들을 강권하여 스스로 자기의 자식들이 세상교육을 받지 못하도록 감목 칙령을 발표하였다. 펜윅이 기술교육을 포기한 이유는 세상교육이 부적절하다고 판단하였기 때문이었다.[29] 그의 생각지도 못한 결정은 펜윅과 그의 제자들에게는 치명적으로 타격을 입혔다. 상식을 벗어날 정도로 그는 사회적 관심에서 멀어져 나갔다. 펜윅은 동료 개신교 선교사들처럼 자신의 뛰어난 농학 기술로 한국사회에 커다란 공헌을 할 수 있는 기회가 있었지만 그는 이 모든 것을 포기해 버렸다. 이러한 결정은 훗날 그의 제자들뿐만 아니라 한국 사회에도 큰 손실이었음을 기억해야 할 것이다.

3. 평가

펜윅의 선교 동기는 말할 것도 없이 전천년주의 종말론에서 시작되었다. 그의 주된 관심은 이방인에게 나아가는 것이어서 오지지역이 자연스럽게 선교지로 선정되었던 것이다. 그 결과 이러한 선교 동기가 교회를 개척하고 확장시키고 성장시키는 일에 큰 영향을 끼쳤다는 것은 당연한 일이다. 이것은 펜윅 선교의 가장 강점 중의 하나로 볼 수 있다.

반면에 펜윅은 사회적 요구와 변화에는 아랑곳 하지 않고 전도 명령만 수행해 나가는 일방 통행적 정책만을 끝까지 고수하였다. 사실 펜윅의 선교전략에 지대한 영향을 미친 아도니람 고든은 보스턴 산업기지[30]를 세워 미주지역에 금주운동[31]을 확산시켜 기독교의 사회적 책임을 잘 수행한 인물이었지만, 펜윅은 기독교인의 사회적 책임에는 별로 관심이 없었다. 정책이라는 것은 늘 유동적이다. 예를 들어 복음주의 진영의 대표라 할 수 있는 존 스토트 목사는 1966년에 그가 주장하였던 전도 명령 중심의 선교 신학에서 1974년 로잔대회에서는 전도 명령(영혼 구령)을 강조하면서도 문화 명령(사회적 책임)을 무시하지 않는 통전적 선교 개념을 소개하여 자신의 선교 신학 패러다임을 바꾸었다.[32] 그래서 존 스토트의 새로운 선교 신학은 복음주의 진영의 기초를 형성하게 되었다.

펜윅이 영혼 구령과 사회적 책임 간의 분리를 꾀하지 않고 전도 명령을 항상 '자석'처럼 여겨 문화 명령을 주도적으로 이끌어 갔더라면 그의 선교 열매는 생각했던 것보다는 훨씬 더 풍부했을 것이다.[33] 한편으로 펜윅이 한국 사회의 근대화를 형성하는데 커다란 영향을 미칠 수 있었을 것이다. 하지만 시간은 끝나 버렸다! 펜윅의 선교 신학의 약점은 무엇보다도 그가 기독교인의 사회적 책임에 부정적인 태도를 취했다는 사실이다.

II. 전략적 평가

일반적으로 선교전략은 선교철학으로부터 형성된다. 따라서 필자는 우선적으로 5가지 선교철학을 포함하고 있는 펜윅의 선교철학을 우선적으로 다룰 것이며, 그 다음에 한국에서 주요한 선교방법을 보여준 펜웍의 선교전략을 취급하려고 한다.

1. 선교 철학

싸우스웨스턴 신학대학원(Southwestern Baptist Theological Seminary) 선교학 교수였던 저스티스 앤더슨(Justice C. Anderson) 박사는 선교철학을 9가지로 소개하였다: (1) 개인주의; (2) 식민주의; (3) 교회주의; (4) 협력주의; (5) 성령주의; (6) 제도주의; (7) 후원주의; (8) 에큐메니칼주의; (9) 오순절주의.[34] 이 9가지 선교철학 가운데 펜웍은 5가지 선교철학을 보여주었다.

(1) 개인주의

개인주의라고 하는 것은 크리스천이 어느 곳에 있든지 증인된 삶을 살아가는 것을 말한다. 펜웍은 개인주의 선교의 중요성을 잘 설명하고 있다: "하나님은 증인을 필요로 한다. 세계 인구 중에 아직도 10억 인구가 그리스도를 영접하거나 거절할 기회조차 접해 본 적이 없다는 현실은 놀라운 일이다. 이방인으로 태어난 아이들이 '거듭난' 자녀들보다 200배가 더 많다.

더 안타까운 것은 교회가 1,900년간 노력을 기울였는데도 두세 사람 증인의 간증을 듣고도 이직까지 그리스도를 영접지 못한 사람들이 낳기 때문에 하나님의 말씀을 자신들의 삶 속에 확고히 세울 수 있도록 하나님의 증인을 충분히 확보하는 일에 교회가 실패했다는 것이다."[35] 펜웍은 자신의 제자들이 영적으로 강한 군사가 되어 언제든지 하나님의 말씀을 이방인들에게 나눌 수 있도록 훈련시켰다. 그래서 그의 제자들은 대개 영혼의 구령자요 복음의 파수꾼들이었다.

(2) 교단주의

교단주의라는 것은 선교가 계급적인 교회의 한 부분으로 간주하는 것을 말한다. 펜윅은 생각하기를 교회의 본질은 선교하는 것이라 믿었기에 펜윅에게 있어서 선교신학은 똑같이 교회신학을 의미하였다.[36] 그래서 펜윅은 대한기독교회를 1906년에 조직하자마자 최초의 선교사로 한태영 외 유내천, 이자삼, 장봉이, 이자운 5인을 같은 해에 북간도에 파송하였다.[37] "침례교인은 선교하는 사람들이다"[38]라는 표어처럼 펜윅의 제자들은 처음부터 선교하는 사람들이었다.

(3) 연합주의

연합주의라는 것은 선교가 자발적으로 연합해 온 선교단체를 후원하는 것을 말한다. 연합주의에는 두 가지가 있는데 하나는 선교 단체형이고 그 다음은 교단형이다. 펜윅의 궁극적 목적은 윌리암 케리처럼 선교단체형으로 지역교회가 선교의 중심이 되기보다는 오히려 개인을 통해 형성되는 것이다.[39] 사실 펜윅의 선교방법은 나이아가라 사경회[40]와 고든의 교회[41]에서 유래된 것이었다. 비록 1902년에 엘라 씽 기념 선교회와 한국 순회 선교회가 합병이 된 이후 펜윅이 대한기독교회를 조직했다 할지라도 이것의 행정 스타일은 선교단체형과 흡사하였다.

펜윅 당시 어떤 교회도 자발적으로 후원금을 총회 본부로 보내었다는 기록이 없다. 그렇다보니 교회는 선교사들을 관리할 어떤 힘을 지니고 있지 못하였기 때문에 대한기독교회는 지역교회의 도움을 받아 선교사를 후원하거나 파송하는 모델은 아니었다. 오히려 총회 본부가 스스로 선교사를 임명하거나 파송하는 권한을 소유하고 있을 뿐만 아니라 선교 비를 관리하는 힘도 함께 지니고 있었다.[42]

(4) 성령주의

성령주의란 선교가 성령의 동시적인 사역을 통해 이루어지는 것을 말한다. 말할 것도 없이 신앙선교와 오지선교는 그 자체가 이러한 성령의 선교철학에서 유래된 것이다. 특별히 나아이가라 사경회의 거장인 아도니람 고든과 허드슨 테일러는 이 모델에 속해 있다고 볼 수 있다. 이들처럼 펜윅 역시 그의 선교사역에서 성령의 강한 역사를 강조하였다. 예를 들자면 오지지역에 선교사를 파송할 때나 특별한 지역에 일꾼을 파송하기로 결정하려고 할 때나[43] 성경을 해석할 때나[44] 하나님의 말씀을 선포할 때나[45] 펜윅은 늘 성령께 의존하였다. 펜윅은 성령의 인도하심을 받았기 때문에 그의 선교사역을 잘 감당할 수 있었던 것이다.

(5) 후원주의

후원주의란 선교사가 다른 선교지역을 돕는 것을 말한다. 펜윅의 제자들은 도움이 필요로 할 때 다른 선교지역을 돕는 일에 최선을 다하였다. 예를 들어 노재천은 경북에서 약 640km 이상이나 떨어신 만수에서 사역하고 있는 몇몇 선교사들을 돕기 위해 발길을 옮겼고,[46] 7년이 지난 후에는 그는 또다시 현 충청도가 있는 예천으로 옮겼는데 이유는 그곳의 사역을 돕기 위해서였다.

(6) 평가

펜윅에게 가장 뛰어난 선교철학은 성령주의였다.⁴⁷⁾ 필자가 이를 주장하는 이유는 신앙선교와 오지선교가 성령주의에서 시작되었고, 교회성장을 이끄는데 중추적인 역할을 했기 때문이었다. 그래서 펜윅의 성령적 선교철학은 효과가 나타났다. 이것이 펜윅의 선교에 큰 강점으로 여겨진다. 다른 또 하나의 선교철학을 지적한다면 후원주의였다. 만약에 총회 본부나 지역교회 그리고 선교지간의 후원주의를 유지하지 못하였다면 펜윅의 선교열매는 미약하기 그지없었을 것이다.

달리 말한다면 펜윅이 끊임없이 주장한 선교단체형 방법은 한국에서 최후를 맞게 되었다. 오랜 기독교 역사와 잘 훈련된 회원들이 많은 나이아가라 사경회와 클래런던 침례교회와는 달리 대한기독교의 역사는 짧을 수밖에 없다. 당시 펜윅은 선교단체형 방법이 너무 이른지 또는 대한기독교회를 성장시키는데 장애물이 되는 지를 깨닫지 못했다. 결국 선교단체형 방법에 중점을 두었던 협력주의는 펜윅의 선교철학을 오랫동안 지속시키지 못했다.

2. 선교전략

민경배 교수는 그의 저서 「한국교회사」에서 펜윅을 한국기독교에 있어서 토착화를 이룬 거장이라고 평가하고 있다.⁴⁸⁾ 토착화란 무엇인가? 멜빈 하지스(Melvin L. Hodges)는 "선교사역의 결과로 한 교회가…. 세워지고 스스로 관리할 수 있고, 스스로 후원할 수 있고, 스스로 현지인 교회를 재생산할 수 능력을 깨닫는 것이다"라고 언급하였다.⁴⁹⁾ 필자는 펜웍이 토착화를 하게 된 이유와 원리 그리고 성공하게 된 것에 대해 평가해 보려고 한다.

(1) 펜윅이 토착화를 실시한 이유

첫 번째 펜윅이 토착화 교회를 세우게 된 이유는 자신이 선교사로서 감당해야 할 업무가 무엇인지를 발견하고 현지인 개종자와 적절한 관계를 유지해야 할 것임을 깨달았기 때문이었다. 사실 펜윅은 원산에서 사역의 뼈아픈 실패를 맛보았다. 크리스천으로 하여금 성경을 잘 가르칠 수 있도록 훈련시키기 위해 펜윅과 그의 아내는 1903년부터 1906년 사이에 원산성경학교를 개원했다.[50] 무능한 기독교인을 만들지 않기 위해 펜윅은 초기 중세시대에 수도원이 사용하였던 교과과정을 학생들에게 제공하였다: 반나절은 농장에서 일하고, 반나절은 공부하게 하였다. 더욱이 성경공부와 관련해서 펜윅은 학생들로 하여금 그들의 능력과 기억력에 준하여 성경을 단순히 20번씩, 25번씩, 30번씩 읽도록 권장하였다.[51]

그런데 4년이 지난 이후에 학생들이 모두 떠났다. 펜윅이 실패한 이유는 학생들을 단지 복음을 전할 수 있는 사람으로 준비시켰지,[52] 현지인 지도자로서 훈련시키지 않았기 때문이다. 선교사는 이방인의 삶에 영원한 요소가 아니라는 것을 그는 깨닫지 못했다. 그리스도가 영원한 요소가 되도록 해야 하며 그리고 가능한 빨리 현지인 개종자와 적절한 관계를 맺는 것을 배워야만 했다.[53] 펜윅은 원산에서 뼈아픈 실패를 경험한 후에야 자신의 위치가 돕는 자임을 깨닫기 시작했다: "젊은이들이 떠난 후에 백인 선교사와 긴밀한 관계를 유지하는 것이 이들이 동료들

| 펜윅이 배출한 최초의 토착화 지도자 신명균

에게 강력한 영향력을 미치는 데는 부적절하다는 사실을 쉽게 깨닫게 되었다."54)

두 번째로 펜윅이 토착화 지도자를 세우려고 했던 이유는 서구인의 모델은 현지인의 정서와 문화에 적합하지 않다는 사실을 깨달았기 때문이었다. 앞서 지적한 바대로 펜윅은 초기에는 토착화 교회에 별로 관심이 없었다. 한국순회선교회의 원리와 목적을 보면 신앙선교라든가 오지선교가 이 선언문의 핵심으로 언급되어 있지 토착화 원리는 나와 있지도 않았다.[55] 그가 미국과 캐나다에서 3년간의 훈련을 마치고 돌아왔을 때도 여전히 그는 황인종에 대하여 선교사문화우월주의 사상으로 가득 차 있었다.[56]

그래서 더 많은 백인선교사들이 선교단체로부터 한국에 파송되어져야 한다고 믿고 있었다.[57] 이러한 상황을 어떻게 이해할 수 있을까? 기록에 따르면 펜윅은 이때까지 백인우월주의에 광적으로 물들어 있었음을 볼 수 있다. 그런데 그는 성공적인 사역을 기대했음에도 불구하고 실패하고 말았다.[58] 서구식의 기초가 긍정적인 선교결과를 만들어 주지 못했기 때문이다.

다른 한편으로 펜윅은 자신의 선교사역에 새로운 전환점을 맞게 되었다. 엘라 씽 기념 선교회가 관리하던 공주 지역의 선교지가 1901년 펜윅에게 양도되었고,[59] 마침 펜윅이 신명균이라는 현지인을 만나게 된 것은 그에게는 축복이었다. 몇 달이 지난 후 펜윅은 마음 내키지는 않지만 신명균을 공주로 파송하였다. 펜윅은 이 상황을 다음과 같이 설명하고 있다: "신[신명균] 선생이 바로 그런 사람이었다. 하나님은 신 선생을 '구별'하여 일을 시키기 위해 의심이 가득한 내게 옹색한 동의를 얻어내신 것이다."[60] 그래서 신명균은 1903년 2월 10일 공주성경학교의 원장으로 임명되었고 이것은 축복의 시간이라 할 수 있다.[61] 그 이유는 한국 목사인 신명균은 처음부터 성경을 가르칠 수 있었고 자신의

제자들을 훈련시킬 수 있었기 때문이었다. 이것이 한국 최초로 토착화가 시작되는 순간이었다.[62]

토착화 결과에 관해서 "내가 실패한 곳에서라도 현지인 목사[신명균]는 놀라울 정도로 성공하였다"라고 펜윅은 술회하고 있다.[63] 펜윅이 토착화 원리를 이해한 것은 그가 한국에 온 지 13년의 세월이 지나서야 가능했다.[64] 토착화를 이해하기 전까지 그는 해마다 자신의 생각대로 선교활동을 진행했었고 결국 성공할 수 없었다. 하지만 신명균이 공주에서 교회를 맡고난 이후부터 펜윅이 솔직히 말하기를 "동양인에게는 서양인이 아닌 동양인의 방법이 어울린다. 이것은 마치 잘 익은 과일에서 아름다운 꽃을 따 버리지 않는 것과 같기 때문이다"라고 말했다.[65] 끊임없는 실패는 펜윅으로 하여금 서구식 방법을 과감히 버리도록 했고 마침내 토착화 교회에 관심을 갖게 하였다.

(2) 펜윅의 토착화 원리

첫 번째 토착화의 원리는 자립(self-supporting)을 말하는데 이것은 현지인 교회가 교회를 운영하고 교회의 프로그램을 진행하기 위해 경제적으로 외부의 교회나 선교사들로부터 도움을 받지 않는 것을 의미한다.[66] 펜윅이 훈련시킨 선교사들은 자신들의 경제적 필요를 스스로의 자원을 가지고 해결하려 했다. 예를 들어 총회 본부는 매달 10원의 경비 중 5원을 주고 나머지 필요한 5원은 선교사 스스로 충당토록 했다.[67] 그래서 이들은 자신들의 생활비를 마련하기 위해 전도용 쪽복음을 팔아야만 했다.[68] 어떤 때에는 생활비 자체가 지원되지 않았을 때도 있었는데 본부는 그저 마태복음 6장 8절 말씀의 "구하기 전에 너희에

| 갓 쓴 말콤 펜윅

게 있어야 할 것을 하나님 너희 아버지께서 아시느니라"이란 글이 적힌 편지 한 장을 보내었다고 한다. 사도 바울처럼 이들은 자립 선교사들이었다.

두 번째 원리는 자치(self-governing)로서 현지인 교회가 외부 기관이나 선교사의 도움을 받지 않고 스스로 교회를 치리하고 다스릴 수 있는 것을 말한다.[69] 신명균이 공주성경학교의 원장으로 파송 받고 난 이후에는 자신의 제자들에 관해 강한 리더십을 발휘할 수 있었다. 예를 들어 신명균이 교회를 방문할 때마다 그의 제자들은 동양의 풍습처럼 그를 뒤따르고 수행하였다.[70] 그래서 신명균 목사는 펜윅과 아무런 충돌 없이 자기 제자들을 훈련시킬 수 있었고 자유롭게 자기 교회의 회중들을 관리할 수 있었다.

마지막 원리는 자전(self-propagating)으로 현지인 교회가 선교사의 도움을 받지 않고 스스로 복음을 전하며 교회를 재생산 할 수 있는 능력을 가진 것을 말한다.[71] 이것은 새로운 사람들이나 새로운 지역에 접근하기 위해 다른 사람에게 의존하는 것을 말하지 않는다.[72] 예를 들자면 신 목사는 자신의 노력과 헌신으로 공주에서 12개 교회를 세웠다. 하지만 펜윅은 같은 시기에 원산에서 단 한 교회도 개척하지 못한 실정이었다.[73] 신 목사의 토착화 사역은 펜윅에게 자리 잡고 있던 백인우월주의 사상을 뿌리째 뽑아버렸다. 펜윅은 신 목사가 교회를 운영하면서 그가 백인 다섯 사람의 역할을 감당하고 있다는 소식을 자주 접하게 되었고, 신 목사의 사역은 모든 일이 순조롭게 진행되었다.[74] 그래서 펜윅은 해외선교의 방법으로 토착화 원리를 사용하지 않을 수 없었다.

(3) 펜윅의 토착화 성공

한국침례교회의 초기 지도자들은 펜윅의 토착화 교회를 통해서 배출되었기 때문에 성공할 수 있었다.[75] 특히 펜윅은 신 목사가 훈련시키며 배출한 12명의 현지인들에 대해 상당히 자부심을 가졌다. 펜윅은 "신 목사가 배출한 사람들 중에 두 사람은 목사가 되고 두 사람은 비서가 되었다. 이들은 모두 실제적이며 열심히 일하고 영적으로 충만하며 성경에 박식하고 건전한 사고를 지닌 헌신적인 크리스천이었다"라고 술회

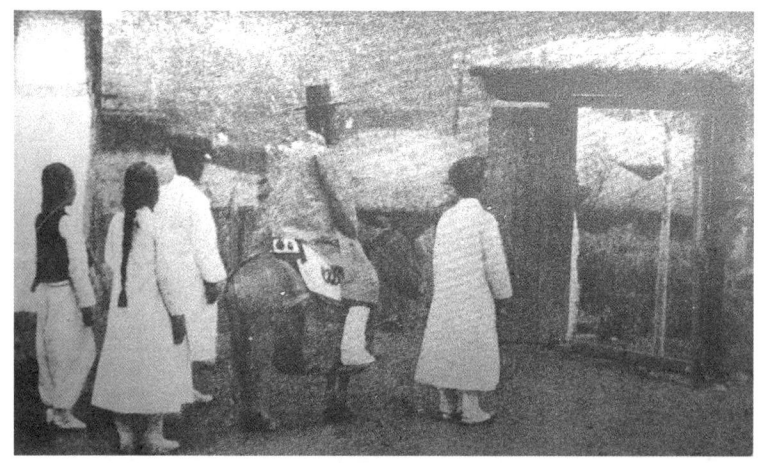

| 현지인 지도자 신명균과 함께 떠나는 그의 제자들

하였다.[76)]

그 중에 한명은 손필환으로 이 사람은 신 목사가 성경학교 밖에서 훈련시킨 후 주님의 제자가 된 사람이고, 반면에 장석천은 신 목사가 성경학교 내에서 훈련시킨 사람이라 할 수 있다.[77)] 훗날 이들이 현지인 지도자인 신 목사가 배출한 최초의 현지인 지도자가 된 것이다.[78)] 이것은 축복이 아닐 수 없다. 왜냐하면 이들 두 사람은 펜윅의 토착화 원리를 통해 배출된 지도자들이기 때문이다. 이 일은 대한기독교회가 현지인 일꾼들을 생산해내는 서막의 징조가 되었다.

펜윅은 또한 현지인들을 위해 현지인이 사용하는 언어로 성경을 번역하는 작업의 필요성을 느끼고 성경번역 작업에 착수하였다. 펜윅은 성경번역의 중요성을 인식한 이후 1915년에 신약성경 전체를 완역하는데 성공하였다. 하지만 경제적인 어려움으로 곧바로 출판하지 못하고 1919년 10월 18일에 가서야 출판하게 되었는데, 이것이 오늘날 "원산번역"으로 알려져 있다.[79)] 펜윅이 출판한 원산번역은 서민들이 사용하는 한글로 번역되었고 한국의 양반사회에서 오랫동안 써왔던 한자를 사용하는 것을 피했다. 원산번역은 서민들이 즐겨 사용 하던 언어를 조금도 거리낌 없이 채용하여 번역한 성경이었다.[80)] 한국성경번역에 있어서 펜윅은 성경원문을 한국의 전통적인 언어로 번역하는데 성공한 최초의 선교사가 되었다.[81)] 그래서 펜윅은 한국에서 최초의 토착화 성경 번역가가 되었다.

원산번역의 마태복음에 기록된 예들을 살펴보면 펜윅의 토착화 성경번역을 알 수 있다: "처녀"를 "새악시"(마 1:23)로, "석청"을 "산꿀"(마 3:4)로, "서기관"을 "선비들"(마 5:20)로, "주여"를 "샹뎐님이시여"(마 8:25)로,

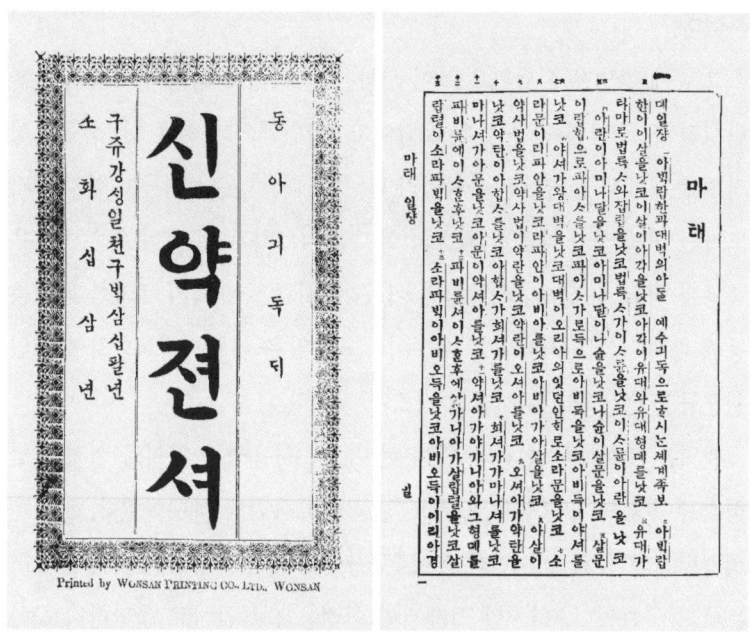

| 원산번역 「신약젼셔」(1919년)

"열두지파"를 "열두집"(마 19:28)으로, "대인들"을 "두목들"(마 20:25)로, "총독 앞에"를 "관찰스압헤"(마 27:11).[82] 하지만 원산번역의 번역과 용어 사용에 있어서 문제점을 들 수 있다. 원산번역의 인명과 지명이 한국성 경번역위원회의 것과 일치하지 않아 혼란을 유발시키는 경우가 있기 때문이다.[83] 또한 원산번역은 많은 사람들이 즐겨 사용하는 성경책이 되지 못했는데 그 이유는 펜윅의 제자들만 사용하였기 때문이었다.[84] 펜윅이 당시 동료 선교사들과 비교해 봤을 때 교육적 자질이 부족한 사람이었다 할지라도 한국에서 토착화 성경 번역에 중요한 공헌을 한 선교사로 기억남을 것이다.

(4) 평가

토착화의 원리는 펜윅의 선교에 지대한 영향을 끼쳤다. 토착화가 가져다 준 첫 번째 장점은 현지인 일꾼을 양성하였다는 점이다. 예를 들어 손필환이 그리스도를 구주로 영접한 이후 8명의 사람을 데리고 왔는데 이들은 모두 스스로 주님께 헌신하여 복음을 이방인에게 전하겠다고 결심한 자들이었다.[85] 또한 장석천 목사의 부흥집회는 많은 사람들을 주께로 인도하는 계기가 되었다. 펜윅이 13년 동안 현지인 지도자를 얻는데 실패하고 나서야 자신의 선교열매를 얻기 위해서는 무엇보다도 토착화된 일꾼을 길러내는 것이 필요하다는 것을 절실히 느꼈다.

펜윅이 토착화를 실시함으로 얻은 두 번째 이득은 교회성장을 이루었다는 사실이다. 손필환은 주님을 영접하자마자 짧은 시간 내에 8개의 교회를 개척하였다.[86] 그래서 손필환과 그의 제자들은 아직까지 교회가 없는, 남쪽으로 160km나 떨어진 곳으로 파송되었고, 6주 이후에 또 다른 교회를 세우게 되었다.[87] 이것은 하나님께 영광 돌리는 토착화 교회의 놀라운 모델이 되었다. 더욱 펜윅은 장석천 목사를 "우뢰의 아들"이라 부르며 다음과 같이 언급하였다: "8일이 채 안되어 전 도시가 복음화되어 그리스도께로 돌아오는 자가 무척 많았다."[88] 토착화의 덕택으로 1906년에 교회 수가 31개나 되어 펜윅은 공식적인 교단을 조직할 수밖에 없었고 그 조직의 이름이 대한기독교회였다.[89] 토착화가 없었더라면 펜윅이 한국에서 교단을 조직한다는 것은 거의 불가능했을 것이다.

하지만 펜윅이 토착화를 실시하면서 나타낸 약간의 취약점으로는 토착화의 적용 범위를 들 수 있다. 피터 베이어하우스(Peter Beyerhaus)는 그가 발표한 "삼자원리"라는 글에서 삼자원리를 다음과 같이 정의하고 있다: "(1) 자립(自立)이라는 것은 교회가 전임사역자의 생활비 전부를 지불하는 것을 의미한다; (2) 자치(自治)는 현지인 교회 스스로가 교회문제를 결정하고 운영하는데 자유로움을 느끼는 것을 말한다; (3) 자전(自傳)은 국내 및 해외선교를 지원하는 것을 말한다.90) 베이어하우스의 평가 기준에 따르면 펜윅의 토착화 원리는 약간의 부족함이 있다. 오늘날 교회와는 달리 대한기독교회의 회중들은 목회자의 사례비를 전부 지불하지는 않았다. 그리고 당시 대한기독교회의 목회자들은 순회목사(circuit pastor)가 대다수였다. 총회본부에서 목사를 임명하거나 파송하는 것을 제외하고는 지역교회의 목사들은 스스로 교회 문제를 해결할 수 있었다. 하지만 펜윅은 자신의 모든 특권을 지역교회의 목사들에게 완전히 이양하지 않았다.

펜윅의 토착화 원리가 오늘날의 것과 비교해 봤을 때 약간의 부족함이 보인다 할지라도 펜윅의 토착화 원리가 한국기독교 역사 가운데 새로운 토착화 시대를 연 것은 사실이다. 이것은 펜윅의 선교에 있어서 강력하고도, 축복받은 은혜로운 전략이 아닐 수 없다. 펜윅은 토착화를 실시한 지 14년의 세월이 지난 후에 다음과 같이 회고했다: "선교사가 토착인 크리스천을 잘 사용함으로 교회 수에 있어서 백 명의 선교사들이 이루어 내는 결과보다도 1.5배나 더 큰 성과를 거두고, 열 배도 넘는 지역을 감당할 수 있으며, 몇 배나 더 빨리 성장시킬 수 있다."91)

III. 신학적 평가

펜윅의 신학은 어느 정도는 고든 학교에서 영향을 받은 것도 있지만 대체적으로 나이아가라 사경회를 통해서 확고히 형성되었다.[92] 종말론, 교회론, 성서론은 이미 2장에서 다루었기 때문에 본 장에서는 펜윅의 그리스도론, 성령론, 구원론의 특징을 검토해보고 이러한 신학이 펜윅의 선교사역과 그의 제자들에게 어떤 영향을 주었는지를 살펴볼 것이며 그의 신학은 어떤 장점과 약점을 지니고 있는지를 조사해 볼 것이다.

1. 그리스도론

그리스도론에서 주로 다루는 것은 처녀 탄생, 성육신, 무흠, 죽음과 부활, 재림에 관한 것이다. 펜윅의 그리스도론에서는 특별히 두 가지 이론이 다른 어떤 것보다도 더 많이 강조되었음을 알 수 있다.

(1) 그리스도 탄생의 무흠성

나이아가라 지도자들이 자유주의의 물결에 대항하여 성경의 권위를 지키려고 했던 것처럼 펜윅 역시 처음부터 그리스도 탄생의 무흠성을 주장하였다. 펜윅은 예수 그리스도의 처녀 탄생을 믿었고 이를 기록한 성경의 무오성을 강하게 믿고 있었다: "그러자 그는 지난주에 성경을 공부하였던 축복의 시간에 관해 짧게나마 대화를 나눴고 성령께서 그의 문을 활짝 열어 주셔서 예수 그리스도께서 처녀 마리아로부터 죄 없이 탄생하시고 자신이 성육신하셔서 우리 모두의 구세주가 되신 것을 보여주셨다. 성경이 영감으로 기록되어진 것으로 확신을 얻게 되었다…. 오늘날 나는 그리스도의 탄생 무흠성을 믿을 수 있다."[93]

(2) 그리스도 육신의 부활

예수 그리스도의 재림을 믿고 있는 전천년주의자들은 현재보다 미래에 훨씬 더 관심을 가지고 있다. 그래서 펜윅은 자주 예수 그리스도의 부활을 가르쳤는데, 예를 들어 1893년 재출판된「만민좋은기별」의 11개 주제 가운데 4개의 주제가 그리스도의 부활에 관한 것이었고,[94] 이 책에서 펜윅은 그리스도의 육신 부활, 부활 이후의 그리스도의 사역, 신자의 부활과 비신자의 부활사이의 차이를 다루고 있다.[95] 더욱이 예수께서 부활하신 이후 40일 동안 사역하신 내용이 사경공부에도 아주 잘 기록되어져 있다.[96] 환란전 휴거설자들처럼 펜윅의 그리스도론은 기본적으로 복음을 이방인들에게 전하려는데 중점을 두고 있다.

2. 성령론

펜윅은 성령의 특성과 사역에 대해 무엇을 믿었는가? 특별히「대한기독교회」와「사경공부」에서 펜윅은 자신의 성령론에 관해 상세하게 설명하고 있다.

(1) 구원의 경험

펜윅에게 있어서 성령의 주요 사역은 이방인으로 하여금 구원의 경험을 발견케 하는 것이었다. 특별히 펜윅은 성령을 중매인으로 비교하여 성령의 역할은 마치 한국 전통문화에서 신부로 하여금 신랑을 소개받는 것으로 비교하였다.[97] 사실 중매인이 없다면 신부는 신랑을 발견할 수 없는 것이다. 이와 같은 비유는 성령의 사역이 비신자에게 구원의 지식을 발견토록 도와주는 일을 하는 것이다.

(2) 성경 해석

펜윅은 성경을 해석할 때에 성령의 역사와 중요성을 강조하였다. 펜윅이 성경해석의 한 예를 보면 다음과 같다: "그 뒤 1년이 지나서 저는 신 목사님을 만나 뵙고 성경을 배우고 싶다고 말씀드리고 저를 가르쳐 주실 수 없느냐고 물었습니다. 그 때 신 목사님은 "사람의 가르침은 아주 부족합니다. 당신에게 필요한 것은 성령께 배우는 것입니다…. 예수 이름으로 하나님 아버지께 구하여 성령을 통하여 성경을 가르쳐 달라고 구하십시오, 꼭 이루어 주실 것입니다"라고 말씀하셨습니다. 저는 그대로 시행했고 신 목사님이 내게 하셨던 말씀이 사실임을 알게 되었습니다. 성령의 가르침은 말할 수 없이 뛰어납니다."[98]

펜윅의 성령론을 살펴보면 "성령침례"라든가 "성령의 은사"에 관한 기록은 전혀 없다. 일반적으로 구원의 경험, 그리스도의 구원 사역의 계시, 회심, 성령의 능력과 같은 주제는 이 책이나 성경공부 교재 내에 언급되어 있다. 특별히 펜윅의 성령론은 그로 하여금 해외 선교에 동참하도록 영감을 불어넣어 주었고, 주로 성령론은 신앙선교와 오지선교를 과감히 할 수 있도록 하는데 큰 영향을 끼쳤다. 다시 말해 펜윅의 주요 선교전략은 그의 성령론의 직접적인 산물이었다.

3. 구원론

구원론에 관하여 4가지 종교 신학이 있다: (1) 유일주의[99]; (2) 포괄주의[100]; (3) 보편주의[101]; (4) 다원주의.[102] 이 4가지 가운데 펜윅은 유일주의에 해당된다고 볼 수 있는데 그 이유는 구원은 오직 예수 그리스도를 통해서만 가능하다고 가르쳤기 때문이다. [103]하지만 오늘날 많은 크리스천들은 "예수 그리스도는 유일한 구세주인가?"라는 질문에 각기 다른 세 가지 반응을 보이고 있다: (1) "아니오!" (2) "그렇습니다, 그러나…" (3) "네, 그렇습니다."[104] 유일주의자는 물어보나 마나 긍정적인 답("네, 그렇습니다.")을 말하는데 이유는 인간이 하나님을 만날 수 있고 구원을 얻을 수 있는 길은 오직 유일한 길인 예수 그리스도 밖에 없다고 가르치기 때문이다. [105] 이런 이유 때문에 펜윅은 유일주의자라고 말할 수 있다.

(1) 유일주의와 성경

유일주의자는 성경의 기초가 되는 구원에 관하여 흔들림 없이 확고한 생각을 가지고 있다. 요한복음에서는 유일주의를 분명히 가르친다. 예수께서 말씀하시기를 자신이 아버지께로 갈 수 있는 유일한 길이라는 것을 분명히 하고 있다: "내가 곧 길이요 진리요 생명이니 나로 말미암지 않고는 아버지께로 올 자가 없느니라"(요 14:6); "예수께서 이르시되 내가 진실로 진실로 너희에게 이르노니 인자의 살을 먹지 아니하고 인자의 피를 마시지 아니하면 너희 속에 생명이 없느니라"(요 6:53). 유일주의자들은 하나님께로 갈 수 있는 유일한 방법이 예수 그리스도

임을 주장하고 있다.[106]

바울이 쓴 로마서를 보면 의로움의 특성과 기초가 잘 나타나 있고, 하나님께서는 그리스도께서 의롭게 되는 것이 예수 그리스도를 믿는 죄 많은 인간이 있기 때문이라는 사실을 언급하고 있다.[107] 로마서 10장 9절에서 바울은 죄 많은 인간이 어떻게 의롭게 되며 구원을 얻을 수 있는지를 설명하고 있다: "네가 만일 네 입으로 예수를 주로 시인하며 또 하나님께서 그를 죽은 자 가운데서 살리신 것을 네 마음에 믿으면 구원을 받으리라." 나아가 바울은 디모데전서 2장 5절의 "하나님은 한 분이시요 또 하나님과 사람 사이에 중보자도 한 분이시니 곧 사람이신 그리스도 예수라"는 말씀처럼 그리스도를 통해 구원을 받을 수 있음을 말하고 있다.

특별히 유일주의자였던 펜윅은 로마의 군인인 고넬료(행 10:1-48)가 경건하고 하나님을 경외하는 사람이었지만 복음이 없었더라면 구원을 받을 수 없었음을 설명하고 있다: "고넬료가 무엇을 해야 할지 모르고 있을 때, 우리 주님은 하늘에서 천사를 보내어 그를 구원받게 해 줄 말씀을 들을 수 있는 방법을 말씀해 주셨다…. 필요하다면 이 일을 반복하실 것이지만 고넬료가 은혜를 입은 이래로 주께서 그렇게 하셨다는 기록이 없기 때문에 지금 주께서 일하시는 방법을 발견하는게 우리의 할 일이었다. 바울은 '하나님께서 미련한 전도의 방법으로라도 믿는 자들을 구원하기를 기뻐하신다'라는 말로써 하나님께서 현재 사용하고 계신 방법을 설명하고 있다."[108]

위에 언급한 말씀처럼 베드로가 고넬료에게 복음을 전해주지 않았더라면 고넬료는 구원을 받을 수 없었음을 펜윅은 믿고 있다. 다시 말해서 고넬료는 자신이 구원 받기 전 베드로가 가져온 복음이 필요하였다. 사실 유일주의자와 포괄주의자는 이 말씀을 각기 다르게 해석하고 있다. 전자는 베드로가 고넬료에게 복음을 가져오기 전까지 고넬료는 구원을 받을 수 없다고 믿고 있고,[109] 반면에 후자는 베드로가 고넬료에게 오기 전에 고넬료는 자신의 행위가 아닌 믿음으로 구원을 받았음을 믿고 있다.[110]

비록 고넬료가 하나님을 경외하며 의를 행하는 사람으로 묘사되고 있다 할지라도 구원의 과정 속에 특별한 계시의 필요성이 있음을 펜윅은 이해하고 있었다: (1) 사도행전 11장 14절에 "너와 네 온 집이 구원을 얻을 것이라"는 말씀에서 미래 동사(未來 動詞)[111]가 지적하는 것은 고넬료는 베드로가 올 때까지 구원을 받을 수 없다는 것을 의미한다; (2) 사도행전 11장 18절에 "하나님께서 이방인에게도 생명 얻는 회개를 주셨도다 하니라."

여기에서 "생명 얻는 기회"란 회개만이 영원한 생명으로 인도하는 것을 의미한다. 고넬료와 같은 이방인들은 이미 영원한 생명을 가진 것이 아니다.[112] 이방인들은 베드로로부터 그리스도에 대한 메시지를 듣고 난 뒤 그를 믿고 따르겠다고 결심할 때 구원을 받았다. 요약컨대 고넬료가 하나님을 경외하고 기도를 많이 하는 것과는 상관없이 베드로가 오기 전에는 구원을 받을 수 없었음을 펜윅은 확신하였다.

(2) 유일주의 신학

첫째로, 유일주의자는 일반계시에 구원이 없다고 믿고 있다. 포괄주의자인 존 샌더스(John Sanders)는 "구원의 은총의 범위는 일반계시를 포함시킬 수 있다"라고 강조하고 있다.[113] 하지만 유일주의자들은 일반계시가 구원에 이르는 수단으로서는 불충분하다고 확신한다.[114] 필립 멜란히톤(Philip Melanchthon)은 복음의 용서함만이 구원을 베풀 수 있기 때문에 신(神)을 아는 일반 지식은 풍습과 같아서 구원시킬 수 없다고 주장한다.[115]

펜윅 또한 예수 그리스도를 통해서만 하나님께 이를 수 있다고 가르쳤다. 예를 들어 원산성경학교에서 "유월절"에 관한 시험에서 한 학생이 구원받는 길에 대해 다음과 같이 답변했다: "오직 한 가지, 그것은 하나님이 명하신 대로 문설주에 어린양[예수 그리스도]의 피를 발랐느냐 바르지 않았느냐의 문제입니다. 어린양의 피가 없다면 아무리 선한 사람이라 할지라도 멸망할 것이고, 반면에 어린양의 피가 있다면 악한 사람이라도 구원함을 받게 될 것입니다."[116] 따라서 펜윅에게 있어서 일반계시는 구원을 줄 수 없는 것이었다.

둘째로, 유일주의자는 사후전도(死後傳道)를 수용하지 않는다. 인간이 사망에 처할 수 있느냐 없느냐에 대해 명확하게 규정짓는 것은 쉬운 일은 아니다. 유일주의자들은 "네, 그렇습니다." 인간은 사망에 처할 수 있다고 답변한다. 성경은 분명히 말씀하기를 인간이 이를 수 있는 길은 오직 두 길 뿐임을 강조한다: 하나는 하나님과 거룩한 천사들이 임재하고 있는 영원한 행복이 있는 곳이고(눅 15:10; 계 22:3-5; 살전 4:17), 또 다른 하나는 사반과 악한 천사들의 무리들이 있는 영원한 고통이 있는 곳(마 25:41)이다.[117]

이 경우 사람이 죽고 난 이후 두 번째 기회는 있는가? 유일주의자들은 "아니오," 두 번째 기회는 주어지지 않는다고 말한다. 이들은 그리스도의 가르침에서 사후에 두 번째 기회의 가능성을 언급하지 않음을 주장한다(눅 16:19-31). 하지만 사후전도 혹은 종말론적 전도의 주창자인 가브리엘 팍크리(Gabriel Fackre)는 사후전도에 관한 성경 구절이 무수히 많음을 지적 한다: 벧전 3:19-20; 마 12:40; 계 21:25; 딤전 2:3-4.[118] 종말론적 전도에 관해 에릭슨(Millard J. Erickson)은 사후전도를 끊임없이 지지하는 성경 구절들, 즉 베드로전서 3장 19-20절과 4장 6절의 말씀에는 오히려 결점이 있음을 설명한다.[119] 그는 사후에 구원의 기회를 지지하는 이러한 구절들을 단호히 거절한다.[120] 게다가 유일주의자들은 "한 번 죽는 것은 사람에게 정하신 것이요 그 후에는 심판이 있으리니"라는 말씀을 굳게 믿고 있다.[121]

펜윅 역시 사후전도를 거절한다. 예를 들어 펜윅으로부터 복음을 들은 한 비신자가 펜윅에게서 떠나버렸는데 그 이유는 한 번도 하나님의 말씀을 듣지 못한 조상들이 그들의 죄로 인하여 처벌을 받아야 하기 때문이었다. 펜윅은 이 사실을 다음과 같이 설명했다: "'그러면 한 번도 예수 그리스도에 대해 전혀 들어보지도 못한 사람들에 관해 하나님은 무어라 말씀하십니까?' 나는 로마서 2장과 시편 9편 17절을 인용하여 그들이 죄로 멸망하든지 그렇지 않든지 스스로 결정하도록 내버려 두었다. 그러자 그가 소리치면서, 우리 조상은 예수를 한 번도 들어보지도 못하고 돌아가셨소. '만약 우리 조상이 지옥에 갔다면 나도 그들과 함께 지옥에 갈 것이오.' 내가 기분이 어떠하였는지 독자들에게 맡기겠다."[122]

셋째로, 유일주의자들은 인간의 운명에 관해 인간의 책임성을 강조하고 있다. 가끔씩 유일주의자들은 비신자들이 사망에 이르는 것은 이들이 예수 그리스도를 듣지 못해서가 아니라 이들이 지니고 있는 빛을 저버리고 그리고 이들의 마음속에 쓰인 규범에서 떠나버리기 때문이라고 주장을 한다. 스프로울(R. C. Sproul)은 "멀리 있는 한 사람이 결코 그리스도를 듣지 못했다면 그는 이에 대해 처벌을 받지 않을 것이다. 그가 죄 값을 받는 것은 그가 들을 수 있는 하나님 아버지를 거절하였기 때문이며 그리고 자신의 마음속에 쓰인 규범을 어겼기 때문이다."[123]

칼 헨리(Carl Henry)는 덧붙여 말하기를 모든 비신자들이 진리를 거슬러 죄를 지을 때 예수 그리스도를 은연중에 거절하는 것이라고 강조한다.[124] 어떤 유일주의자들은 사망에 이르는 형벌은 인간의 책임과는 다르다고 주장하는 이들도 있다. 그래서 이들은 하나님을 거절한 사람들은 하나님과 분리되는 운명을 스스로 선택한 것이라고 강조한다.

펜윅 역시 인간이 그리스도를 자신의 구주로 선택할 것인지 말 것인지에 관해 인간의 책임이 있음을 주장하였다. 그는 인간의 책임성에 대해 다음과 같이 설명했다: "나는 마지막으로 이렇게 말했다. '여러분, 성경은 하나님의 아들께서 친히 종의 형상을 입으셨다고 선포하고 있습니다. 오늘날 여러분의 하인들이 여러분에게 하듯 그분은 두 손을 뻗어 여러분에게 영원한 생명을 값없는 선물로 '바치고' 계십니다. 여러분은 하나님의 사랑을 이해하지 못할 수도 있습니다. 여러분은 그 선물을 거절할 수도 있습니다.' 그러나 여러분들이 말했듯이 우리가 먼지 속의 벌레 같을시라도 우리 앞에 영광의 주님은 아직도 우리를 기다리고 계십니다."[125]

인간의 책임성이 하나님의 나라를 확장시키는데 주요한 위치를 지니고 있다고 유일주의자들이 주장하는 것은 당연한 말이다. 하나님께서 세상을 주관하신다 할지라도 인간의 책임에 관한 유일주의자들의 견해는 선교에 절대적인 동기부여가 되고 있다.[126] 이러한 사상은 선교에 긍정적인 참여를 일구어냈다. 펜윅도 예외는 아니었다. 유일주의는 펜윅의 선교참여를 저조 시킨 것이 아니라 오히려 인간의 책임성 때문에 증대시켰다.

(3) 현실적 유일주의자 말콤 펜윅

에비 스미스(Ebbie Smith)는 그의 글 "종교신학에 대한 복음적 접근"에서 유일주의자들을 4개의 그룹으로 분류하고 있다: (1) 완고한 유일주의자들[127]; (2) 불명확한 유일주의자들[128]; (3) 희망적 유일주의자들[129]; (4) 현실적 유일주의자들. 이 4개 그룹 가운데 현실적 유일주의자들은 성경계시의 전적인 권위와 신뢰성을 믿으며 예수 그리스도를 믿는 확실한 신앙 없이는 구원의 약속을 발견할 수 없다는 입장을 취하고 있다.[130] 이들은 두 번째 기회라든가 사후전도라든가 타종교에서의 구원은 성경에서 발견할 수 없음을 지적한다.

다른 한편으로 유일주의자들은 하나님의 주권이 이들의 이해와는 상관없이 일하시며 다른 방법을 제공하고 계심을 받아들일 정도로 현실적이다.[131] 유일주의자들은 또한 종교와 일반계시가 이들과 기독교간의 접촉점을 갖게 해 준다고 주장하고 있다.[132] 이러한 접촉점은 다른 종교 추종자들과 대화할 수 있는 통로를 제공하지만 그리스도의 메시지가 없이는 구원에 이를 수 없다는 것은 사실이다. 이러한 현실적 유일주의자들은 이러한 점이 완고한 유일주의자들과 다르다고 말한다.

현실적 유일주의의 주창자인 헨드릭 크래머(Hendrick Kraemer)는 그리스도를 제외하고는 구원에 이를 길이 없다고 주장한다.[133] 크래머는 "하나님은 십자가에서 그의 사랑의 마음을 보이시고, 인간은 같은 십자가를 통해서 하나님의 계시에 대해 눈이 멀었음을 보여준다."[134] 크래머는 또한 타종교는 인간의 죄 문제를 취급하는데 실패하였다고 지적했다. 타종교는 본질적으로 그들의 가르침이 "자기구원"을 가르치는 "오류"를 범하고 있다.[135]

존 뉴포트(John P. Newport)[136]는 모든 비기독교 종교는 하나의 성경적 카테고리인 죄가 있다고 주장한다. 유대교를 제외하고 다른 모든 종교들이 그리스도로부터 똑같은 거리에 있기 때문에 유사성 정도에 별 차이는 없다. 우리가 그리스도에 속해있던 아니던 간에 "존재"와 "증인"의 태도로 타종교 신봉자들에게 접근해야 한다.[137] 뉴포트는 타종교를 악으로 보지 않으며 유일주의 사상을 지지하고 있다.

재임스 개릿(James Leo Garrett)[138] 역시 현실적 유일주의자 개념을 지지한다. 그는 "그리스도는 인류의 유일한 구세주이시며 예수 그리스도에 대한 의식 있고 명백한 믿음만이 구원을 받기 위해서 필요로 한다"라고 주장하고 있다.[139] 또한 "불교인이나 힌두교인이나 무슬림이 자기 종교에 남아있다 할지라도 구원하시는 그리스도의 은총과 어울릴 수 있는 또 다른 길을 발견할 수는 없다"라고도 하였다.[140] 그는 계속해서 말하기를 "예수 그리스도와 복음을 받아들이는 것 없이 구원은 있을 수 없고 하나님의 자유주권 속에 유일주의의 경계를 지나 효과적으로 일할 수 있다며, 교회선포는 유일주의가 되어야 한다"라고 주장을 하고 있다.[141] 우리의 선포는 하나님의 계시에 의존해야 한다고 개릿이 말하는 것은 옳다. 그런데 대화, 기도, 증인은 타종교 추종자들을 접근하는데 주요한 접촉점이 될 수도 있음을 언급했다.

펜윅은 현실적 유일주의자처럼 그리스도는 유일한 구세주이시며 그분을 아는 것 외에는 다른 방법을 통해 구원을 받을 수 없다고 주장 하였다. 하지만 펜윅은 타종교인과 접촉하기 위해 한국의 전통 종교를 악하다거나 가치가 없다고는 말하지 않았고 오히려 이들과 기독교 사이의 접촉점을 찾으려고 노력하였다. 그래서 타종교에 속해있는 비신자들과 쉽게 접촉할 수 있었고, 하나님의 말씀으로 이들을 복음화할 수 있었다. 그는 한국 전통 종교 가운데 하나인 유교에 관해 다음과 같이 설명했다: "그들[한국인들]의 윤리는 주로 공자의 유교에 기초해 있으며 아주 엄격하게 말해서 그리스도를 빼놓고 생각해 본다면 한국과 중국 문화는 서구문화보다 인류의 평화와 행복에 훨씬 더 많이 기여해 온 게 사실이다."[142]

(4) 평가

펜윅은 유일주의자였다. 엄격히 말해서 펜윅은 "현실적 유일주의자"였다.[143] 그의 구원론은 포괄주의, 다원주의, 보편주의보다는 오히려 기본적인 성경신학의 가르침에 기초하여 형성되었다. 현실적 유일주의자로서 그가 주장하였던 두 가지 사상은 선교에 불을 지피는데 크나큰 공헌을 하였다: (1) 인간 책임성을 강조한 것[144]; (2) 접촉점을 발견한 것.[145] 하나님의 주권 속에 이 두 가지 개념은 펜윅의 선교를 활발하게 증대시키는 요소가 되었다.

더욱이 현실적 유일주의자들을 다른 유일주의자들의 견해와 비교해 봤을 때 이들은 더욱 성경적 해석과 복음적 신학에 기울어 있다는 것을

발견할 수 있다: "완고한 유일주의자들은 아마 타종교를 거의 존경하지도 않으며, 희망적 유일주의자들은 성경이 가르치지 않는 구원에 대하여 소망을 두고 있다. 불확실한 유일주의자들은 그들의 주장과 상관없이 여러 가지 가르침의 면에서 포괄주의자와 흡사하다."[146] 펜윅의 현실적 유일주의 사상은 성경적이고 복음적이지 않을 수 없었다.

IV. 요 약

필자는 나이아가라 사경회와 아도니람 고든이 펜윅과 한국침례교 선교에 어떤 영향을 끼쳤는지에 대해 평가하려고 한다. 펜윅과 한국침례교에 미친 긍정적인 영향은 세 가지로 언급할 수 있는데 다음과 같다: (1) 토착화; (2) 성령주의; (3) 현실적 유일주의. 펜윅이 한국침례교회에 가져다 준 가장 귀중한 유산은 말할 것도 없이 토착화 원리였다. 이런 독특한 정신이 21세기 선교지에서 희석되지 않도록 힘써야 할 것이다. 선교사들은 전통적인 토착화의 정신을 계속 이어가기를 요구받고 있다. 펜윅이 물려준 이 엄청난 유산은 오늘날 선교지에서 특별히 물질로 인해 고통당하고 있는 선교사들의 현실적 질병을 치유할 수 있는 좋은 약이 되리라 본다.

마찬가지로 신앙선교와 오지선교를 생산한 성령주의는 오늘날 한국침례교가 지향해야 할 가장 주요한 전략 가운데 하나이다. 오늘날 한국침례교가 추구하는 선교 긴급지역으로는 중앙아시아, 중국, 아시아의 무슬림권이고,[147] 선교 필요지역으로는 인도, 서북부아프리카, 인도차이나를 정하고 있다.[148] 사실 선교 긴급지역은 펜윅이 만주와 시베리아와 몽골과 같은 동북아시아에 선교사를 집중적으로 파송한 곳과 비슷한 성격을 지니고 있다. 그곳은 바로 성령의 도우심을 받지 않고는 제대로 사역을 할 수 없는 지역들이다. 펜윅이 우리에게 물려준 두 번째 유산인 성령주의가 오늘날 한국침례교 선교사들 사이에서도 강하게 사용되어져야 할 것이다.

더욱이 펜윅이 현실적 유일주의자라는 사실은 대한기독교회를 더욱 복음전도적으로 만들었다. 펜윅은 완고한 유일주의자들처럼 타종교에 관해 배타적이지 않았고 오히려 그들에게 접근하는데 호의적이었다. 펜윅은 사실 하나님께서 이 세상을 통치하신다 할지라도 이 세상을 구원하실지 말지 팔짱만 끼고 구경하고 있진 않는다고 말한다. 오히려 펜윅은 잃어버린 영혼들을 구원키 위해 인간의 책임성을 강조하였고, 심지어 그리스도와 타종교 사이에 접촉점을 발견하려고 애를 썼다. 펜윅은 현실주의적 유일주의자였기 때문에 환란전 휴거설과 상관없이 우리가 예측했던 것보다 더 놀라울 정도로 하나님의 나라를 확장시킬 수 있었다. 이 세 번째 유산이 오늘날 한국침례교 선교사들 사이에서 분명해지길 원한다!

하지만 펜윅의 선교에 있어서 부정적인 요소도 나타났는데 그것은 "문화 명령"에 대해 너무 지나칠 정도로 부정적 견해를 지녔다는 점이다. 이런 견해는 타문화권에서 비신자들에게 접근하는데 서투른 전략이라 여겨진다. 비록 그가 한국의 전통문화들[149] 즉, 사람이나 집이나 옷 등에 관해서는 호의적인 태도를 표시했다 할지라도 한국에서 변화하는 현대 문화들,[150] 즉 공공 교육이라든가 산업교육이라든가 사회봉사에 관한 것은 강력하게 거절하였다. 사실 펜윅은 자신의 농업기술로 한국에서 산업선교를 실시함으로 지역사회에 도움을 줄 수 있는 좋은 기회를 가졌었다.

하지만 그는 이런 기회를 과감히 버리고 말았다. 만일 펜윅이 한국선교에서 효과적으로 현지인 교회를 부흥시키고 성장시키기 위해 그가 기존에 우선순위에 두었던 전도명령에다가 문화명령을 더해서, 마치 '자석'처럼 끌고 갔더라면 서로 다른 극을 가지고 있는 전도명령과 문화명령이 합쳐져서 엄청난 힘을 발휘할 수 있는 시너지 효과를 나타냈을 것이고 그 열매는 생각했던 것보다 훨씬 더 좋았을 것이라 판단된다. 하지만 펜윅은 이런 좋은 기회를 놓치고 말았다. 필자는 바라기를 그의 약함이 오늘날 선교지에 파송된 한국교회 선교사들에게 반면교사(反面敎師)가 되었으면 한다!

나가는 말

'시대를 앞서 간 선교사,' 그가 바로 말콤 펜윅이다. 26세의 젊은 나이에 한국을 방문했을 때 후원하는 교단이나 교회도 없고 선교의 방향이 탈교단적인 색채를 띠고 있어서 교단중심적인 한국 풍토 속에서 지금까지 그는 제대로 평가를 받지 못해왔다. 펜윅은 한국 선교역사 가운데 숨겨진 보화라 할 수 있다. 그가 46년간 보여주었던 신앙선교, 오지선교, 자립선교, 개척선교 등은 당시 다른 동료 선교사들조차 모방하기 힘든 선교 사역이었고 또한 그의 말년에 풍성한 열매를 거두게 됨으로 오늘날 펜윅을 선교학적인 관점에서 재평가 해본다면 그는 분명 '선교혁신자'였다.

그가 초기 한국교회 시기에 시대를 앞서가는 선교사로 사역할 수 있도록 영향을 미친 것이 바로 나이아가라 사경회와 아도니람 고든이었다. 이 두개의 큰 물줄기가 펜윅의 한국선교를 인도해가는 기능이 되었다. 먼저 나이아가라 사경회를 통해서 펜윅은 자신의 신학을 형성하였는데 이 사경회는 20세기 초 근본주의 운동을 일으키는 씨앗이 되었고,[1] 그 다음 펜윅의 선교훈련은 보스턴 선교사 훈련학교의 설립자로서 클래런던 침례교회의 담임목사이며 역사적 전천년주의자며 온건주의 칼빈주의자이며 선교 동원가였던 아도니람 고든을 통해 이루어졌다.[2]

그래서 펜윅이 늘 두 가지 면을 지니고 있는 선교사로 여겨지기 때문에 펜윅을 분명히 이해한다는 것이 쉽지는 않다. 하지만 이 글을 통하여 펜윅이 누구인지, 그가 무엇을 했는지, 그의 신학과 선교는 그의 제자들에게 긍정적으로 부정적으로 어떤 영향을 미쳤는지를 분명하게 이해하는 데 도움을 줄 것이다.

먼저 긍정적인 측면에서 살펴본다면 첫째로, 펜윅으로 하여금 전천년주의자, 세대주의자, 환란 전 휴거주의자가 되도록 한 것은 나이아가라 사경회였다. 그의 종말론 사상은 잃어버린 영혼들을 복음화시키도록 하는데 결정적인 역할을 하였고 나아가서 모든 박해와 핍박을 이겨낼 수 있는 원동력이 되었다. 예를 들어 펜윅 교회의 32명 지도자들은 일본제국이 한국인에게 강요했던 신사참배[3]를 받아들이지 않고 거절하여 1942년 6월 10일에 원산 감옥에서 옥고를 치러야만 했다.[4]

설상가상으로 종말론 신앙으로 인해 대한기독교회는 해방을 맞기 1년 전인 1944년 5월 10일에 그만 교단폐쇄령을 당하고 말았다.[5] 하지만 교단의 지도자들은 오히려 옥고를 치르면서 즐거워했다. 그 이유는 이들이 대 환란 전 교회의 휴거를 믿고 있었기 때문이다. 펜윅은 "고생은 하나님께로 왔고, 세상에서 왔고, 교회에서 왔다"라며 신앙생활을 하는 자가 고난을 두려워한다면 진정 주님의 제자가 아니라고 주장했다.[6] 이런 신앙이 제자들에게 스며들었기에 어떤 핍박도 이겨낼 수 있었던 것이다.

둘째로 나이아가라 사경회는 펜윅으로 하여금 근본주의자가 되도록 하였다. 펜윅이 참석한 1894년 사경회[7] 선언문은 1910년 근본주의 5대 강령의 신조를 형성하는데 지대한 영향을 끼쳤다: (1) 성서무오론(聖書無誤論); (2) 예수의 처녀탄생; (3) 예수의 신성; (4) 예수의 속죄사(贖罪死); (5) 예수의 육체적 부활과 육체적 재림.[8]

마찬가지로 이러한 5가지 강령은 펜윅의 사역에도 명료하게 나타나고 있었다. 나이아가라 사경회는 펜윅에게 성경공부를 사랑하도록 만들었고, 그 결과 펜윅은 사경공부를 1909년 8월 18일에 시작하였으며,[9] 이 사경공부는 세 부분으로 나뉘어진다: (1) 신학-율법과 은혜, 성령, 종말, 심판, 침례, 예수; (2) 성서론-성경 세대와 해석학; (3) 변증론-성경공부와 성경 질의응답 내용.[10] 마침내 근본주의 신학은 펜윅에게 성경중심의 선교사를 만드는데 영향을 끼쳤다.

셋째로 나이아가라 사경회의 지도자 중 한명이었던 아도니람 고든은 펜윅으로 하여금 현실적 유일주의자가 되도록 하는데 영향을 주었다. 필자는 펜윅을 현실적 유일주의자라고 규명하길 원하는데 그 이유는 다음과 같다:

1. 구원은 율법으로 얻어지는 것이 아니다. 구원은 예수 그리스도께서 인류의 모든 죄를 용서하기 위해 속죄물이 되심으로 하나님의 자비와 은총으로만 가능하다.
2. 성도들은 위에서 언급한 성경의 진실을 수용해야 하며 기독교가 아닌 타종교를 통해 구원의 길을 찾는 것에 관해 어떤 약속이나 성경적 확신이 주어지지 않았다 는 것을 인정해야만 한다.
3. 성도들은 타종교를 믿는 자들을 접근할 때에 존경심을 가지고 대화하

면서 사랑으로 이들에 대해 하나님이 지니고 있는 소망을 가지고 다가가야만 한다.

4. 성도들은 타종교를 믿는 자들에게 예수 그리스도만이 영원한 생명을 줄 수 있는 분으로 더욱 분명하게 복음을 소개함으로써 타종교인들에 대해 접촉점을 찾을 수 있도록 힘써야 한다.[11]

펜윅은 한국의 전통종교를 무시하지 않고 오히려 이 종교들에 대해 열려 있었다. 펜윅은 한국 전통종교에 깊은 관심을 갖고 난 이후 이들과 그리스도간의 접촉점을 발견하게 되었고 그리고 나서 비신자들을 접하며 이들을 하나님의 말씀으로 개종시킬 수 있었다. 그는 현실적 유일주의자가 되었기 때문에 성서적이며 복음적인 선교사가 될 수 있었던 것이다.

요약컨대 나이아가라 사경회가 펜윅에게 영향을 주었던 신학가운데 전천년주의는 심한 박해를 이길 수 있게 하였고, 근본주의는 성경을 사랑하는 제자들을 생산케 하였으며, 현실적 유일주의는 한국의 전통종교에 부정적인 견해를 갖지 않게 하고 오히려 그들에게 열려있는 마음을 갖도록 하였다. 마침내 초기 한국기독교 역사가운데 이런 신학들은 하나님의 나라를 확장시키고 영혼을 구령시키는 일에 큰 영향을 주었다.

더욱이 고든 학교는 펜윅에게 특별한 선교전략을 형성하는데 공헌했다. 그래서 펜윅은 세 가지 강점을 지니고 있는 유일한 유산을 그의 제자들에게 남겼고, 필자는 이 유산을 "전나무"(FIR)로 부르고 싶은데 이것은 "신앙선교"(faith missions), "토착화"(indigenization), "오지선교"(region-beyond missions)의 첫 영문글자를 딴 약어이다. 필자가 이러한 약어를 선택한 이유는 상록수 전나무처럼 펜윅의 우수한 장점들이 오늘날 한국선교에 영원토록 적용되길 바라는 마음에서 만든 것이다.

첫 번째 장점은 신앙선교로 성령께 직접 의지하는 선교전략을 말한다. 펜윅은 이 전략을 고든으로부터 배웠고 고든처럼 성공적인 선교사의 삶은 성령께 늘 순종하는 것이라고 강조했다.[12] 하지만 펜윅이 성령주의를 주창했다 할지라고 그가 성령께 의존하여 하나님의 말씀을 믿지 않는 이방인들에게 강하게 선포하여 이들의 마음이 주께로 오게 하는 영적으로 강한 카리스마를 유지하지는 않은 것으로 보인다. 그래서 고든의 신앙치유(faith healing)[13]를 수용하지 않은 것 같다. 그가 성령주의를 받아들인 것은 성경을 이해하는 것과 선교사역을 수행하는 쪽으로만 제한을 시켰다.

놀라운 사실은 신앙선교는 펜윅이 살고 있던 원산에서 이루어진 것보다는 오히려 공주에 머물고 있던 그의 제자들을 통해서 이루어졌다는 사실이다.[14] 이런 상황을 어떻게 설명할 수 있을까? 당시 원산은 유명한 항구도시로써 동해안 전역의 무역을 관장하고 있었고 말린 생선과 한국의 식료품들을 공급하는 곳이었다.[15] 원산은 항구도시 이다보니 한국 샤머니즘의 영향을 많이 받아왔기 때문에 펜윅은 늘 성령으로 충만하여 영적으로 강력한 힘을 발휘할 수 있는 리더십을 지니고 있어야만 했다. 펜윅이 원산에서 비신자들에게 다가가 제자 삼는 것이 힘들었던 이유는 복음을 듣는 수용자의 문화를 올바로 이해하지 못한 채 총회 본부를 끝까지 원산에 두었다는 점이 아쉬움으로 남는나.[16]

펜윅이 염려한 것과는 상관없이 공주에 있던 그의 제자들은 한국순회선교회의 원리와 목적 선언문[17]에 잘 나타나 있는 신앙선교로 비신자들에게 다가가서 복음을 전하였고 그 결과 교회를 개척하는 일에 아주 뛰어났었다. 고든 학교가 신앙선교학교로 불리듯이[18] 공주성경학교도 이와 마찬가지였다. 마침내 교단이 1906년 10월에 공식적으로 창립되었고 이것은 당시 펜윅의 제자들이 신앙선교로 세운 31개의 교회가 있었기 때문에 가능했던 것이다.[19]

펜윅의 선교전략의 두 번째 장점은 토착화였다. 그는 토착화 원리를 고든의 아프리카 선교로부터 모방하였다.[20] 하지만 펜윅이 선교사 문화우월주의를 극복하지 못했을 때까지는 이런 토착화 방법으로는 선교를 제대로 할 수 없었다. 흥미로운 사실은 중국 토착화의 선구자인 네비우스(1829-1893)[21]와 한국 토착화의 선구자인 펜윅 사이에 토착화 원리를 적용하는데 있어서 약간의 차이가 있다는 것이다.

"삼자원리"[22]를 적용하는데 있어서 네비우스는 현지인 지도자를 자립하도록 하는데 중점을 두었지만,[23] 반면에 펜윅은 현지인 지도자를 배출하는데 포커스를 두었다.[24] 예를 들어 그 당시 네비우스의 토착화 원리를 한국장로교회에 소개하여 성장을 꽤하였던 언더우드가 보고하기를 선교지에서 188개 장로교회가 불안하게 개척되었지만 186개 교회가 나중에 자립하였다고 보고했다.[25] 오늘날 교회처럼 이들은 경제적으로 자립을 하였던 것이다.

하지만 펜윅의 접근방법은 조금 달랐다. 그의 주된 관심은 한국문화에서 현지인 교회를 세우는데 헌신하기로 한 현지인 지도자를 배출하는 것이었다. 그래서 제2의 제3의 현지인 지도자들이 초기 지도자들로부터 배출될 수 있었다.[26] 펜윅은 경영적 독립을 현지인에게 넘겨주는 것보다는 오히려 현지인 지도자를 많이 배출하는데 관심을 집중했다. 결론적으로 네비우스의 토착화 원리처럼 펜윅 역시 토착화 원리를 이용하여 초기 한국교회를 부흥시키는데 큰 기여를 하였던 것이다.

펜윅의 선교전략의 세 번째의 특징은 오지선교로 이 전략은 고든의 콩고 선교에서 직접적으로 영향을 받았다.[27] 그 결과 펜윅의 주된 선교지는 동북아시아가 되었다. 펜윅의 제자들처럼 오늘날 한국침례교 선교사들 역시 오지지역에 사역하는 자들이 많이 있다. 이들의 주 선교 대상지역은 중앙아시아에 살고 있는 무슬림과 한국 동포들, 중국, 그리고 인도차이나 반도 등이다.[28] 현재 선교사들은 대개 10/40 창문지역으로 알려진 곳에서 사역하는 자들이 많은 편이다.[29]

펜윅과 현재 한국침례교회 간의 오지선교를 평가해 본다면 전략상에 있어서 약간의 차이가 있다. 전자는 주로 E-1(동일 언어와 동일 문화권)과 E-2(유사 언어와 유사 문화권)에, 후자는 E-2와 E-3(다른 언어와 다른 문화권)에 중점을 두고 있다는 점이다.[30] 여하튼 펜윅의 오지선교는 그의 해외선교를 풍성하게 만드는 선교정책이 되었다. 필자는 바라기를 이런 선교전략이 오늘날에도 복음을 듣지 못하는 미전도 종족들에게 한국선교사들에 의해 효과적으로 적용되어 하나님의 나라가 확장되길 소망한다.

반면에 펜윅이 나이아가라 사경회와 고든으로부터 배운 것 중에서 결점도 몇 가지 드러나 있다. 이러한 결점들은 한국교회의 선교가 부흥하기 위해서는 당연히 제거되어야 할 요소이다. 필자는 이 결점을 "기계화"(MEC)라 부르길 원하는데 이 용어의 뜻은 "기계적이며," "움직이지 않고," "고정된"이라는 의미를 지니고 있다. 이 "기계화"(MEC, Mechanism의 약어)는 "생각이 깊지 못한 전략,"(misdeeming strategy) "교회론,"(ecclesiology) "문화명령"(cultural mandate)의 첫 영문글자를 딴 약어이다. 필자가 이런 약어를 선택한 이유는 이런 부진한 전략들이 대한기독교회에 적용되어, 경쟁력 있는 전략을 갖추지 못했기 때문이다.

펜윅이 보여준 첫 번째 결점은 선교지에서 필요한 선교전략을 결정할 때에 분별력이 좀 부족했다고 여겨진다. 사실 펜윅은 축복받은 선교사였다. 왜냐하면 그는 자신의 신학을 형성할 때 당대 최고의 신학자와 목회자와 선교사들로부터 영향을 받았기 때문이다. 그의 주요 신학인 종말론은 대체적으로 회중교회 목사인 스코필드 박사로부터, 교회론은 사경회의 총재이며 장로교 목사인 브룩스로부터, 구원론은 침례교 목사인 고든 박사로부터 온 직접적인 산물이었다. 하지만 펜윅이 이런 유능한 신학자들로부터 배운 선교전략 가운데 선교지에 효과적으로 적용할 수 있는 전략들을 분별력 있게 선택하였더라면 하는 아쉬움이 남는다.

예를 들어 펜윅이 고든으로부터 성령론을 배웠다 할지라도 그는 고든의 영적 각성운동을 수용하지는 않았다.[31] 그래서 펜윅은 당시 초기 한국기독교 역사 가운데 신사참배 반대운동과 세대주의적 전천년주의 주창자로 알려진 길선주, 김익두, 이성봉 목사와 같은 위대한 영적 부흥강사들을 대한기독교 내에서 배출하지는 못했다.[32] 초기 한국교회에서 성령의 불길이 전국에 번져가고 있을 때에 펜윅의 제자들 가운데 이런 면을 볼 수 없다.

펜윅의 두 번째 부족한 점은 초교파주의의 성격을 띤 교회론을 실시하였다는 점이다.[33] 고든은 나이아가라 사경회의 지도자와는 달리 여러 면에서 교단 선교에 앞장을 섰다. 그는 자신이 속한 미국북침례교단의 해외선교회 회장을 맡아 선교 부흥을 이끄는데 중요한 역할을 하였는데 그 한 예를 보면 다음과 같다: "1887년 연차총회에서 아도니람 고든의 제안하에 "매사추세츠 침례교 총회에서 해외선교회에 투입할 자금을 결정하는데 매년 1만 달러를 넘지 않는 액수가 앞으로 10년간 투자되어 이들이 결정하는 장소에서 새로운 교회를 세우거나 모임장소를 짓는 일에 똑같은 비용이 지출될 것을 결의하였다."34)

앞서 지적한 대로 미국과는 달리 개신교가 한국에 막 소개되던 시기에 펜윅이 초교파주의를 조직한 것은 너무 이른 시기에 결정한 것이다. 펜윅이 고든처럼 교단중심의 선교사역을 추진해 나갔더라면 그의 선교 열매는 기대한 것 이상 훨씬 더 많았을 것이라 여겨진다.

펜윅에게 있어서 가장 큰 결함은 문화명령에 너무 부정적인 태도를 취한 점이라 할 수 있겠다. 그에게 19세기 말 대한제국시대에 변화하는 한국정세를 정확하게 꿰뚫어 읽을 수 있는 통찰력이 미비하지 않았느냐 하는 생각이다. 펜윅과 고든과 나이아가라 사경회의 공통점은 급변하게 변화하는 환경 속에 처해 있었다는 사실이다.35)

그 당시 고든을 비롯한 나이아가라 사경회 지도자들은 변화하는 문화에 적극적으로 대처해 나갔다. 전천년주의자들이 궁극적으로 세상의 종말을 강조하는 것은 사실이다. 하지만 고든은 약간 다른 견해를 보였는데 그가 기고한 "천국 시민권"(Heavenly Citizenship)이란 글에서 "전천년주의자들은 두 개의 세상 즉, 현재와 다시 올 세상에서 삽니다. 성도들은 영원한 천국의 시민권을 얻을 것을 기억하면서 이 땅위에서는 세금을 내야하고, 투표도 해야 하며, 투자를 함으로써 책임 있는 자세를 보여줘야 할 것입니다"라고 강조했다.36)

고든은 도덕적 책임감을 가지고 사회적 개선을 위해 최선을 다했다.37) 그래서 그는 주(州) 국회의사당에서 금주운동, 국내산업사업, 참정권 운동은 전천년주의 시대의 다른 세속화와 모순된 것으로 보이지 않는다고 주장했다. 더욱이 그는 기독교인이 이 세상에서 심정적으로 멀어진다 할지라도 좋은 시민으로 살아가야 할 책임이 있다고 확신했다.

하지만 펜윅은 사회적 관심에 별로 흥미를 가지지 않았다. 이런 면에서 그의 전천년주의는 고든의 사상과 좀 다르다고 볼 수 있으며 이것은 펜윅뿐만 아니라 그의 제자들에게서도 강하게 보이지 않았다. 개화시기에 펜윅이 사회적 책임을 포함한 영혼 구원의 전략을 사용했더라면 그의 선교열매는 기대했던 것보다 훨씬 더 좋았을 것이다.

결론적으로 펜윅은 오늘날 한국에서 사역한 초기 장로교와 감리교 선교사들과는 달리 그의 제자들에게 학교선교나 의료선교와 같은 유형의 유산을 남겨 주진 못했다. 하지만 그는 신앙선교, 오지선교, 자립선교, 개척선교와 같은 전략으로 한국교회에게 금보다 더 귀한 보이지 않는 무형의 유산을 물려주었다. 펜윅의 정신적 유산이 오늘날 한국교회 선교사들에게 깊은 뿌리를 내릴 수 있다면 이들은 21세기에 하나님의 나라를 확장시키는 주요한 일꾼이 될 것이라고 필자는 확신한다. 펜윅이 우리에게 물려준 무형의 유산을 잘 간직하고 개발하고 승화시켜서 아직도 복음을 듣지 못한 열방과 종족들에게 개척선교(frontier missions)의 정신으로 복음의 꽃을 피운 말콤 펜윅 선교사를 본받아야 할 것이다!

들어가는 말

1) 허긴, 「한국침례교회사」(대전: 침례신학대학교출판부, 1999), 296.

2) Clifford E. Clark, *Drama in the Real Lives of Missionaries* (Milford, OH: John the Baptist Printing Ministry, 1998), 59-60.

제1장 펜윅의 생애와 한국선교

1) Malcolm C. Fenwick, *The Church of Christ in Corea: A Pioneer Missionary's Own Story* (New York: George H. Doran Co., 1911), 3.

2) Carl Wittke, *A History of Canada*, 3rd ed. (New York: Appleton-Century-Crofts, 1941), 136.

3) 2011년 폴링 목사(Edward C. Pauling)의 증손자인 프레더릭 폴링(Frederick W. Pauling)이 캐나다에서 가져온 펜윅 가계도는 유영식 교수가 소개한 것과 약간의 차이가 있어서 증손자의 자료를 우선으로 하였다. Frederick W. Pauling, "Descendants of James Fenwick" 참조; Young Sik Yoo, "The Impact of Canadian Missionaries in Korea: A Historical Survey of Early Canadian Mission Work, 1888-1898" (Ph.D. diss., University of Toronto, 1996), 496.

4) 캐나다는 18세기 후반 영국령이 되면서 퀘벡 지방에 영국계 주민과 프랑스계 주민 간의 대립이 심각하였다. 영국의회는 1791년 헌법을 제정하여 세인트로렌스 강을 경계로 동쪽에는 프랑스계 주민이 많은 로어 캐나다(Lower Canada, 퀘벡주의 옛 칭호)와 서쪽에는 영국계 주민이 많은 어퍼 캐나다(Upper Canada, 온타리오주의 별칭)로 나뉘었다. 이 두 주는 1840년 합쳐져서 캐나다 자치령이 되었다. James H. Marsch, *The Canadian Encyclopedia*, 1985 ed., s. v. "Lower Canada" 1038-39와

"Upper Canada" 1878을 보라.

5) Donald Dicke, *The Great Adventure: An Illustrated History of Canada for Young Canadians* (Toronto: J. M. Dent & Sons, 1958), 290; Wittke, *A History of Canada*, 147-8을 참조하라.

6) Fenwick, *The Church of Christ in Corea*, 13-5. 펜윅의 동료 선교사들 중에는 정식으로 공부를 하거나 신학을 전공한 자도 있었다. 언더우드(Horace G. Underwood) 선교사는 1881년에 뉴욕 대학교에서 공부를 마치고, 1884년에는 뉴브룬스윅(New Brunswick) 신학교를 졸업하고 난 뒤 한국으로 파송되었다가, 1891년에 뉴욕대학교로부터 신학박사(D.D.)학위를 받았다. Lillias H. Underwood, *Underwood of Korea* (New York: Fleming H. Revell Co., 1918), 114; 전택부, 「한국교회발전사」(서울: 대한기독교출판사, 1989), 78을 보라. 게일(James S. Gale) 선교사는 캐나다 토론토 대학교에서 학사학위를 받은 뒤 토론토 대학교 내의 YMCA에 의해 한국으로 파송을 받았지만 신학훈련은 받지 않았다. James S. Gale, *Korean Sketches* (New York: Fleming H. Revell Co., 1898), 표지를 보라. 맥켄지(William J. McKenzie) 선교사는 1888년 달하우지(Dalhousie) 대학에서 공부를 하고 난 뒤 1891년 핼리팩스(Halifax)에 있는 장로교 신학교를 졸업하고 나서 한국으로 파송된 선교사였다. George Paik, *The History of Presbyterian Missions in Korea, 1832-1910* (Seoul, Korea: Yonsei University Press, 1927), 192을 보라.

7) William M. MacGregor, *Trinity College Glasgow: A Souvenir of the Union, 1856-1929* (Glasgow, Scotland: Trinity College, 1930), 20.

8) Archives of Ontario, "The Donald McIntosch Family" [온라인 자료] http://www.telusplanet.net/public/cfdun/mcintoschnav.html, 2002년 2월 2일 접속.

9) Fenwick, *The Church of Christ in Corea*, 6.

10) Ibid., 4. 특별히 클락은 펜윅이 농과대학을 졸업하였다고 주장하는데 그의 주장은 사실과 무관하다. 왜냐하면 펜윅이 자서전에서 그는 정규 교육을 받지 않았다고 밝히고 있기 때문이다. Clark, *Drama in the Real Lives of Missionaries*, 62; Fenwick, *The Church of Christ in Corea*, 13. 그러나 펜윅은 농사일에 뛰어난 경험을 지니고 있었기 때문에 그의 제자들이 아무런 거리낌 없이 펜윅을 "농학박사"라 불렀다고 한다. Timothy Hyo-hoon Cho, "A History of the Korea Baptist Convention, 1889-1969" (Ph.D. diss., Southern Baptist Theological Seminary, 1970), 46.

11) L. L. Young, "The Passing of Rev. Malcolm C. Fenwick," *Korean Mission Field* 32

(March 1936): 62.

12) 서경조, "서경조의 신도와 전도와 송천교회 설립역사,"「신학지남」7 (1925년 10월): 92-3.

13) Fenwick, *The Church of Christ in Corea*, 7-8.

14) Ibid., 9, 13. James Brooks, "Niagara Conference," *The Truth* 15 (1889): 433을 참조하라.

15) Fenwick, *The Church of Christ in Corea*, 13.

16) Fenwick, *The Church of Christ in Corea*, 9; 민경배, "말콤 펜위크의 한국 선교,"「현대와 신학」17 (1993년 12월): 60. 1890년 헤론 의사가 과로한 나머지 이질로 순교한 후 게일은 헤론의 미망인을 아내로 맞이하게 된다. 유영식,「착훈목쟈: 게일의 삶과 선교 2」(서울: 진흥, 2013), 86-7.

17) 게일(Gale) 선교사의 편지(1889년 12월 13일)에 의하면 펜윅은 1889년 12월 11일에 한국에 도착하였다. 유영식,「착훈목쟈: 게일의 삶과 선교 1」(서울: 진흥, 2013), 71; 반면 김용해는 1890년 12월 8일 도착설을, 허긴은 1889년 12월 도착설을 주장하고 있다. 김용해,「대한기독교침례회사」(서울: 대한기독교침례회총회, 1964), 11; 허긴,「한국침례교회사」(대전: 침례신학대학교출판부, 1999), 27.

18) Winston Crawley, *Global Mission: A Story to Tell* (Nashville: Broadman Press, 1985), 62-3.

19) Young, "The Passing of Rev. Malcolm C. Fenwick," 62; 김갑수,「한국침례교인물사」(서울: 시와 시론사, 1981), 12, 29.

20) 패러다임이란 개인이 어떤 것을 생각하는 모델이나 방법을 말하는 것으로 언제나 변화하며 고정되어 있지 않다. Joel Arthur Barker, *Future Edge: Discovering the New Paradigms of Success* (New York: William Morrow and Co., 1992), 31, 37. 이 두 선교 패러다임 용어는 브루스 캠프의 모델을 차용한 것임을 밝힌다. Bruce K. Camp, "Major Paradigm Shifts in World Evangelism," *International Journal of Frontier Mission* 11 (July-August 1994): 133-5.

21) 학생자원운동과 나이아가라 사경회는 19세기 말 세계선교의 불을 붙이는데 중심이 되었다. George W. Dollar, *A History of Fundamentalism in America* (Greenville, SC: Bob Jones University Press, 1973), 75-6을 보라.

22) Fenwick, *The Church of Christ in Corea*, 12; S. V. Robinson, *Report of the Believer's*

Meeting for Bible Study Held at Niagara-on-the-Lake, Ontario, July 18-25, 1888 (Toronto: Toronto Willard Tract Depository, 1888), 35-40, 47-51.

23) W. J. Erdman, "Believer's Meeting for Bible Study," *The Truth* 15 (1889): 264.

24) Brooks, "Niagara Conference," 433-4.

25) Fenwick, *The Church of Christ in Corea*, 12-3.

26) Yoo, "The Impact of Canadian Missionaries in Korea," 219.

27) Ibid., 226-7.

28) 유영식에 의하면 펜윅의 가족은 1888년까지 마컴시 그로스버너(Grosvenor) 거리에 있는 중앙장로교회에 출석하였다고 한다. Ibid., 248, 255.

29) 펜윅은 형이 보내준 돈을 거절하였는데 그 이유는 형이 불신자라는 사실 때문이라고 한다. 김장배,「침례교회의 산 증인들」(서울: 침례회출판사, 1981), 118을 보라.

30) 펜윅의 한국 도착에 두 가지 설이 있다. 첫째는 1889년 12월 11일 부산설이다. 김태식 목사가 박사학위 논문에서 처음으로 이를 밝혀냈다. 게일이 1889년 12월 13일에 쓴 편지에 "전일 전날 밤(이틀 전날 밤)에 오와리 마루(Owari Maru)라는 배가 입항하였다. 나는 배 안으로 들어가 펜윅을 만났다"라고 서술하고 있다. 김태식, "Malcolm C. Fenwick의 근본주의 신학특성에 관한 연구" (박사학위논문, 침례신학대학교 목회신학대학원, 2016), 12; 유영식,「착훈목쟈: 게일의 삶과 선교 1」(서울: 진흥, 2013), 71. 둘째는 1889년 12월 8일 제물포(인천)설이다. Yoo, "The Impact of Canadian Missionaries in Korea," 224. 각주 17번을 참조하라.

31) George C. Needham, "Believers' Meeting for Bible Study," *The Truth* 8 (1882): 470.

32) Mrs. Underwood, *Underwood of Korea*, 127.

33) 편지 내용 전체를 보기 위해서는 James Johnston, *Reality Versus Romance in South Central Africa* (London: Hodder and Stoughton, 1893), 158-9을 보라. 또한 두 사람 간의 열띤 논쟁을 상세히 보기 위해서는 Mrs. Underwood, *Underwood of Korea*, 127-8을 참조하라.

34) Paik, *The History of Presbyterian Missions in Korea, 1832-1910*, 223.

35) J. R. Moose, "The City of Wonsan," *Korea Mission Field* 2 (1907): 174.

36) Malcolm C. Fenwick, "Korean Farming," *Korean Repository* 5 (August 1898): 292.

37) Fenwick, *The Church of Christ in Corea*, 33-4.

38) 펜윅이 성경을 번역할 때 그의 한국어 선생은 서경조(徐景祚)였다. 그런데 서로 간의 견해 차이로 인해 서경조는 펜윅의 곁을 1년 후에 떠났게 되었다. 서경조, "서경조의 신도와 전도와 송천교회 설립역사," 92-3.

39) 도한호, "펜윅이 우리말 성경에서 사용한 언어의 특징,"「한국침례교와 신앙의 특성」, 침례교 신학연구소 편 (대전: 침례신학대학교출판부, 2000), 50-1.

40) John Ross, "The Christian Dawn in Korea," *Missionary Review of the World* 13 (April 1890): 247.

41) Johannes Verkuyl, "The Biblical Foundation for the Worldwide Mission Mandate," in *Perspectives on the World Christian Movement*, 2ed. Ralph D. Winter and Steven C. Hawthorne (Pasadena: William Carey Library, 1992), A-51.

42) J. Christy Wilson,「현대의 자비량 선교사들」, 김만풍 역 (서울: 순출판사, 2002), 80-100. 하지만 요즘 한국에서의 텐트메이커 선교사의 개념은 선교사라는 신분으로 들어갈 수 없는 접근제한지역에 용이하게 접근할 수 있는 전문인으로서 들어가서 사역하는 자로 인식되고 있다. 최바울, "텐트메이커 선교사의 선교사역적 의미,"「텐트메이커 선교: 그 이론과 실제」, 펴내기 편 (서울: 펴내기, 1994), 8-14.

43) Wilson,「자비량 선교사들」, 80-100과 이정수,「한국침례교회사」, 69를 비교해 보라. 텐트메이커 선교사는 4종류로 구분된다. 첫째로 선교에 도움을 주는 자 T1, 둘째로 소명보다 직업에 중점인 자 T2, 셋째로 직업보다 소명에 중점인 자 T3, 넷째로 전임 선교사일 경우 T4인데 펜윅의 경우 T4에 해당된다. Patrick Lai, *Tentmaking: Business As Mission* (Waynesboro, GA: Authentic Media, 2005), 21-7을 보라.

44) 브룩스, 고든, 어드만, 피어선의 글들은 참고 문헌에 기록된 자료들을 참조하라.

45) Fenwick, *The Church of Christ in Corea*, 37, 57.

46) Marion E. Winfrey, "A Historical Case Study Analysis of the Merger of Two Private Institutions of Higher Education" (Ed. D. diss., George Peabody College, 1989), 94-5.

47) Fenwick, *The Church of Christ in Corea*, 57-65.

48) 김용해,「대한기독교침례회사」, 15; 허긴,「한국침례교회사」, 102, 127; 이정수,「한국침례교회사」(서울: 침례회출판사, 1990), 65, 72.

49) Paik, *The History of Presbyterian Missions in Korea, 1832-1910*, 447-9.

50) 한국순회선교회의 선교 전략을 보기 위해서는 부록 2를 보도록 하라.

51) 허긴,「한국침례교회사」, 61-77.

52) 필자가 오지선교라는 용어는 펜윅의 모델에서 차용했음을 밝힌다. Arthur T. Pierson, "The Declaration of Principles and Motto of the Corean Itinerant Mission," *Missionary Review of the World* 17 (June 1894): 460-1을 보라.

53) Adoniram J. Gordon, "Gordon Missionary Training School," *The Watchword* 17 (June 1895): 87-8.

54) R. Pierce Beaver, "The History of Mission Strategy," in *Perspectives on the World Christian Movement*, 2nd ed. Ralph D. Winter and Steven C. Hawthorne (Pasadena: William Carey Library, 1981), B-70. 대한기독교회와 장로교 및 감리교에 대한 선교지 분할협정에 관한 더 많은 정보를 얻기 위해서는 이영헌,「한국기독교사」(서울: 컨콜디아사, 1992), 91-2; 전택부,「한국교회발전사」, 131-4를 보라.

55) 김용해는 한태영과 함께 파송 받은 4명(유내천, 이자삼, 장봉이, 이장운)이 함경도와 간도에 파송되었다고 주장한다. 김용해,「대한기독교침례교회사」, 15, 46을 보라. 반면 허긴과 이정수는 둘 다 혼용해서 쓴다. 허긴은「한국침례교회사」102페이지에서는 함경도와 간도로, 127페이지에서는 간도로 표시하고 있다. 이정수는「한국침례교회사」65페이지에서는 함경도와 간도로, 72페이지에서는 간도로 기록하고 있는 것을 보아 동아기독교의 선교 특징 중 하나가 순회선교였는데 당시 지역적(영토적) 구분이 명확하지 않아 북간도로 파송된 이들이 함경도에 함께 전도한 것을 알 수 있다.

56) 이정수,「한국침례교회사」, 130.

57) Fenwick, *The Church of Christ in Corea*, 96, 124.

58) Myung Keun Choi, *Changes in Korean Society Between 1884-1910 as a Result of the Introduction of Christianity* (New York: Peter Lang, 1997), 17; Horace G. Underwood, "The Today from Korea," *Missionary Review of the World* 16 (November 1893): 813.

59) 허긴,「한국침례교회사」, 127, 75-7; 김용해,「대한기독교침례교회사」, 12-4.

60) 허긴,「한국침례교회사」, 332.

61) C. Peter Wagner, *Strategies for Church Growth* (Ventura, GA: Regal Books, 1989), 81.

62) 이정수,「한국침례교회사」, 382-400; 김갑수,「한국침례교인물사」, 180-208.

63) Pierson, "The Declaration of Principles and Motto of the Corean Itinerant Mission," 460-1과 Adoniram J. Gordon, "The Faith Element in Missions," *Missionary Review of the World* 14 (October 1891): 728을 비교해 보라.

64) Adoniram J. Gordon, "Jewish Mission in Boston," *The Watchword* 12 (November 1890): 305; Adoniram J. Gordon, "Chinese Christians," *The Watchword* 15 (September 1893): 232.

65) Fenwick, *The Church of Christ in Corea*, 44.

66) Ibid.

67) Ibid., 70-3.

68) 김용해,「대한기독교침례회사」, 54.

69) Ibid.

70) 펜윅의 유서를 보기 위해서는 Ibid., 54-6을 보라.

71) 김갑수,「한국침례교인물사」, 12; 허긴,「한국침례교회사」, 58-60을 보라.

72) Fenwick, *The Church of Christ in Corea*, 56.

73) 전 세계는 세 개의 문화 권역으로 나뉠 수 있는데 미국, 캐나다, 중국, 프랑스와 같은 대륙 문화가 있고, 한국이나 발칸반도와 같은 반도 문화가 있으며, 영국이나 일본과 같은 섬 문화가 있다. 대륙 문화의 특징은 한민족(unity) 정신을 강조하고, 연합정신(cooperation)이 강한 반면 문화우월주의 사상이 무척 강하여 다른 문화를 무시하는 경향이 짙다. 안희열,「선교와 문화」(대전: 침례신학대학교출판부, 2015), 66-8.

74) Fenwick, *The Church of Christ in Corea*, 79.

제 2 장 펜윅의 신학훈련 나이아가라 사경회

1) C. Allyn Russell, *Voices of American Fundamentalism* (Philadelphia: Westminster Press, 1976), 17; Timothy P. Weber, "Premillennialism and the Branches of Evangelicalism," in *The Variety of American Evangelicalism*, ed. Donald W. Dayton and Robert K. Johnston (Downers Grove, IL: InterVarsity Press, 1991), 11.

2) George W. Dollar, *A History of Fundamentalism in America* (Greenville, SC: Bob Jones University Press, 1973), 73; Fenwick, *The Church of Christ in Corea*, 12, 65.

3) Dollar, *Fundamentalism in America*, 72.

4) Friedrich Daniel Ernst Schleiermacher, *The Christian Faith* (Edinburgh: T. & T. Clark, 1928), 131-354.

5) Merwyn S. Garbarino, *Sociocultural Theory in Anthropology: A Short History* (Prospect Heights, IL: Waveland Press, 1977), 22-4.

6) Walter Rauschenbusch, *A Theology for the Social Gospel* (New York: Macmillan Co., 1917), 95-109.

7) James F. Findlay, *Dwight L. Moody, American Evangelist, 1837-1899* (Chicago: University of Chicago Press, 1969), 303-38.

8) 감리교 복음전도자인 샘 존스는 미국 종교 역사에 있어서 "남부의 무디"로 불렸다. William G. McLoughlin, *Modern Revivalism: Charles Grandison Finney to Billy Graham* (New York: Ronald Press, 1959), 282, 314를 보라.

9) Gipsy Smith, *Real Religion* (New York: George H. Doran Co., 1922), 23-30.

10) Stewart G. Cole, *The History of Fundamentalism* (Westport, CT: Greenwood Press, 1931), 34.

11) 부록 3을 보라. 1883년에 최초의 "신자들의 성경공부 모임"은 "나이가라 사경회"로 바뀌었다. James Brooks, "The Niagara Bible Conference," *The Truth* 17 (1891): 225를 보라.

12) J. Edwin Orr, *The Fervent Prayer* (Chicago: Moody Press, 1974), 45-51; William Gibson, *The Year of Grace* (Boston: Gould and Lincoln, 1860), 464.

13) George C. Needham, "Bible Conventions: Their Origin," *Northfield Echoes* 1 (1894): 92.

14) James H. Brooks, "Christian Work Abroad," *The Truth* 11 (1885): 15-8.

15) Adoniram Judson Gordon, "The Mildmay Conference," *The Watchword* 10 (September 1888), 151-2.

16) Ernest Robert Sandeen, *The Origins of Fundamentalism* (Philadelphia: Fortress Press 1968), 145-61.

17) Adoniram J. Gordon, "The Conference," *The Watchword* 18 (September 1896): 230.

18) Larry Dean Pettegrew, "The Historical and Theological Contributions of the Niagara Bible Conference to American Fundamentalism" (Th.D. diss., Dallas Theological Seminary, 1976), 36-40.

19) Ibid., 61.

20) David O. Beale, "Niagara Bible Conference" [온라인 자료] http://www.middletownbiblechurch.org/confern/niagrabc.html, 2002년 2월 2일 접속.

21) W. J. Erdman, "Bible Study at Niagara," *The Truth* 9 (1883): 255.

22) Ibid.

23) W. J. Erdman, "Believers' Meeting for Bible Study," *The Truth* 11 (1885): 313.

24) 1886년과 1894년에 호텔 숙박비는 하루에 1달러에서 1달러 50센트 정도였고, 개인 가정집에서 머물 때에는 1달러 정도 지불하였다고 한다. W. J. Erdman, "Believers' Meeting for Bible Study," *The Truth* 12 (1886): 316; W. J. Erdman, "Niagara Bible Conference," *The Truth* 20 (1894): 339를 보라.

25) Beale, "The Niagara Bible Conference."

26) Ibid., 64.

27) 사경회의 주강사였던 아도니람 고든은 1895년에, 제임스 브룩스는 1897년에 사망하였다.

28) Pettegrew, "The History of Historical and Theological Contributions of the Niagara Bible Conference to American Fundamentalism," 168-84.

29) Fenwick, *The Church of Christ in Corea*, 12-3; Clark, *Drama in the Real Lives of Missionaries*, 63을 보라.

30) Fenwick, *The Church of Christ in Corea*, 37-9; Yoo, "The Impact of Canadian Missionaries in Korea," 508.

31) Ibid.

32) 나이아가라 사경회는 1884년을 제외하고 매년 1883년부터 1897년까지 열렸다. 이 연구는 사경회 전부를 다루지 않고 펜윅이 참여하였던 모임만 취급하려고 한다. W. J. Erdman, "The Niagara Bible Conference," *The Truth* 22 (1896): 337를 보라.

33) James H. Brooks, "Believers' Meeting for Bible Study," *The Truth* 12 (1886): 127.

34) Ibid., 318-9.

35) Erdman, "Believers' Meeting," 318.

36) Brooks, "Believers' Meeting," 128.

37) Ibid., 127.

38) Fenwick, *The Church of Christ in Corea*, 7-12.

39) Erdman, "Believers' Meeting," 319.

40) W. J. Erdman, "Believers' Meeting for Bible Study," *The Truth* 13 (1887): 225.

41) James H. Brooks, "The Niagara Conference," *The Truth* 13 (1887): 433.

42) Ibid.

43) 1887년 주제를 상세히 보기 위해서는 Erdman, "Believers' Meeting," 228을 보라.

44) 피어선 박사는 나중에 고든 선교사 훈련학교의 학장이 되었고, 고우포스는 젊은 시절 인도 선교사로 헌신하였으며, 프레쉬만 목사는 뉴욕 히브리 기독교회의 담임목사가 되었고, 매튜 목사는 헌신적인 유대인이었다. Brooks, "The Niagara Conference," 435를 보라.

45) Ibid.

46) Robinson, *Report of the Believers' Meeting*, 17.

47) Ibid., 18-131.

48) Ibid., 109-15.

49) W. J. Erdman, "Believers' Meeting for Bible Study," *The Truth* 15 (1889): 264.

50) Robinson, *Report of the Believers' Meeting*, 17.

51) 허드슨 테일러의 선교 강의를 보기 위해서는 Ibid., 34-40, 41-51을 보라.

52) 중국내지선교회는 1886년까지 225명의 선교사, 59개의 교회, 그리고 1,655명의 회원을 보유하고 있었다. 더욱이 1887년에는 100명의 선교사가 중국내지선교회에 가입하였다. Ibid., 47.

53) Erdman, "Believers' Meeting," 264.

54) James H. Brooks, "The Niagara Conference," *The Truth* 15 (1889): 433.

55) Ibid.

56) James H. Brooks, "Believers' Meeting," *The Truth* 15 (1889): 481.

57) 보다 상세한 주제를 연구하기 위해서는 Erdman, "Believers' Meeting," 267을 보라.

58) Fenwick, *The Church of Christ in Corea*, 13.

59) Ibid., 9.

60) Brooks, "The Niagara Conference," 434.

61) Fenwick, *The Church of Christ in Corea*, 9.

62) James H. Brooks, "The Niagara Conference," *The Truth* 19 (August-September 1893): 441.

63) 허긴,「한국침례교회사」, 35-6.

64) Brooks, "The Niagara Conference," 441.

65) Ibid. 1893년 사경회에 전달된 연설은 441-548쪽에 인쇄되어 있다. 이 페이지는 나이아가라 사경회에 관해 처음부터 끝까지 다루고 있다.

66) Brooks, "The Niagara Conference," 442-548.

67) Ibid., 475-9.

68) Ibid., 546-8.

69) W. J. Erdman, "The Niagara Bible Conference," *The Truth* 20 (1894): 338.

70) James H. Books, "Order of Exercises of Niagara Bible Conference, July 12-18, 1894" *The Truth* 20 (August-September 1894): 512.

71) Ibid.

72) Ibid.

73) 나이아가라 사경회의 강의 내용을 연구하기 위해서는 James H. Brooks, "The Niagara Conference Number," *The Truth* 20 (1894): 421-511을 보라.

74) W. J. Erdman, "The Niagara Bible Conference," *The Truth* 21 (1895): 271.

75) Ibid., 271-2.

76) Ibid., 383-89.

77) Fenwick, *The Church of Christ in Corea*, 39, 57.

78) Ibid., 12.

79) Brooks, "Niagara Conference," 435.

80) 허긴, 「한국침례교회사」, 37; Fenwick, *The Church of Christ in Corea*, 71, 77.

81) Robinson, *Report of the Believers' Meeting*, 35.

82) Ed Reese, "The Life and Ministry of James Hudson Taylor" [온라인 자료] http://www.wholesomewords.org/missions/biotaylor2.html, 2002년 2월 4일 접속.

83) Ibid. 테일러의 간증은 1888년 나이아가라 사경회의 보고서에 기록되어 있다. Robinson, *Report of the Believers' Meeting*, 47을 보라.

84) Paik, *The History of Protestant Missions in Korea, 1832-1910*, 191.

85) 허긴, 「한국침례교회사」, 63-6.

86) Brooks, "Niagara Conference," 433-4.

87) Fenwick, *The Church of Christ in Corea*, 13

88) Ibid., 9-13.

89) Erdman, "Believers' Meeting," 319.

90) Robinson, *Report of the Believers' Meeting*, 109-15. 또한 스코필드의 강의 내용은 「진리」(The Truth)라는 잡지에도 게재되었다. C. I. Scofield, "Rightly Dividing the Word of Truth," *The Truth* 14 (1888): 464-73.

91) 스코필드는 세대주의를 일곱으로 분류하였다: (1) 죄 없는 인간, (2) 양심 하에 있는 인간, (3) 세상을 뛰어넘은 권위 있는 인간, (4) 계약 하에 있는 인간, (5) 율법 아래 있는 인간, (6) 은혜 아래 있는 인간, (7) 그리스도의 개인적 통치하에 있는 인간. Ibid., 467-8을 보라. 펜윅은 스코필드의 두 기둥을 율법과 은혜 세대로 보았고, 세대주의를 역시 일곱으로 나누었다: (1) 죄 없는 세대, (2) 신령 세대, (3) 사람을 다스리는 세대, (4) 계약을 허락하신 세대, (5) 율법을 허락하는 세대, (6) 나라 세대, (7) 그리스도가 통치하는 세대. 펜윅,「사경공부」(1955), 13-4. 앞서 언급한 페이지 숫자 13과 14는 원본과 일치하지 않는데 이유는 김갑수 목사가 사경공부가 기록된 고어체를 현대체로 고쳐 쓰면서 발생했기 때문이다.

92) James H. Brooks, "The Word at Niagara," *The Truth* 9 (1883): 433.

93) Fenwick, *The Church of Christ in Corea*, 2-3.

94) 언더우드 선교사의 부인인 릴리아스 언더우드는 펜윅이 한국에 도착한 그 다음 해인 1890년에 그를 캐나다 장로교인으로 생각하였다. Lillias H. Underwood, "Korea," *Missionary Review of the World* 13 (December 1890): 943.

95) 무스는 펜윅이 1906년 대한기독교회를 조직한 그 다음해인 1907년에 펜윅은 침례교회를 대표하는 독립 선교사였음을 언급하였다. J. R. Moose, "City of Wonsan," 174.

96) Dollar, *The History of Fundamentalism in America*, 72.

97) Scott M. Gibson, "Adoniram Judson Gordon, D. D.(1836-1895): Pastor, Premillennialist, Moderate Calvinist, and Missionary Statesman" (Ph.D. diss., University of Oxford, 1997), 137. 사실 브룩스는 환란 전 휴거설의 주장자였고, 반면에 고든은 환란 후 휴거설을 주장하였다고 한다. 환란 전 휴거설을 주장하는 자들을 세대적 전천년주의자들이라 부르고, 환란 후 휴거설을 믿는 자들은 역사적 전천년주의자들이라 한다.

98) 나이아가라 사경회의 역사를 연구하기 위해서는 부록 3에 실려 있는 "나이아가라 사경회 도표"를 보라.

99) Scott M. Gibson, *A. J. Gordon: American Premillennialist* (New York: University

Press of America, 2001), 171.

100) Adoniram Judson Gordon, "Editorial," *The Watchword* 1 (October 1878): 2.

101) George W. Dollar, "The Early Days of American Fundamentalism," *Bibliotheca Sacra* 123 (April-June 1966): 117.

102) 펜윅은 「잔속에 든 생명」(Life in the Cup)의 책을 1917년에 출판하여 존 하퍼 (John Harper) 목사라는 주인공을 3인칭 단수로 등장시켜 문자 영감설을 주장하는 자로 소개하고 있다. 이 인용문은 하퍼 목사의 문자 영감설에 반박하는 한 사서와의 대화 내용이다. Malcolm C. Fenwick, *Life in the Cup* (Mesa Grande, CA: Church of Christ in Corea Extension, 1917), 18을 보라.

103) Robert H. Krapohl and Charles H. Lippy, *The Evangelicals: A Historical, Thematic, and Biographical Guide* (Westport, CT: Greenwood Press, 1999), 229.

104) Fenwick, *The Church of Christ in Corea*, 52.

105) Brooks, "Order of Exercises," 512. 또한 채프만의 메시지를 연구하기 위해서는 Ibid., 495-9를 보라.

106) C. Norman Kraus, *Dispensationalism in America* (Grand Rapids: Wm. B. Eerdmans Publishing Co., 1945), 72.

107) Fenwick, *The Church of Christ in Corea*, 12-3.

108) Ibid., 13.

109) James H. Brooks, "Christ's Second Coming," *The Truth* 9 (1883): 552-3.

110) 말콤 펜윅, 「편공부 연설」, 페이지 표시 없음. 어떤 사람이 펜윅이 1928년 이후 설교하였던 내용을 다시 옮겨 기록하였는데, 전금박이 이것을 1954년에 「편공부 연설」로 편집하였다.

111) 펜윅, 「사경공부」, 90-1.

112) W. G. Moorehead, "The Person and Sacrificial Work of Christ in the Prophets," *The Truth* 14 (1888): 438-43.

113) W. J. Erdman, "The Person and Premillennial Coming of Christ in Genesis to Deuteronomy," *The Truth* 14 (1888): 444-8.

114) Fenwick, *The Church of Christ in Corea*, 65.

115) Thomas Wardrope, "Inspiration and Infallibility of the Bible," *The Truth* 20 (August-September 1894): 455.

116) 펜윅, 「사경공부」, 107-8.

117) Robinson, *Report of the Believers' Meeting*, 123-4.

118) 펜윅, 「사경공부」, 78.

119) Pettegrew, "Historical and Theological Contributions," 97.

120) W. J. Erdman, "No Millennium Before the Second Coming of Christ," *The Truth* 6 (1880): 513-4.

121) 펜윅, 「사경공부」, 84. 펜윅의 '질의응답식' 성경공부 방법의 예를 더 많이 연구하기 위해서는 Ibid., 91-105를 보라.

122) Scofield, "Rightly Dividing," 464-73.

123) 사경공부는 펜윅이 한국으로 방문하기 이전과 그가 3년 동안 캐나다와 미국을 다시 방문하던 시기에 사경회를 참석하였다는 것을 입증하고 있다.

124) 1909년 스코필드 주석은 옥스퍼드 출판사에 의해 인쇄되었다. Pettegrew, "The Historical and Theological Contributions of the Niagara Bible Conference to American Fundamentalism," 207.

125) Fenwick, *Life in the Cup*, 137.

126) C. I. Scofield, "The Dispensational Place of the Synoptic Gospels," *The Truth* 20 (1894): 471. 제임스 브룩스 또한 말하기를 "우리가 세속인[유대인]과 하늘에 속한 자[크리스천] 간에 구별 짓는 것을 잊어버린다면 다시 말해서 우리가 세대주의 진실의 판단을 잃어버린다면…. 성경을 이해하는데 있어서 꼼짝할 수 없는 혼란에 빠지게 될 것이다"라고 언급하였다. James Brooks, *Israel and the Church* (New York: Fleming H. Revell Co., 1891), 284-5.

127) 펜윅, 「사경공부」, 53.

128) 펜윅과 스코필드 간의 세대주의를 비교하기 위해서는 펜윅, 「사경공부」, 13-4와 Scofield, "Rightly Dividing," 466을 보라. 스코필드와 달리 고든은 3세대를 제시하였다: "(1) 교회의 회중은 제1막으로 이 1막은 오순절에 시작되었고 아직 진행되고 있다"; (2) "하나님의 계획의 제2막은 현재 고려 중에 있고 이 후에 하나님

은 돌아와 무너진 다윗의 장막 터를 재건할 것이다. 그리스도의 영광이 임하므로 이스라엘의 회심과 회복이 완성될 것이다"; (3) "내 이름을 부르는 모든 이방인들." Adoniram J. Gordon, *Ecce Venit* (New York: Fleming H. Revell Co., 1889), 47-52를 보라. 그런데 스코필드처럼 고든 역시 "시대의 종말"을 주장하고 있다. Ibid., 20을 보라. 더욱이 제임스 브룩스는 7세대를 말하고 있다: 아담, 노아, 아브라함, 모세, 구세주, 성령, 그리고 왕. James Brooks, "God's Plan of the Ages," *The Truth* 22 (1896): 310-19; 371-85.

129) 펜윅, 「사경공부」, 84-6.

130) 네 가지 특징은 펜윅과 스코필드 사이에도 유사하다. Ibid., 85-6; Scofield, "Rightly Dividing," 471-2.

131) 김용복, "사경공부에 나타난 펜윅의 종말론," 「한국침례교회와 신앙의 특성」, 침례신학연구소 편 (대전: 침례신학대학교출판부, 2000), 104 재인용.

132) F. L. Chapell, *Biblical and Practical Theology* (Philadelphia: Harriet Chapell, 1901), 245-6.

133) Chapell, *Biblical and Practical Theology*, 244-5.

134) Adoniram Judson Gordon, "Light for the Last Days," *The Watchword* 8 (September 1886): 152.

135) 휴톤의 주장에 따르면 고든이 전천년주의 사상을 바꾸게 된 동기가 고든으로 하여금 보스턴 선교사 훈련학교를 개원하여 오지선교를 수행하도록 도전을 준 영국의 그라탄 기네스(Grattan Guinness)와 플리머스 형제단의 영향이라고 하였다. George G. Houghton, "The Contributions of Adoniram Judson Gordon to American Christianity" (Th.D. diss., Dallas Theological Seminary, 1970), 69-73.

136) 펜윅, 「사경공부」, 84-91.

137) 허긴, 「한국침례교회사」, 89, 123, 141, 233, 296.

138) James H. Brooks, "Believers' Meeting at Clifton Springs," *The Truth* 4 (1878): 404.

139) 초기 한국침례교 선교사 파송 현황을 살펴보기 위해서는 안희열, "A Study of the Cross-Cultural Missionary Movement of the Baptist Church in Korea" (Th.M. thes., Southwestern Baptist Theological Seminary, 1995), 71-2를 보라.

140) 시베리아 선교 4인 순교자의 이름에 김갑수, 이정수는 전영태로 기록하고 있다.

김갑수, 「한국침례교 인물사」, 61; 이정수, 「한국침례교회사」, 80-1 참조. 반면에 김용해, 허긴, 김장배는 김영태로 언급하고 있다. 김용해, 「대한기독교침례회사」, 34-5; 허긴, 「한국침례교회사」, 184; 김장배, 「침례교회의 산증인들」, 79-82를 보라.

141) 이정수, 「한국침례교회사」, 80-1.

142) 김장배, 「침례교회의 산증인들」, 83-4, 이정수, 「한국침례교회사」, 96, 허긴, 「한국침례교회사」, 242-3.

143) 행 18:1-3을 보라.

144) 김용해, 「대한기독교침례회사」, 44-5.

145) 허긴, 「한국침례교회사」, 254-9.

146) Garbarino, *Sociocultural Theory in Anthropology*, 22-3.

147) James H. Brooks, "Meeting for Bible Study," *The Truth* 7 (1881): 483.

148) 1945년까지 미국에 생긴 성경학교의 목록을 알아보기 위해서는 Virginia Lieson Brereton, *Training God's Army: The American Bible School, 1880-1940* (Indianapolis: Indiana University Press, 1990), 71-7을 보라.

149) Ibid., 71.

150) Virginia L. Brereton, "Protestant Fundamentalist Bible Schools, 1882-1940" (Ph.D. diss., Columbia University, 1981), 131.

151) Cho, "A History of Korean Baptist Convention, 1889-1969," 78-9. 조효훈 박사와의 견해와는 달리 이명희 교수는 펜윅이 당시 세상 교육을 반대하였던 이유로 펜윅 스스로가 하나님의 교육을 무시하는 일본식 교육을 수용할 수 없기 때문이라고 지적하고 있다. 이명희, "펜윅의 선교교육정책," 「복음과 실천」 16 (1993): 190.

152) Fenwick, *The Church of Christ in Corea*, 2-13.

153) Ibid., 3; Fenwick, *Life in the Cup*, 60.

154) Fenwick, *The Church of Christ in Corea*, 12.

155) Brooks, "Word at Niagara," 433.

156) Erdman, "Believers' Meeting," 319-20.

157) 허긴, 「한국침례교회사」, 293.

158) Mrs. George C. Needham, "Niagara Bible Conference," *The Watchword* 19 (1897): 144.

159) 김용해,「대한기독교침례회사」, 16-23.

160) Ibid., 17.

161) Ibid.

162) Ibid.

163) Ibid; 이정수,「한국침례교회사」, 51-9.

164) Fenwick, *The Church of Christ in Corea*, 76-7.

165) 허긴 박사는 주장하기를 신명균은 한국개신교역사 가운데 두 번째로 목사 안수를 받은 자로 소개하고 있다. 감리교인인 최병헌이 1902년에 안수를 받았기에 최초의 목사가 되었다고 한다. 허긴,「한국침례교회사」, 293을 보라.

166) Fenwick, *The Church of Christ in Corea*, 125.

167) Herschel H. Hobbs, *The Baptist Faith and Message* (Nashville: Convention Press, 1971), 74.

168) 대한기독교회의 조직을 보기위해서는 김용해,「대한기독교침례회사」, 16을 보라.

169) Hobbs, *The Baptist Faith and Message*, 80.

170) 허긴,「한국침례교회사」, 95-7.

171) 침례교의 정책이 신약성경의 정책이라는 사실을 알기 위해 행 20:17, 28; 벧전 5:1-2을 보라.

172) Brereton, "Protestant Fundamentalist Bible Schools, 1882-1940," 61.

173) 대한기독교회 규약 제1항에는 신자의 부활과 주님의 재림과 그리스도를 믿지 않는 불신자에게 최후의 심판이 있을 것임을 선포해야 한다는 목적을 기술하고 있다. 김용해,「대한기독교침례회사」, 16을 보라.

174) Ibid., 26.

175) Peter Beyerhaus, "The Three Selves Formula—Is It Built on Biblical Foundations?" in *Readings in Dynamic Indigeneity*, ed. Charles H. Kraft and Tom N. Wisley (Pasadena: William Carey Library, 1979), 20; 이정수,「한국침례교회사」, 69를 비

교해 보라.

176) 김갑수, 「한국침례인물사」, 22-3.

177) James H. Brooks, "The Lord's Supper," *The Truth* 13 (1887): 523.

178) Horace G. Underwood, *The Call of Korea* (New York: Fleming H. Revell Co., 1908), 121.

179) 나채운, 「우리말 성경연구」(서울: 기독교문사, 1990), 26, 61.

180) 김용해, 「대한기독교침례회사」, 37.

181) Ibid., 50.

182) Ibid., 59.

183) Ibid., 80.

184) Cho, "A History of the Korean Baptist Convention, 1889-1969," 97.

185) 김용해, 「대한기독교침례회사」, 11.

186) 필자의 견해를 알아보기 위해 허긴, 「한국침례교회사」, 27; Fenwick, *The Church of Christ in Corea*, 13을 보라.

187) Cho, "A History of the Korean Baptist Convention, 1889-1969," 94-5.

188) Timoth Hyo-hoon Cho, "Malcolm C. Fenwick in the History of the Korean Baptist Convention," *Baptist History and Heritage* 6 (January 1971): 47.

189) 김갑수, 「한국침례교인물사」, 12.

190) 김장배, 「침례교회의 산증인들」, 11.

191) Hyun Mo Lee, "A Missiological Appraisal of the Korean Church in the Light of Theological Contextualization," (Ph.D. diss., Southwestern Baptist Theological Seminary, 1992), 210.

192) 민경배, "말콤 펜위크의 한국선교," 64.

193) 이정수, 「한국침례교회사」, 43.

194) Sung("Victor") Jin Kim, "A History of Southern Baptist Mission Work in Korea: Its Impact on Korean Baptist Church Growth," (Ph.D. diss., Southwestern Baptist

Theological Seminary, 1995), 66.

195) Yoo, "The Impact of Canadian Missionaries in Korea," 249.

196) Fenwick, *The Church of Christ in Corea*, 57-8.

197) Yoo, "The Impact of Canadian Missionaries in Korea," 293.

198) 허긴,「한국침례교회사」, 293.

199) 이정수,「한국침례교회사」, 59.

200) Fenwick, *The Church of Christ in Corea*, 65-6.

201) Fenwick,「사경공부」, 97.

202) 침례교인이 믿는 그리스도론을 좀 더 연구하기 위해서는 James Leo Garrett, *Systematic Theology*, vol. 1 (North Richland Hills, TX: BIBAL Press, 2000), 661-3을 보라.

203) 침례교인이 믿고 있는 성경을 연구하기 위해서는 William R. Estep, *Why Baptists?* (Forth Worth, TX: Southwestern Baptist Theological Seminary Press, 1997), 25-7을 보라.

204) Fenwick,「사경공부」, 106-7

205) Fenwick, *Life in the Cup*, 30-4.

206) 침례교인이 믿는 주의 만찬을 연구하기 위해 James Leo Garrett, ed., *We Baptists* (Franklin, TN: Providence House Publishers, 1999), 30-1을 보라.

207) Brooks, "'Lord's Supper", 508-26.

208) 김장배,「침례교회의 산증인들」, 38-9; 김갑수,「한국침례교인물사」, 132

209) 김용해,「대한기독교침례회사」, 16-23

210) 신약성경과 대한기독교회 간의 교회정책을 비교하기 위해서는 행 20:17, 28; 딤전 3:2-13; 벧전 5:1-2을 보라.

211) Fenwick, *The Church of Christ in Corea*, 65.

212) A. J. Gordon, *Great Pulpit Masters: A. J. Gordon* (New York: Fleming H. Revell Co., 1951), 131-2.

213) Fenwick, *Life in the Cup*, 24.

214) A. J. Gordon, *The Ministry of the Spirit* (Philadelphia: American Baptist Publication Society, 1894), 163-84.

215) Ibid., 168.

216) Fenwick, *The Church of Christ in Corea*, 65.

217) Gordon, "Editorial," 2.

218) 김장배,「침례교회의 산증인들」, 54.

219) 이정수,「한국침례교회사」, 86.

220) Adoniram Judson Gordon, "Bible-Reading," *The Watchword* 1 (October 1878): 6.

221) Ibid.

222) 허긴, "대한기독교회와 달편지,"「복음과 실천」14 (1991): 355.

223) 김용해,「대한기독교침례회사」, 38.

224) Ibid.

225) 도한호, "펜윅의 우리말 성경에서 사용한 언어의 특징," 49.

226) 허긴,「한국침례교회사」, 249.

227) Ibid., 291.

228) Abd Al-Masih, *Islam from A Biblical Perspective* (Villach, Austria: Light of Life, 1997), 72.

229) 김용복, "사경공부에 나타난 펜윅의 종말론," 104.

230) 김용해,「대한기독교침례회사」, 44-6.

제 3 장 펜윅의 선교훈련 아도니람 고든

1) Fenwick, *The Church of Christ in Corea*, 57; Cho, "Malcolm C. Fenwick in the History of the Korea Baptist Convention," 46.

2) Fenwick, *The Church of Christ in Corea*, 65; Fenwick, *Life in the Cup*, 211-2.

3) Dana L. Robert, "The Legacy of Adoniram Judson Gordon," *International Bulletin of Missionary Research* 11 (October 1987): 176.

4) Robert Cameron, "Outline of the Life of Pastor A. J. Gordon, D.D.," *The Watchword* 18 (February 1896): 37.

5) Scott M. Gibson, *A. J. Gordon: American Premillennialist* (New York: University Press of America, 2001), 25-6.

6) George Hugh Seville, "II. A. J. Gordon Is Called to a Church in Boston," S*unday School Times* 10 (March 8, 1958): 179.

7) 보스턴의 클래런던 침례교회는 귀중한 영적 유산을 종전(從前) 교회인 연방교회(Federal Street Church, 1827-1845)와 로웨침례교회(Rowe Street Baptist Church, 1846-1868)로부터 물려받았다. 세 교회의 훌륭한 목회자를 소개한다면 다음과 같다: 하워드 말콤(Howard Malcolm, 1827년 11월부터 1835년 8월까지 사역), 조지 이데(George B. Ide, 1835년 12월부터 1838년 4월까지 사역), 한델 노트(Handel G. Nott, 1838년 5월부터 1840년 5월까지 사역), 윌리암 헤이그(William Hague, 1840년 8월부터 1848년 8월까지 사역), 바론 스토(Baron Stow, 1848년 11월 1일부터 1867년 5월 5일까지 사역), 아도니람 저드슨 고든(Adoniram Judson Gordon, 1869년 12월부터 1895년 2월까지 사역). Adoniram Judson Gordon, *A Brief History of the Clarendon Street Baptist Church, Boston* (Boston: Gould and Lincoln, 1872), 5-35, 122을 보라.

8) C. Allyn Russel, "Adoniram Judson Gordon: Nineteen-Century Fundamentalist," *American Baptist Quarterly* 4 (March 1985): 67.

9) Dana L. Robert, "A. J. Gordon and World Evangelization," in *The Vision Continues*, ed. Garth Rosell(South Hamilton, MA: Gordon-Conwell Theological Seminary, 1992), 9.

10) Virginia Lieson Brereton, *Training God's Army: The American Bible School, 1880-*

1940 (Indianapolis: Indiana University Press, 1990), 51.

11) 이 책은 클래런던 침례교회에 관해 개혁을 실현하는 교회라는 용어를 처음으로 사용하고 있다.

12) Houghton, "The Contributions of Adoniram Judson Gordon to American Christianity," 80. 새로 건축된 클래런던 침례교회에 대해 다음과 같이 기술하고 있다: 부동산과 건물이 갖추고 있는 전체 값은 173,000달러였다. Gordon, *A Brief History of the Clarendon Street Baptist Church, Boston*, 34.

13) Russel, "Nineteen-Century Fundamentalist," 65.

14) Gordon, *A Brief History of the Clarendon Street Baptist Church, Boston*, 35.

15) Russel, "Nineteen-Century Fundamentalist," 65.

16) Gibson, "Adoniram Judson Gordon, D.D.," 98.

17) Ibid., 99.

18) Ibid., 103.

19) Gibson, *A. J. Gordon: American Premillennialist*, 53.

20) 교회예산을 충당하기 위해 클래런던 침례교회는 좌석임대 프로그램을 실시하여 예배실의 좌석들을 모두 값으로 평가 하였다. 어떤 좌석은 무려 15,000달러 이상의 자리가 있는가 하면 어떤 곳은 100달러 정도 되는 저렴한 좌석도 있었다고 한다. Houghton, "The Contributions of Adoniram Judson Gordon to American Christianity," 88을 보라.

21) 클래런던 침례교회가 실시한 재정 모금활동은 대체적으로 바자회, 전시회, 복권 뽑기, 만찬 등이 있었다고 한다. Russel, "Nineteen-Century Fundamentalist," 65를 보라.

22) A. J. Gordon, "A Twenty Years' Pastorate: Clarendon Street Baptist Church, Boston, 1870-1890," *The Watchman* 71 (July 17, 1890): 2.

23) Ibid.

24) Gibson, *A. J. Gordon: American Premillennialist*, 64.

25) Gibson, "Adoniram Judson Gordon, D.D.," 117.

26) Gordon, *A Brief History of the Clarendon Street Baptist Church, Boston*, 2.

27) Ibid.

28) George G. Hunter III., *Church for the Unreached* (Nashville: Abingdon Press, 1996), 24.

29) Russel, "Nineteen-Century Fundamentalist," 66.

30) 이 책은 클래런던 침례교회에 관해 네트워크 중심의 교회라는 용어를 처음 사용하고 있다.

31) Ernest B. Gordon, *Adoniram Judson Gordon: A Biography* (New York: Fleming H. Revell Co., 1896), 95.

32) Ibid.

33) Gibson, *A. J. Gordon: American Premillennialist*, 63.

34) Gibson, "Adoniram Judson Gordon, D.D.," 115.

35) Ibid., 115-6.

36) Gibson, *A. J. Gordon: American Premillennialist*, 64.

37) Ibid.

38) 이 책은 클래런던 침례교회에 관해 선교에 열매가 있는 교회의 용어를 처음으로 사용하고 있다.

39) A. J. Gordon, "Dr. Gordon's Vigintennial," *The Watchword* 71 (February 20, 1890): 4.

40) Russel, "Nineteen-Century Fundamentalist," 67.

41) Gordon, "Vigintennial," 4.

42) Houghton, "The Contributions of Adoniram Judson Gordon to American Christianity," 103.

43) Russel, "Nineteen-Century Fundamentalist," 66.

44) Gordon, *A Brief History of the Clarendon Street Baptist Church, Boston*, 2.

45) Fenwick, *The Church of Christ in Corea*, 56-7.

46) J. A. Macelwain, "Gordon Missionary Training School," *Watchword and Truth* 23 (July 1901): 214.

47) Fenwick, *The Church of Christ in Corea*, 39, 57, 65와 제3장 각주 102번을 보라

48) Gordon College and Gordon Divinity School, *Gordon 75th Anniversary Year* (Wenham, MA: Gordon College and Gordon Divinity School, 1964), 3.

49) Gibson, *A. J. Gordon: American Premillennialist*, 133.

50) Ibid.

51) Scott M. Gibson, "A. J. Gordon and H. Grattan Guinness: A Case Study of Transatlantic Evangelicalism," in *Pilgrim Pathways,* ed. William H. Brackney et al. (Macon, GA: Mercer University Press, 1999), 312.

52) Ibid., 312-3.

53) Nathan R. Wood, *A School of Christ* (Boston: Halliday Lithograph Corporation, 1953), 12.

54) Gibson, "Transatlantic Evangelicalism," 310

55) Adoniram Judson Gordon, "Boston Missionary Training School," *The Watchword* 11 (December 1889): 315.

56) Robert, "Gordon and World Evangelization, 14."

57) Gordon, *Adoniram Judson Gordon: A Biography*, 260-1.

58) Ibid., 272; A. J. Gordon, "Boston Missionary Training School," *The Watchword* 13 (October 1891): 280.

59) Fenwick, *The Church of Christ in Corea*, 13.

60) George W. Dollar, "The Reverend F. L. Chapell," *Bibliotheca Sacra* 120 (April-June 1963): 126.

61) Ibid.

62) Brereton, *Training God's Army*, 51.

63) Ibid.

64) Dollar, "The Reverend," 127.

65) Brereton, "Protestant Fundamentalist Bible Schools, 1882-1940," 297.

66) Wood, *School of Christ*, 15.

67) Gordon, *Adoniram Judson Gordon: A Biography*, 188.

68) Brereton, "Protestant Fundamentalist Bible Schools, 1882-1940," 293.

69) 맥엘웨인은 1877년에 고든을 돕기 위해 선교와 목회업무 책임자로 클래런던 침례교회에 스텝으로 들어왔다. 그는 고든이 25년간 목회하는 가운데 18년을 그의 부목사로 섬겼다. Houghton, "The Contributions of Adoniram Judson Gordon to American Christianity" 81-2을 보라.

70) Brereton, "Protestant Fundamentalist Bible Schools, 1882-1940," 293.

71) Adoniram Judson Gordon, "The Boston Missionary Training School," *The Watchword* 13 (September 1891): 252.

72) Ibid.

73) Brereton, "Protestant Fundamentalist Bible Schools, 1882-1940," 291.

74) Ibid.

75) Gibson, "Adoniram Judson Gordon, D.D.," 275. 사실 메사추세츠 주(州)가 인증하는 신학 학사와 목회학 학사 학위는 1919년이 지나고 나서야 가능하였다.

76) 침례교 잡지인 「조사자」(Examiner)는 고든 학교가 너무 "손쉬운 방법"으로 졸업생을 배출한다고 비난하여 다른 신학교들이 위협을 느꼈다. Gibson, *A. J. Gordon: American Premillennialist*, 134을 보라.

77) Houghton, "The Contributions of Adoniram Judson Gordon to American Christianity," 205.

78) Ibid.

79) Adoniram Judson Gordon, "Boston Missionary Training School," *The Watchman* 71 (May 1890): 4.

80) Ibid.

81) Houghton, "The Contributions of Adoniram Judson Gordon to American

Christianity," 205.

82) Brereton, "Protestant Fundamentalist Bible Schools, 1882-1940," 291.

83) Ibid.

84) Ibid., 290.

85) Boston Missionary Training School, *Catalogue and Prospectus of the Boston Missionary Training School with Abstract of Third Annual Report* (Boston: Boston Missionary Training School, 1892), 3.

86) Brereton, "Protestant Fundamentalist Bible Schools, 1882-1940," 293-4.

87) Ibid., 294.

88) Winfrey, "A Historical Case Study Analysis of the Merger of Two Private Institutions of Higher Education," 95-6. 학교 이름 개명의 약사를 소개하면 다음과 같다: 1895년에 보스턴 선교사 훈련학교에서 고든 선교사 훈련학교로, 1916년에는 고든 성경 대학으로, 1921년에는 고든 신학/선교 대학으로, 1931년에는 고든 대학과 고든 신학부로, 1970년에는 신학부가 대학교에서 분리되어 필라델피아에 있는 콘웰 신학부와 통합되어 고든-콘웰 신학교로, 1985년에는 고든 대학이 배링턴 대학과 통합되었지만 고든 대학의 이름을 남겨둔 채 통합된 것이다. Gordon College and Gordon Divinity School, *Gordon 75th Anniversary Year*, 6, 9, 10-1을 보라.

89) Ibid., 6.

90) Adoniram Judson Gordon, "The Gordon Missionary Training School," *The Watchword* 17 (June 1895): 87.

91) Gordon College and Gordon Divinity School, *Gordon 75th Anniversary Year*, 6.

92) "New Item," *The Watchword* 17 (October 1895): 185.

93) Fenwick, *The Church of Christ in Corea*, 12.

94) Sandeen, *The Origins of Fundamentalism*, 10-1.

95) Gibson, "Adoniram Judson Gordon, D.D.," 303.

96) Gordon, "Editorial," 2; Pettegrew, "The Historical and Theological Contributions of the Niagara Bible Conference to American Fundamentalism," 87.

97) Fenwick, *The Church of Christ in Corea*, 65.

98) Gordon College and Gordon Divinity School, *Gordon 75th Anniversary Year*, 1.

99) 유영식, 「착훈목쟈: 게일의 삶과 선교 1」(서울: 진흥, 2013), 71

100) Gordon, *Adoniram Judson Gordon: A Biography*, 272.

101) Brereton, "Protestant Fundamentalist Bible Schools, 1882-1940," 292. '케리홈'(Carey Home)은 근대선교운동의 아버지라 불리는 인도 선교사 윌리암 케리(William Carey)의 이름을 본 따서 명하였는데 학장관저(A. J. Gordon과 그의 부인 Maria Hale Gordon) 옆에 위치하였다.

102) Gordon College, *Gordon College Alumni Directory, 1889-1979* (Wenham, MA: Office of Alumni Affairs, 1979), vi. 또한 펜윅이 보스턴 선교사 훈련학교에서 공부할 때에 2년 학사과정을 주어졌지만 1년 훈련과정을 취하는 것도 가능하였다. Boston Missionary Training School, *Catalogue and Prospectus of the Boston Missionary Training School with Abstract of Third Annual Report*, 4를 보라.

103) Gordon College, *Gordon College Alumni Directory, 1889-1979*, 35, 163, 202.

104) M. A. McCully, "A Saint's Home Going," *Korea Mission Field* 29 (March 1933): 51. 하지만 하인즈 여사는 감리교 감독 선교회의 일원으로 1898년 한국으로 파송을 받았는데 송도에서 여성사역을 시작하였고 나중에 하인즈는 1903년에 펜윅과 결혼하였다. R. A. Hardie, "Founding of Missions in Korea," *Korea Mission Field* 30 (March 1935): 58 참조. 허긴, 「한국침례교회사」, 55. 반면에 1900년 결혼설도 있다. 김용해, 「대한기독교침례회사」, 13-4; 이정수, 「한국침례교회사」, 51을 보라.

105) Gordon College, *Gordon College Alumni Directory, 1889-1979*, 51.

106) Gibson, *A. J. Gordon: American Premillennialist*, 133.

107) Gordon College and Gordon Divinity School, *Gordon 75th Anniversary Year*, 22

108) Dana L. Robert, "Adoniram Judson Gordon, 1836-1895: Educator, Preacher, and Promoter of Missions," in *Mission Legacies: Biographical Studies of Leaders of the Modern Missionary Movement*, ed., Gerald H. Anderson et al. (Maryknoll, NY: Orbis Books, 1994), 20.

109) "Foreign Mission," *The Watchman* 70 (January 3, 1889): 5.

110) Gibson, *A. J. Gordon: American Premillennialist*, 49-50, 60.

111) Ibid., 50. 씽 집사는 또한 뉴잉글랜드 주(州)의 복음협회와 시민구호단체의 이사로 활발하게 활동하였다. Ibid., 244를 보라.

112) 엘라 씽 기념 선교회 설립연도에 관해 두 가지 설이 있다. 첫째로 1895년 설로 지금까지 널리 알려진 것이다. Yoo, "The Impact of Canadian Missionaries in Korea," 228. 둘째로 1894년 5월 설이다. 이것은 폴링 선교사의 한국 파송일과 같아서 최근에 주목을 받고 있지만 아직까지 공식적인 문서를 발견하지 못한 상태이다.

113) Paik, *The History of Protestant Missions in Korea, 1832-1910*, 194.

114) 폴링 선교사의 한국 파송 일자에 관해 두 가지 설이 있다. 첫째는 1894년 5월 설이다. 강경침례교회의 자료에 의하면 폴링 목사 부부는 1894년 5월에 한국으로 파송을 받아 일본에 도착한 후 5개월 동안 체류하고 그 해 11월에 한국에 입국한 것으로 소개하고 있다. 이것을 정리하면 폴링 목사 내외는 보스턴 선교사 훈련학교에서 훈련받은 뒤 한국 선교사로 1894년 5월에 파송을 받아 11월 한국에 입국할 때는 공식적으로 엘라 씽 기념 선교회가 설립되지 않았지만 이후 설립되자 엘라 씽 기념 선교회 선교사로 허입되어, 그의 엘라 씽 기념 선교회 파송일을 1894년 5월로 소급하는 견해이다. 또한 김원모 교수는 국사편찬위원회 한국사 데이터베이스에서 "미국 침례교회 폴링(E. C. Pauling) 목사, 선교위해 내한"이란 자료를 통해 폴링의 한국 입국일자를 1894년 10월 29일(음력)로 소개하고 있는데 이를 양력으로 환산하면 11월 26일(양력)이다. 따라서 앞서 언급하였듯이 폴링의 1894년 5월 파송설이 무게가 실리기에 이를 주장하는 자들이 증가하고 있다. [온라인 자료] http://db.history.go.kr/item/level.do?setId=1110&itemId=tcmd&synonym=off&chinessChar=on&page=1&pre_page=1&brokerPagingInfo=&position=308&levelId=tcmd_1894_10_29_0010, 2018년 12월 5일 접속. 둘째는 1895년 설이다. 고든 목사가 1895년 2월 2일 사망했기 때문에 폴링 선교사 부부가 1895년 초에 파송 되었다고 본다. 2011년 한국으로 내한한 폴링 목사 손자인 프레더릭 폴링(Frederick W. Pauling)이 가져온 자료에 의하면 "에드워드 폴링은 1895년에 한국 선교사로 입국하였다"(...Edward C. Pauling who came to Korea as a missionary in 1895.)라고 하였다. Frederick W. Pauling, "Trip to Korea," 미간행물 자료, 1; Paik, *The History of Protestant Missions in Korea, 1832-1910*, 194; 허긴, 「한국침례교회사」, 42.

115) 스테드만은 1896년에는 싱글이었지만 1897년 9월 29일에 아그네스 브라이든(Agnes T. Bryden) 양과 결혼했다. Ibid., 43.

116) Gordon College, *Gordon College Alumni Directory, 1889-1979*, 1-207을 보라.

117) 이 용어는 신자의 침수침례를 의미한다.

118) 폴링 목사는 1894년 펜윅과 함께 아도니람 고든과 아더 피어슨으로부터 목사안수를 받았다. 허긴, 「한국침례교회사」, 42.

119) Ibid., 43.

120) Ibid.

121) F. W. Steadman, "Baptists in Korea," *Baptist Missionary Magazine* 84 (March 1904): 102.

122) Cho, "A History of the Korean Baptist Convention, 1889-1969," 63.

123) 부위렴 선교사에게 침례를 받았다고 하는 6명은 다음과 같다: 장교환, 김치화, 김도정, 최준명, 홍봉춘, 고래수. 허긴, 「한국침례교회사」, 42을 보라.

124) Ibid., 47. 홍봉춘은 1898년 부위렴 선교사로부터 침례를 받았지만 장로교 선교사여서 인정할 수 없다하여 1902년에 스테드만 목사에게 다시 침례를 받았다고 한다.

125) Ibid., 59-61.

126) 김용해, 「대한기독교침례교사」, 18.

127) 허긴, 「한국침례교회사」, 36-7.

128) Ibid., 37.

129) F. W. Steadman, "Our Work in Korea," *Baptist Missionary Magazine* 85 (October 1905): 388.

130) F. W. Steadman, "Korea-Her People and Missions," *Baptist Missionary Magazine* 81 (November 1901): 674.

131) Ibid.

132) 허긴, 「한국침례교회사」, 44.

133) Steadman, "Our Work in Korea," 388.

134) 김용해, 「대한기독교침례교사」, 15; 허긴 「한국침례교회사」 102, 127; 이정수는 「한국침례교회사」, 65, 72.

135) Yoo, "The Impact of Canadian Missionaries in Korea," 227.

136) Ibid.

137) Ibid.

138) Pierson, "Principles and Motto," 460-1.

139) 한국순회선교회의 선교규정을 고든의 것과 비교하기 위해 부록 2과 6을 보라.

140) Brereton, *Training God's Army*, 71.

141) Choi, *Changes in Korean Society Between 1884-1919 as a Result of the Introduction of Christianity*, 17.

142) Cho, "A History of the Korean Baptist Convention, 1889-1969," 54-5.

143) Fenwick, *The Church of Christ in Corea*, 56-7.

144) 이 용어는 고든의 모델에서 차용한 것이다. Robert, "Promoter of Missions," 24를 보라.

145) Paik, *The History of Protestant Missions in Korea, 1832-1910*, 448; Pierson, "Principles and Motto," 460-1을 보라.

146) Adoniram Judson Gordon, "The Romish and the Protestant Theories of Missions," *Baptist Quarterly* 5 (July 1871): 258.

147) Adoniram Judson Gordon, "Decentralization in Missions," *Missionary Review of the World* 15 (July 1892): 494.

148) Robert, "Legacy," 179.

149) Robert, "Gordon and World Evangelization," 13-4.

150) Adoniram Judson Gordon, "The Faith Element in Missions," *Missionary Review of the World* 14 (October 1891): 728.

151) 허긴, 「한국침례교회사」, 44.

152) 이 용어는 고든의 모델에서 차용한 것이다. Gibson, *A. J. Gordon: American Premillennialist*, 133을 보라.

153) Paik, *The History of Protestant Missions in Korea, 1832-1910*, 447.

154) Fenwick, *The Church of Christ in Corea*, 93.

155) 그가 세상을 떠난 지 5년이 지난 1940년에 동아기독교는 한국 전역에 최대 100여개 교회가, 그 외 만주, 시베리아, 기타 지역에 100여 개가 있었다고 한다. 이정수,「한국침례교회사」, 133-7.

156) Gibson, *A. J. Gordon: American Premillennialist*, 133.

157) Gordon, "Gordon Missionary Training School," 87-8.

158) F. L. Chapell, "Gordon Training School," *The Watchword* 17 (October 1895): 203.

159) "Gordon's History," *Christianity Today* 5 (December 6, 1968): 32; George H. Seville, "III. A. J. Gordon's Zeal for Foreign Missions," *Sunday School Times* 11 (March 15, 1958): 199.

160) Adoniram Judson Gordon, "Jewish Mission in Boston," *The Watchword* 12 (November 1890): 305.

161) Adoniram Judson Gordon, "Hebrew Mission," *The Watchword* 13 (January 1891): 26.

162) Adoniram Judson Gordon, "Hebrew Mission," *The Watchword* 13 (April 1891): 112.

163) Adoniram Judson Gordon, "Chinese Christian," *The Watchword* 15 (September 1893): 232.

164) Houghton, "The Contributions of Adoniram Judson Gordon to American Christianity," 103-4.

165) Fenwick, *The Church of Christ in Corea*, 39.

166) 샤머니즘이란 가장 오래되고 우주적으로 종교적인 신앙을 따르는 것으로, 이것은 수많은 신들, 귀신들, 부분적 신들로 구성되어 있다. Paik, *The History of Protestant Missions in Korea, 1832-1910*, 20을 보라.

167) Fenwick, *The Church of Christ in Corea*, 44.

168) Ibid.

169) Houghton, "The Contributions of Adoniram Judson Gordon to American Christianity," 105.

170) Fenwick, *The Church of Christ in Corea*, 44-5.

171) 이 당시 한국에 살고 있던 여성들은 대게 샤머니즘에 빠져 있었다. 펜윅의 간증을 보면 안씨의 부인[안대벽의 어머니]은 이러한 여성들을 주님께로 인도하는데 큰 영향력을 끼쳤다고 한다. 허긴, 「한국침례교회사」, 53

172) 펜윅이 1897년 소래에 가기 전 그는 이미 1890년 가을부터 1891년 가을까지 소래에 살고 있었다. 그래서 그는 소래 사람들과 안면이 있는 관계였다. 서경조, "서경조의 신도와 전도와 송천교회 설립역사," 92-3.

173) 펜윅이 1897년 사경회를 방문하기 7년 전 그는 소래 사람들에게 큰 영향을 주었는데 그 이유는 이들이 펜윅을 선교사로, 상위층의 한 사람으로, 정원을 가꾸는 한 사람으로 인식되었기 때문이다. Fenwick, *The Church of Christ in Corea*, 92-3을 보라.

174) Eugene A. Nida, *Message and Mission: The Communication of the Christian Faith* (New York: Harper & Brothers Publishers, 1960), 110.

175) Fenwick, *The Church of Christ in Corea*, 57-8; Hardie, "Founding of Missions," 59.

176) Fenwick, *The Church of Christ in Corea*, 58.

177) 로버트 홈(Robert Hume)은 그의 저서 「세계종교」(The World's Living Religions)에서 유교의 특징 7가지를 언급하고 있다: (1) 교육의 필요성과 가치를 강조한다; (2) 사회적 의무의 당위성을 가르친다; (3) 상호간의 사회적 책임을 가르친다; (4) 가정의 가치를 강조한다; (5) 강한 인간의지를 가르친다; (6) 모든 사람들을 위한 도덕성과 책임감을 강조한다; (7) 국가에서 종교의 가치를 가르친다. Robert E. Hume, *The World's Living Religions* (New York: Charles Scribners' Sons, 1959), 128-9를 보라.

178) Steadman, "Our Work in Korea," 388.

179) 허긴, 「한국침례교회사」, 68.

180) Fenwick, *The Church of Christ in Corea*, 62.

181) Ibid., 72.

182) 허긴, 「한국침례교회사」, 59.

183) Ibid., 65.

184) Ibid., 75.

185) Ibid., 76.

186) Y. C. Yang, *China's Religious Heritage* (New York: Abingdon Cokesbury Press, 1943), 190.

187) 마 6:33.

188) Fenwick, *The Church of Christ in Corea*, 72.

189) Yang, *China's Religious Heritage*, 191.

190) Fenwick, *The Church of Christ in Corea*, 71.

191) Yang, *China's Religious Heritage*, 192.

192) Fenwick, *The Church of Christ in Corea*, 70-1.

193) Yang, *China's Religious Heritage*, 57.

194) 펜윅은 유교인에 대한 신명균의 전략을 다음과 같이 소개하였다: "그의 교회는 존경과 예의범절의 모범이 되었다. 이 교회의 성도들은 동양의 예의범절을 갖추도록 모두다 훈련을 받았고, 이들을 매일 훈련시킨 이 작은 촌뜨기 양반도 어떤 허점도 보이질 않았다." Fenwick, *The Church of Christ in Corea*, 71.

195) Houghton, "The Contributions of Adoniram Judson Gordon to American Christianity," 13.

196) 고든이 세상을 떠난 이후 고든 선교사 훈련학교의 제2대 학장으로 임명받은 피어선 박사가「세계선교비평」(The Missionary Review of the World)의 편집장으로 섬겼다. Robert, "Promoter of Missions," 27.

197) Houghton, "The Contributions of Adoniram Judson Gordon to American Christianity," 15.

198) Gibson, *A. J. Gordon: American Premillennialist*, 165.

199) Ibid.

200) 허긴,「한국침례교회사」, 365.

201) Ibid., 365.

202) Gibson, "Adoniram Judson Gordon, D.D.," 293.

203) Houghtn, "The Contributions of Adoniram Judson Gordon to American Christianity," 15.

204) 이정수, 「한국침례교회사」, 93.

205) 허긴, 「한국침례교회사」, 251.

206) 허긴, "달편지," 353.

207) Gibson, A. J. Gordon: American Premillennialist, 169.

208) Ibid.

209) Ibid.

210) 허긴, "달편지," 352.

211) Ibid., 355.

212) Gibson, "Adoniram Judson Gordon, D.D.," 300.

213) Ibid.

214) 허긴 "달편지," 352.

215) Gibson, A. J. Gordon: American Premillennialist, 171

216) Ibid., 173.

217) Ibid.

218) Gibson, "Adnoniram Judson Gordon, D.D.," 307.

219) Gordon, "Gordon Missoinary Training School," 87-8.

220) 허긴 "달편지," 352.

221) 최봉기, "펜윅 선교사의 한국 전통문화 이해와 선교정책 재평가," 「말콤 C. 펜윅: 한국기독교 토착화의 거보」, 최봉기, 펜윅신학연구소 편 (서울: 요단출판사, 1996), 339; Gibson, "Adoniram Judson Gordon, D.D.," 106-10.

222) Ibid., 106.

223) Ibid., 108.

224) Gibson, *A. J. Gordon: American Premillennialist*, 59.

225) Ibid.

226) Fenwick, *The Church of Christ in Corea*, 21.

227) Ibid.

228) 김남수, "침례교 음악목회의 과제," 「한국 침례교회와 실천적 특성」, 침례교신학연구소 편 (대전: 침례신학대학교출판부, 2001), 249.

229) Yoo, "The Impact of Canadian Missionaries in Korea," 242, 262, 펜윅 이전 조지 존스와 루이스 로스와일러는 1892년에 27곡을, 언더우드는 1894년에 117곡을, 그래햄 리와 기포드 여사는 1895년에 54곡을 출판하였다고 한다. 또한 김남수, "침례교 음악목회의 과제," 248을 보라.

230) Ibid., 249.

231) 펜윅, 「복음찬미」(1904), iii.

232) 최봉기, "재평가," 338-41.

233) Gibson, *A. J. Gordon: American Premillennialist*, 45.

234) Ibid., 64.

235) Hardie, "Founding of Missions," 59.

236) Brereton, "Protestant Fundamentalist Bible Schools, 1882-1940," 293-7.

237) Houghton, The Contributions of Adoniram Judson Gordon to American Christianity, 207-8; Brereton, "Protestant Fundamentalist Bible Schools, 1882-1940," 293-4.

238) Gordon College, *Gordon College Alumni Directory, 1889-1979*, vi.

239) Fenwick, *The Church of Christ in Corea*, 12-3; 허긴, 「한국침례교회사」, 291.

240) 허긴 박사에 따르면 동아기독교가 1944년 5월 10일 일제에 의해 해체를 당할 때까지 교단에서는 초등학교를 졸업한 지도자가 단 한명도 없었다고 한다. Ibid., 107.

241) Russell, "Nineteenth-Century Fundamentalist," 66.

242) Clark, *Drama in the Real Lives of Missionaries*, 59-60.

제 4 장 나이아가라 사경회와 고든이 펜윅에게 미친 영향

1) 펜윅,「사경공부」, 90-1; Fenwick, *The Church of Christ in Corea*, 12-3; 허긴,「한국침례교회사」, 290-1.

2) 펜윅,「사경공부」, 13-4.

3) J. Herbert Kane, *Christian Missions in Biblical Perspective* (Grand Raids: Baker Book House, 1976), 262.

4) Fenwick, *The Church of Christ in Corea*, 12-3.

5) Johannes Verkuyl, *Contemporary Missiology: An Introduction* (Grand Rapids: William B. Eerdmans Publishing Co., 1978), 166.

6) Harry R. Boer, *Pentecost and Missions* (Grand Rapids: William B. Eerdmans Publishing Co., 1975), 61.

7) Fenwick, *Life in the Cup*, 154.

8) Fenwick, *The Church of Christ in Corea*, 95.

9) 허긴,「한국침례교회사」, 125-33.

10) 롬 1:14을 보라.

11) Fenwick, *The Church of Christ in Corea*, 9-10.

12) 고전 12:2과 살전 1:9을 보라.

13) 펜윅의 선교 목적이 하나님께 영광 돌리는 것이었음을 확인하기 위해 Fenwick, *The Church of Christ in Corea*, 12-5를 보라. 또한 H. L. Pretorius, "The Goal of Mission: God's Kingdom or an Earthly Utopia?" *Missionalia* 15 (April 1987): 6; John Gration, "Key Issues in Missiology: An Evangelical View," *Evangelical Missions Quarterly* 20 (January 1984): 74을 함께 보라.

14) Verkuyl, *Contemporary Missiology*, 176.

15) 이 용어는 피터 와그너의 모델에서 빌린 것이다. Wagner, *Church Growth*, 100을 보라.

16) Rodger C. Bassham, *Mission Theology: 1948-1975 Years of Worldwide Creative*

Tension Ecumenical, Evangelical, and Roman Catholic (Pasadena: William Carey Library, 1979), 221-2.

17) Fenwick, *The Church of Christ in Corea*, 12-3.

18) 이 용어는 피터 와그너의 모델에서 차용 것이다. Wagner, *Church Growth*, 99를 보라.

19) Choi, *Changes in Korean Society Between 1884-1919 as a Result of the Introduction of Christianity*, 60-5.

20) Ibid., 70.

21) Ibid., 109.

22) Ibid., 29-33.

23) Fenwick, *The Church of Christ in Corea*, 4.

24) Moose, "City of Wonsan," 174.

25) Choi, *Changes in Korean Society Between 1884-1919 as a Result of the Introduction of Christianity*, 108.

26) Yoo, "The Impact of Canadian Missionaries in Korea," 244.

27) 이정수,「한국침례교회사」, 54.

28) Ibid., 92.

29) Ibid., 88.

30) Gordon, *Adoniram Judson Gordon: A Biography*, 106.

31) Ibid., 11-5.

32) Bassham, *Mission Theology*, 232-3; Bosch, *Witness to the World*, 16. 존 스토트 목사는 1974년 로잔선교대회에서 선교란 '전도에 사회활동을 더하는 것'으로 정의하고 있다. John R. W. Stott, *Christian Mission in the Modern World* (Downers Grove, IL: InterVarsity Press, 1975), 23.

33) Wagner, *Church Growth*, 111.

34) Justice C. Anderson, "An Overview of Missiology," in *Missiology*, eds. J. M. Terry, E. Smith, and Justice Anderson (Nashville: Broadman & Holman Publishers, 1998),

35) Fenwick, *The Church of Christ in Corea*, 1.

36) Bruce Stevens, "The Kingdom of God: The Motive for Missions," *South East Asia Journal of Theology* 20 (1979): 46; Anastasios Yannoulatos, "The Purpose and Motive of Mission," *International Review of Missions* 54 (July 1965): 296.

37) 한태영 외 4인은 한국침례교 최초의 선교사였는데 이들은 한국 선교사로는 두 번째였다. 감리교 목사인 홍성하가 1902년에 하와이로 파송됨으로 한국 최초의 선교사가 되었다. 이승삼, 「한국감리교회사」(서울: 한국감리교총회교육부, 1980), 355.

38) Crawley, *Global Missions*, 27.

39) 케리는 침례교선교회(BMS)의 후원을 받고 1793년 인도로 파송되었다. William Carey, "An Enquiry into the Obligation of Christians to Use Means for the Conversion of the Heathens," in *Perspectives on the World Christian Movement*, ed. Ralph D. Winter and steven C. Hawthorne (Pasadena: William Carey Library, 1992), B-94.

40) 1889년 사경회에서 어드만은 "이들이 후원을 받는 것은 자발적으로 총회에서나 개인후원을 통해서 이루어진다"라고 보고하였다. Erdman, "Believers' Meeting," 264.

41) 엘라 씽 기념 선교회는 클래런던 침례교회에서 조직되었는데 개인 후원에 의해 운영되고 있었다. Steadman, "Her People and Missions," 674.

42) 김용해, 「대한기독교침례회사」, 26.

43) Fenwick, *The Church of Christ in Corea*, 110.

44) Ibid., 65, 84.

45) Fenwick, *Life in the Cup*, 98-103.

46) 김갑수, 「한국침례교인물사」, 118-19.

47) 펜윅의 성령주의를 살펴보기 위해서는 Fenwick, *The Church of Christ in Corea*, 63-6, 83-4, 110-13; Fenwick, *Life in the Cup*, 98-103을 보라.

48) 민경배, 「한국기독교회사」(서울: 기독교문사, 1989), 295.

49) Melvin L. Hodges, "Why Indigenous Church Principles?" in *Readings in Dynamic*

Indigeneity, ed. Charles H. Kraft and Tom N. Wisely (Pasadena: William Carey Library, 1979), 6.

50) 허긴,「한국침례교회사」, 61.

51) Fenwick, *The Church of Christ in Corea*, 64.

52) Ibid., 66-7.

53) Hodges, "Indigenous Church Principles," 11.

54) Fenwick, *The Church of Christ in Corea*, 68.

55) Paik, *The History of Protestant Missions in Korea, 1832-1910*, 447-9.

56) Fenwick, *The Church of Christ in Corea*, 56.

57) Ibid., 57.

58) Ibid., 70.

59) Steadman, "Our Work in Korea," 388; Fenwick, *The Church of Christ in Corea*, 57-8.

60) Ibid., 62.

61) 허긴,「한국침례교회사」, 61.

62) 민경배, "말콤 펜위크의 한국선교," 59.

63) Fenwick, *The Church of Christ in Corea*, 70.

64) 허긴,「한국침례교회사」, 61-3; 75-7.

65) Fenwick, *The Church of Christ in Corea*, 72.

66) Crawley, *Global Mission*, 201.

67) 김용해,「대한기독교침례회사」, 26.

68) Ibid.

69) Crawley, *Global Mission*, 201.

70) Fenwick, *The Church of Christ in Corea*, 72.

71) Crawley, *Global Mission*, 200.

72) Ebbie C. Smith, *Balanced Church Growth* (Nashville: Broadman Press, 1984), 64.

73) Fenwick, *The Church of Christ in Corea*, 69-70, 73.

74) Ibid., 73.

75) 이정수,「한국침례교회사」, 211.

76) Fenwick, *The Church of Christ in Corea*, 79.

77) Ibid.

78) 손필환과 장석천은 1909년에 침례를 받았다고 한다. 김갑수,「한국침례교인물사」, 82.

79) Soltau, *Korea: The Hermit Nation and Its Response to Christianity*, 208.

80) 도한호, "펜윅의 우리말 성경에서 사용한 언어의 특징," 63.

81) Yoo, "The Impact of Canadian Missionaries in Korea," 240. 성경이 한국에서 어떻게 번역되었는지 그 약사(略史)를 소개한다면 다음과 같다. 1887년 "로스번역"이라는 신약성경이 최초로 번역되었는데 한글과 한문을 함께 사용하였다. 1900년에는 "관주번역"이라는 신약성경이 한글과 한문을 섞어서 번역되었다. 1925년에는 "게일번역"이 출판되었는데 이것은 두 번째로 번역된 "개인번역"으로서 한글과 한문을 함께 사용하였다. Ibid., 176-81, 241; 도한호, "펜윅의 우리말 성경에서 사용한 언어의 특징," 48-9; 허긴,「한국침례교회사」, 201-3을 보라.

82) 펜윅이 사용한 토착화 성경번역의 예를 보기 위해서는 도한호, "펜윅의 우리말 성경에서 사용한 언어의 특징," 63; 최봉기,「말콤 C. 펜윅: 한국기독교 토착화의 거보」, 324-7을 보라.

83) 허긴,「한국침례교회사」, 208-10

84) Yoo, "The Impact of Canadian Missionaries in Korea," 240.

85) Fenwick, *The Church of Christ in Corea*, 82.

86) Ibid.

87) Ibid., 82-3.

88) Ibid., 88.

89) Ibid., 75.

90) Beyerhaus, "The Selves Formula," 20-1.

91) Fenwick, *Life in the Cup*, 230.

92) 펜윜의 신학은 두 부분으로 나뉠 수 있는데 그 이유는 어떤 것은 나아이가라 사경회를 통하여, 또 다른 것은 고든을 통해 영향을 받았기 때문이다.

93) Fenwick, *Life in the Cup*, 32.

94) 펜윜,「만민됴흔긔기별」(1913), 10.

95) Ibid., 6-12.

96) 펜윜,「사경공부」, 89.

97) Ibid., 45-6.

98) Fenwick, *The Church of Christ in Corea*, 84.

99) 유일주의는 또한 배타주의 혹은 제한주의라고도 부른다. Ronald H. Nash, *Is Jesus the Only Savior?* (Grand Rapids: Zondervan Publishing House, 1994), 9을 보라.

100) 포괄주의란 비신자들은 자신들이 지니고 있는 계시를 기초로 해서 하나님께 신앙으로 반응한다면 구원을 얻게 될 것이라는 것을 의미한다. 포괄주의란 내포주의라고도 말하며, 두 번째 응답인 "그렇습니다. 그러나…"에 해당된다. John Sanders, "Introduction," in *What About Those Who Have Never Heard?* ed. John Sanders (Downers Grove, IL: Intervarsity Press, 1995), 20을 보라.

101) 보편주의란 모든 열방들이 그리스도를 통해 구원을 받게 될 것이라는 것을 의미하기에 어느 누구도 지옥에 떨어지지 않는다는 이론이다. Ibid을 보라.

102) 다원주의란 타종교에도 구원이 있다는 이론을 강조하기에 다원주의자는 첫 번째 응답인 "아니오!"에 해당된다. John Hick, *God Has Many Names* (London: Macmillan Press, 1980), 4.

103) 펜윜,「사경공부」, 97.

104) Nash, *Is Jesus the Only Savior?*, 9.

105) Ibid.

106) Millard J. Erickson, *The Evangelcial Mind and Heat: Perspective on Theological and Practical Issue* (Grand Rapids: Baker Book House, 1993), 129.

107) Nash, *Is Jesus the Only Savior?*, 17.

108) Fenwick, *The Church of Christ in Corea*, 53.

109) John Sanders, *No Other Name* (Grand Rapids: William B. Eerdmans Publishing Co., 1992), 40-1.

110) Ibid., 137-40.

111) 베드로가 고넬료를 만나기 전 고넬료가 구원을 받았는지 안 받았는지 연구하기 위해 John Piper, *Let the Nations Be Glad!: The Supremacy of God in Missions* (Grand Rapids: Baker Book House, 1993), 143.

112) Ibid., 144.

113) Ronald H. Nash, "Restrictivism," in *What About Those Who Have Never Heard?* ed. John Sanders (Downers Grove, IL: InterVarsity Press, 1995), 110.

114) Sanders, *No Other Name*, 45.

115) Ibid.

116) Fenwick, *The Church of Christ in Corea*, 66. 펜윅의 유일주의 구속신학을 더 많이 보기 위해서는 펜윅,「사경공부」, 97.

117) Kane, *Christian Mission in Biblical Perspective*, 157.

118) Gabriel Fackre, "Divine Perspective," in *What About Those Who Have Never Heard?* ed. John Sanders (Downers Grove, IL: InterVarsity Press, 1995), 81-6

119) Erickson, *The Evangelical Mind and Heart*, 139.

120) Ibid., 140-1.

121) Nash, "Restrictivism," 134.

122) Fenwick, *The Church of Christ in Corea*, 42.

123) Sanders, *No Other Name*, 41.

124) Ibid.

125) Fenwick, *The Church of Christ in Corea*, 23-4.

126) J. I. Packer, *Evangelism & the Sovereignty of God* (Downers Grove, IL: InterVarsity

Press, 1961), 106.

127) 완고한 유일주의자들은 기독교와 타종교 사이에 큰 차이가 있다고 보고 타종교의 가치나 진실을 인정하지 않는다. 이들은 타종교를 악으로 보고 있다. Smith, "Evangelical Approach," 16.

128) 불명확한 유일주의자들은 그리스도를 통해서만 구원을 받을 수 있다는 사실을 분명하게 설명하지 않는다. Karl Barth and E. Luther Copeland가 이 그룹에 속해 있다. Ibid., 7

129) 희망적 유일주의자들은 하나님은 유일한 구세주이시나 하나님께서 구원을 많은 사람들에게 성공적으로 확대하실 것이라는 희망을 지니고 있다. 레슬리 뉴비긴, 칼 브래어튼, 존 스토트가 이 그룹에 속한다. Ibid., 17-8. 희망적 유일주의자들을 위한 두 번째 선택은 직접적인 영혼소멸이나 혹은 조건적 불멸에 놓여 있다고 존 스토트는 주장한다. 한편 희망적 유일주의자들은 사후전도나 혹은 종말론적 전도에 희망을 두고 있다. Ibid., 18-9; Piper, *Let the Nations Be Glad!*, 116; Millard J. Erickson, *How Shall They Be Saved?: The Destiny of Those Who Do Not Hear of Jesus* (Grand Rapids: Baker Books, 1996), 217-9.

130) Smith, "Evangelical Approach," 20.

131) Ibid.

132) Ibid.

133) Ebbie Smith, "Contemporary Theology of Religions," in *Missiology: An Introduction to the Foundations, History and Strategy of World Missions*, ed. John M Terry, Ebbie Smith, and Justice Anderson (Nashville: Broadmand & Holman Publishers, 1998), 431.

134) Ibid.

135) Ibid.

136) 고(故) 뉴포트 박사는 싸우스웨스턴 침례신학대학원의 종교철학 교수였다.

137) Ibid., 432.

138) 재임스 개럿은 싸우스웨스턴 침례신학대학원에서 조직신학을 가르친 교수였다.

139) Garrett, *Systematic Theology*, vol. 1, 663.

140) Ibid.

141) Ibid.

142) Fenwick, *The Church of Christ in Corea*, 49. 펜윅이 현실적 유일주의자 견해를 가지고 타종교를 접근한 선교전략을 연구하기 위해서는 위의 책 3장을 보도록 하라.

143) 펜윅이 현실적 유일주의자라는 사실을 증명하기 위해 필자는 두 가지 예를 들어 보겠다: (1) 예수 그리스도를 믿는 것을 제외하고는 구원에 이르는 길이 없다고 말했다. Fenwick, *Life in the Cup*, 30-4; (2) 펜윅은 구원 받기 위해 두 번째 기회가 주어지지 않는다고 주장했다. 예를 들어 펜윅으로부터 복음을 소개 받은 한 비신자가 펜윅을 떠나버린 적이 있는데 그 이유는 복음을 들어본 적이 없는 그의 조상들이 그들의 죄로 인해서 형벌을 받을 것이라는 것 때문이었다고 한다. Fenwick, *The Church of Christ in Corea*, 41-2.

144) Ibid., 23-4.

145) Ibid., 49.

146) Smith, "Evangelical Approach," 22.

147) 기독교한국침례회해외선교회, "선교정책," [온라인 자료] http://www.fmb.or.kr/1_4php, 2002년 1월 23일 접속

148) Ibid.

149) Fenwick, *The Church of Christ in Corea*, 28-32; Fenwick, *Life in the Cup*, 170.

150) 사실 펜윅을 토착화의 관점에서 보면 그는 문화에 대해 상당히 민감했지만 사회봉사와 사회활동에 대해서는 아니었다. 피터 와그너 교수는 사회봉사(social service)란 구호나 복지와 같은 필요를 채워주는 것을 말하고, 사회활동(social action)이란 억압을 당하고 불안정한 사회구조를 바로잡고 개선시키는데 중점을 두는 것이라고 주장했다. Wagner, *Church Growth*, 107.

나가는 말

1) Louis Gasper, *The Fundamentalist Movement* (The Hague, Paris: Mouton & Co., 1963), 11.

2) Gibson, "Adoniram Judson Gordon, D.D.," 1-13.

3) 가톨릭교회는 1936년 5월 25일에 신사참배를 인정했고, 감리교회는 1938년 9월 3일에 일본의 명령에 복종했고, 장로교회는 23개 교단 중에서 17개 교단이 1938년 2월 19일에 신사참배에 동의했다. 이형헌,「한국교회사」, 201-3.

4) 전택부,「교회발전사」, 260; 김장배,「산 증인들」, 155-61

5) 일본정부는 대한기독교회의 교리를 받아들이지 못했다. 그 이유는 대한기독교회가 믿고 있는 종말론 사상이 필경 일본 국왕의 권위를 무시했기 때문이었다고 한다. 예를 들어 이들이 "천년왕국이 건설되면 일본도 그 통치하에 놓이는가?"라고 물었을 때 답변이 "물론 그러하다"였다. Ibid., 154.

6) 펜윅,「사경공부」, 39.

7) 부록 5를 보라.

8) Gasper, *The Fundamentalist Movement*, 11; Cole, *The History of Fundamentalism*, 34.

9) 펜윅,「사경공부」, 59, 78.

10) Ibid., 1-113.

11) Erickson, *How Shall They Be Saved?* 61-2; Smith, "Evangelcial Approach," 22-3에서 인용하였다. 또한 Fenwick, *Life in the Cup*, 30-4;와 Fenwick, *The Church of Christ in Corea*, 44, 49, 70-3을 보라.

12) Ibid., 65.

13) 펜윅과는 달리 고든은 치유사역을 주장했다. 그의 책「치유 사역」(The Ministry of Healing)을 보면 고든은 기적과 치유에 관한 문제들을 다루었고 또한 이를 취급하고 있는 성경구절들을 소개하였으며 신자들과 비신자들의 실제를 보여주기도 했고 이에 따른 주의와 권면의 말씀도 함께 주고 있다. Adoniram Judson Gordon, *The Ministry of Healing* (New York: Fleming H. Revell Co., 1882), 1-239.

14) 펜윅의 제자들이 실시한 신앙선교의 예를 연구하기 위해서는 Fenwick, *The Church of Christ in Corea*, 70을 보라.

15) Moose, "City of Wonsan," 174.

16) Rick Warren, *The Purpose-Driven Church* (Grand Rapids: Zondervan, 1995), 165.

17) 한국 순회 선교회(CIM)의 선언문을 가지고 전도하였던 신앙선교 전략을 보기 위해서는 Paik, *The History of Protestant Missions in Korea*, 447-9을 보라.

18) Seville, "Zeal for Foreign Missions," 199.

19) Fenwick, *The Church of Christ in Corea*, 75.

20) "Foreign Missions," 5.

21) 네비우스는 일본을 통해 미국으로 돌아가려던 1890년에 약 2주간 한국을 방문하여 자신의 토착화 방법을 초기 한국 선교사들에게 소개하였고 이것은 특별히 초기 한국장로교회의 부흥을 이끄는 원동력이 되었다. Lee, "Missiological Appraisal," 199.

22) 자립, 자치, 자전이라는 "삼자원리"는 성공회 출신인 헨리 벤(1796-1873)과 회중교도인 루퍼스 앤더슨(1805-1855)의 두 사람에 의해 처음으로 강조되었다. Louis J. Luzbetak, *The Church and Cultures* (Maryknoll, NY: Orbis Books, 1998), 98.

23) Lee, "Missiological Appraisal," 199.

24) Fenwick, *The Church of Christ in Corea*, 59, 62.

25) Lee, "Missiological Appraisal," 200.

26) 예를 들어 손필환과 장석천은 신명균으로 인해 배출된 현지인 지도자였다. Fenwick, *The Church of Christ in Corea*, 79를 보라.

27) Gibson, "Transatlantic Evangelicalism," 307-13.

28) 기독교한국침례회해외선교회, "선교정책," [온라인 사료], http://www.fmb.or.kr/1_4php, 2002년 1월 23일 접속

29) "10/40 창문지역"에 관한 용어를 알기 위해 Don Newman, "Key to Unlocking Muslim Stronghold," in *Perspectives on the World Christian Movement*, ed. Ralph D. Winter and Steven C. Hawthorn (Pasadena: William Carey Library, 1981), D-151을

보라.

30) Smith, *Balanced Church Growth*, 25.

31) 고든의 영적각성운동은 특별히 드와이트 무디 목사가 인도하였던 1877년 보스톤 부흥회의 직접적인 산물이라 할 수 있다. Gibson, *A. J. Gordon: American Premillennialist*, 61-73.

32) 김진환,「한국교회부흥 운동사」(서울: 서울출판사, 1993), 97-104, 122-9, 186-95.

33) Fenwick, *The Church of Christ in Corea*, 12-3.

34) W. H. Eaton, *Historical Sketch of the Massachusetts Baptist Missionary Society and Convention* (Boston: Massachusetts Baptist Convention, 1903), 117.

35) 펜윅이 1889년 이후 한국에서 선교를 시작할 때는 한국이 대한제국시대에서 근대시대로 전환하려는 시대였다. 고든 역시 급변하는 시대에 살았는데 19세기 말 미국 사회는 산업주의의 도전, 지식의 확장, 이민정책에 직면하게 되었다. 나이아가라 사경회는 19세기 말 등장한 자유주의 신학에 대처해 나가기 위해서 형성되었던 것이다. Choi, *Changes in Korean Society Between 1884-1919 as a Result of the Introduction to Christianity*, 17; Gibson, *A. J. Gordon: American Premillennialist*, xxiv; Pettegew, "The Historical and Theological Contributions of the Niagara Bible Conference to American Fundamentalism," 211.

36) Adoniram Judson Gordon, "Heavenly Citizenship," *Watchword* 9 (September 1887): 152.

37) Gibson, "Adoniram Judson Gordon, D.D.," 257.

찾아보기

※ ① 찾아보기는 주로 인명과 지명을 다루고 있다.
② 외국이름은 성(last name)에 따라 배열하였음을 밝힌다.
③ 외국이름의 경우 성(last name)은 같고 이름이 다를 경우 성과 이름을 모두 밝혀 두었다.
 - 예) 말콤 펜윅(Malcolm C. Fenwick), 아치발트 펜윅(Archibald Huge Fenwick)

ㄱ

가네트(Howard Gannett) • 175

가델린(Amanda Gardeline) • 155

간도 • 51, 54, 159, 198

감로 • 106, 109

감목 • 106, 109, 117, 126, 175, 176, 178, 195

강경 • 51, 60, 86, 117, 159, 170

개릿(James Leo Garrett) • 221

개블라인(Rev. Gaebelein) • 98

개인주의 • 197

개척선교(frontier missions) • 63, 112, 227, 236

검바트(Rev. M. R. Gumbart) • 147

결핵 • 63

경성 • 54

고넬료 • 215, 216

고든(Adoniram Judson Gordon) • 28, 38, 40, 49, 50, 52, 53, 54, 56, 57, 58, 59, 68, 69, 82, 83, 84, 87, 88, 89, 91, 98, 99, 103, 115, 120, 121, 122, 123, 124, 126, 127, 128, 129, 131, 133, 134, 135, 136, 137, 138, 139, 140, 141, 142, 143, 145, 146, 147, 148, 149, 150, 151, 152, 153, 154, 155, 158, 159, 161, 162, 163, 164, 165, 166, 167, 168, 173, 174, 175, 176, 178, 179, 181, 182, 183, 185, 187, 188, 196, 198, 199, 211, 223, 227, 228, 229, 230, 231, 232, 233, 234, 235, 236

고든대학 • 146, 153, 263

고우포스(Mr. J. Goforth) • 75

공주 • 51, 52, 55, 59, 60, 61, 62, 86, 107, 116, 159, 169, 170, 171, 172, 173, 203, 204, 205, 231, 232

공주성경학교 • 203, 205, 232

교회론(ecclesiology) • 67, 81, 86, 91, 104, 105, 106, 109, 110, 111, 112, 126, 127, 128, 152, 187, 211, 233, 234

교회주의 • 197

구심적 선교(와서 듣는 선교, come and hear mission) • 47, 59

국제 선교 연합회 • 162

그랜드 트렁크(Grand Trunk) • 71

그레이(James M. Gray) • 146, 150

그리스도론(Christology) • 68, 75, 76, 78, 118, 127, 187, 211, 212

글레넬그(Glenelg) • 31

기계화(MEC, mechanism의 약어) • 233

기네스(H. Grattan Guinness) • 141, 142, 143, 149, 154

김갑수 • 114

김승진 • 115, 116, 117

김용해 • 112, 114

김장배 • 114

김재형 • 60

김한나 • 157

김희서 • 101

깁슨(Scott Gibson) • 88

ㄴ

나이다(Eugene Nida) • 169, 223

나이아가라 사경회(Niagara Bible Conference, NBC) • 28, 36, 38, 39, 40, 41, 43, 48, 49, 50, 65, 67, 68, 69, 70, 73, 79, 81, 82, 83, 84, 85, 86, 87, 88, 90, 91, 92, 93, 95, 99, 103, 104, 106, 109, 111, 112, 118, 119, 120, 125, 126, 127, 128, 148, 152, 185, 187, 188, 191, 198, 200, 211, 223, 227, 228, 229, 230, 233, 234, 235

나이아가라(Niagara) • 28, 36, 38, 39, 40, 41, 43, 48, 49, 50, 65, 67, 68, 69, 70, 71, 72, 73, 74, 75, 76, 77, 78, 79, 81, 82, 83, 84, 85, 86, 87, 88, 89, 90, 91, 92, 93, 95, 96, 98, 99, 103, 104, 105, 106, 109, 111, 112, 118, 119, 120, 125, 126, 127, 128, 148, 152, 185, 187, 188, 191, 198, 200, 211, 223, 227, 228, 229, 230, 233, 234, 235

남침례교인(SBC) • 114

남한 • 55

네비우스(John Nevius) • 232

노재천 • 199

뉴욕 • 71

뉴톤 신학교(Newton Theological Seminary) • 133

뉴포트(John P. Newport) • 221

뉴햄프셔주 뉴햄톤(New Hampton) • 131

니드함(George C. Needham) • 70, 106, 142, 178

ㄷ

다윈(Charles Darwin) • 68, 103

다윈주의 • 214, 222

달편지 • 124, 174, 175, 176, 178, 179

대한기독교회(Church of Christ in Corea) • 50, 52, 54, 55, 56, 79, 82, 86, 87, 91, 99, 100, 101, 102, 104, 106, 107, 108, 109, 110, 111, 112, 116, 117, 118, 119, 123, 124, 125, 128, 158, 159, 162, 172, 178, 198, 199, 200, 207, 209, 210, 212, 224, 228, 233

대한기독교회사(The Church of Christ in Corea) • 79, 82, 91

대화회 • 102, 107, 117, 176

더글라스(Joseph R. Douglas) • 51, 160

데밍(Rev. M. R. Deming) • 147, 149

덱스터(George S. Dexter) • 138, 154

독경운동 • 122, 123, 124, 125, 127

돌라(George W. Dollar) • 87

동북아시아 • 54, 56, 165, 178, 188, 189, 190, 224, 233

동아기독교회 • 112

동아기독대 • 112

디모데 • 28, 34, 89, 215

디트로이트 • 142

딕슨(A. C. Dixon) • 87

ㄹ

라우센부쉬(Walter Rauschenbusch) • 68

라이어선(Adolphus Ryerson) • 30

라탐(Barbara Ann Latham) • 28, 34, 35

런던찬송가 • 179

로잔대회 • 196

로체스터 신학교(Rochester Theological Seminary) • 146

루셀(C. Allyn Russell) • 183

루이스턴(Lewiston) • 71

루터(Martin Luther) • 46

리브가 • 121

리빙스톤(David Livingstone) • 141, 153, 165

리빙스톤 내지 선교회(Livingstone Inland Mission)
• 141, 153

린더 빌(Leander Beal) • 154

ㅁ

마비(Henry Mabie) • 142

마일드메이 사경회(Mildmay Conference) • 69

마일드메이(Mildmay) • 69, 70

마컴(Markham) • 29, 40

만주 • 51, 54, 56, 100, 124, 164, 178, 189, 199, 223

만주 종성동 교회 • 124

말콤 펜윅(Malcolm C. Fenwick) • 29, 38, 62, 115, 193, 220, 227, 236

매튜(Rev. Aron Matthew) • 75

맥엘웨인(J. McElwain) • 146, 147, 150

맥켄지(William J. McKenzie) • 74

맥킨토시(Donald M. McIntosh) • 28, 31, 32

먼홀(L. W. Munhall) • 68, 87

메리암(Rev. F. E. Merriam) • 147

메사츄세츠주 웨스트 록스베리(West Roxbury)
• 133

메세르비(Messervey) 선교회 • 167

멜란히톤(Philip Melanchthon) • 217

몽골 • 51, 54, 100, 101, 124, 164, 178, 224

무디(Dwight L. Moody) • 60, 63, 90, 103, 137, 138, 150

무디 노스필드 사경회(Moody's Northfield Conference)
• 83

무디 부흥회 • 137, 138

무디 성경학교 • 103, 138, 150

무어헤드(William G. Moorehead) • 68, 93, 98, 103

문자 영감설(verbal theory) • 89, 93

문화 명령(cultural mandate) • 192, 196, 224

미국 • 39, 41, 49, 50, 52, 53, 58, 62, 68, 69, 70, 73, 74, 75, 81, 83, 87, 88, 111, 114, 115, 116, 126, 131, 133, 134, 140, 141, 142, 143, 148, 150, 156, 157, 159, 160, 162, 166, 178, 181, 182, 203, 234, 235

미국 북침례회 해외선교회 • 88, 134, 234

미국침례교 선교연맹(America Baptist Missionary Union) • 141, 156, 162

미네소타주 미니에폴리스(Minneapolis) • 142

미전도종족 • 63

민경배 • 115, 200

ㅂ

바벨론 • 94

바울 • 34, 45, 57, 62, 95, 110, 175, 190, 205, 215

박노기 • 51, 101

박성래 • 101

방사현 • 54

베드로 • 215, 216, 218

베를린 세계 선교대회 • 191

베이어하우스(Peter Beyerhaus) • 209, 210

베이츠(Rev. Bates) • 75

보스턴 • 50, 52, 58, 98, 103, 131, 133, 134, 137, 139, 141, 142, 143, 144, 145, 146, 147, 148, 149, 150, 152, 153, 155, 158, 166, 174, 182, 196, 227

보스턴 산업 기지(Boston Industrial Home) • 134

보스턴 선교사 훈련학교(Boston Missionary Training School, BMTS) • 50, 52, 98, 103, 131, 133, 134, 141, 142, 143, 144, 145, 146, 148, 150, 152, 153, 155, 158, 174, 182,

227

보편주의 • 214, 222

본회퍼(Dietrich Bonhoeffer) • 137

봉화재 • 60

부위렴(Bull William) • 157

북한 • 55, 56

브라운 대학교 • 133

브룩스(James H. Brooks) • 41, 43, 49, 68, 69, 70, 72, 76, 77, 78, 79, 80, 82, 84, 86, 87, 88, 91, 92, 98, 99, 103, 104, 105, 111, 118, 126, 127, 128, 234

브룩클린 • 147, 151

브리드(William H. Breed) • 154

브리스길라 • 101

블라디보스토크 • 193

ㅅ

사경공부 • 93, 95, 96, 99, 121, 126, 212, 229

싸우스 웨스턴 신학대학원 • 197

샌더스(John Sanders) • 216

서경조 • 35

서든침례신학대학원 • 114

선교 • 25, 27, 28, 32, 33, 34, 36, 37, 38, 39, 40, 41, 42, 43, 44, 45, 46, 47, 48, 49, 50, 51, 52, 53, 54, 55, 56, 57, 58, 59, 60, 61, 62, 63, 67, 68, 74, 75, 76, 77, 78, 79, 80, 82, 83, 84, 85, 87, 88, 90, 91, 95, 96, 98, 100, 101, 103, 105, 108, 110, 111, 112, 113, 114, 115, 116, 117, 118, 126, 127, 129, 131, 133, 134, 139, 140, 141, 142, 143, 144, 145, 146, 148, 149, 150, 151, 152, 153, 154, 155, 156, 157, 158, 159, 160, 161, 162, 163, 164, 165, 166, 167, 169, 170, 173, 174, 178, 181, 182, 183, 185, 187, 188, 189, 190, 191, 192, 193, 195, 196, 197, 198, 199, 200, 201, 203, 204, 205, 206, 207, 208, 209, 210, 211, 213, 220, 222, 223, 224, 225, 227, 228, 229, 230, 231, 232, 233, 234, 235, 236

선교사문화우월주의(ethnocentrism) • 161, 169, 170, 203

선교지 분할협정(Comity Arrangement) • 53, 55, 56

선데이(Billy Sunday) • 90

성경의 영감설 • 68, 76

성령 • 57, 58, 68, 75, 76, 78, 80, 81, 86, 89, 90, 92, 94, 95, 96, 105, 118, 120, 121, 122, 123, 160, 162, 174, 176, 181, 187, 197, 199, 200, 211, 212, 213, 223, 224, 229, 231, 234

성령주의 • 197, 199, 200, 223, 224, 231

성막교회 • 149

세계선교비평(The Missionary Review of the World) • 174

세대주의 • 68, 76, 81, 86, 96, 97, 99, 126, 146, 187, 188, 228, 234

세인트로렌스 강 • 237

센템 신학교 • 112

센트럴 침례교회 • 142

소래 • 42, 58, 167, 168, 169

소래교회 • 58

손필환 • 63, 207, 209

슈트(Ebenezer Shute) • 175

순회목사(circuit pastor) • 106, 109, 210

쉴라이어마허(Friedrich Daniel Ernst Schleiermacher) • 68

스왈렌(William L. Swallen) • 181

스코필드(Cyrus I. Scofield) • 68, 75, 76, 80, 81, 82, 85, 86, 91, 96, 97, 98, 99, 126, 127, 128, 234

스크래톤(Mary F. Scraton) • 192

스터지스(Sturgis) • 75

스테드만(F. W. Steadman) • 155, 156, 157, 158, 170

스토트(John R. W. Stott) • 191, 192, 196

스파울딩(F. M. Spaulding) • 175

스프로울(R. C. Sproul) • 219

슬로건(The Watchword) • 88, 124, 133, 134, 152, 166, 173, 174, 175, 176, 178

시베리아 • 51, 54, 100, 101, 124, 164, 178, 189, 223

시카고 • 70, 103

식민주의 • 197

신명균 • 59, 61, 62, 63, 107, 117, 158, 169, 170, 171, 172, 173, 181, 203, 204, 205

신사참배 • 228, 234

신앙선교(faith mission) • 63, 84, 85, 162, 163, 183, 199, 200, 203, 213, 223, 227, 230, 231, 232, 236

심주에(Juee Sim) • 167

씽(Samuel B. Thing) • 50, 51, 114, 115, 116, 117, 118, 153, 154, 155, 156, 158, 159, 164, 165, 169, 170, 182, 198, 203

ㅇ

아굴라 • 101

아모스 • 94

아브라함 • 101

아일랜드 • 69

아치발트 펜윅(Archibald Hugh Fenwick) • 28, 29

아펜젤러 • 114

아프가니스탄 • 47

아프리카 • 42, 53, 149, 153, 154, 164, 165, 178, 223, 232

안대벽 • 59, 60

안디옥 • 62

안씨 부인(안대벽의 어머니) • 59

안디옥교회 • 62

앗시리아 • 94

앤더슨(Justice Anderson) • 197

야소 • 96

어드만(William J. Erdman) • 39, 43, 49, 68, 70, 76, 77, 93, 94, 95, 98, 103, 105

어퍼 캐나다(Upper Canada) • 30

언더우드(Horace G. Underwood) • 41, 42, 80, 83, 114, 232

언더힐(Elihu T. Underhill) • 154

에릭슨(Millard J. Erickson) • 218

에비 스미스(Ebbie Smith) • 220

에큐메니칼주의 • 197

에클스(Sadie Ackles) • 155

엘라 씽 기념 선교회(Ella Thing Memorial Mission) • 50, 114, 115, 116, 117, 118, 153, 155, 156, 158, 159, 164, 165, 169, 170, 182, 198, 203

엘라(Ella) • 50, 51, 114, 115, 116, 117, 118, 153, 154, 155, 156, 158, 159, 164, 165, 169, 170, 182, 198, 203

엘리에셀 • 121

엘머(Arma Ellmer) • 155

영국 • 60, 69, 84, 141, 143, 178

영재형(L. L. Young) • 33

예레미야 • 94

예루살렘 • 89, 94

예수 그리스도 • 32, 33, 35, 74, 86, 92, 94, 105, 107, 108, 118, 158, 166, 174, 211, 212, 214, 215, 217, 218, 219, 220, 221, 229, 230

예일 대학교 • 146

예천 • 199

오순절주의 • 197

오지선교(region-beyond missions) • 52, 53, 54, 55, 57,

59, 100, 153, 154, 155, 159, 160, 163, 164, 165, 178, 182, 183, 199, 200, 203, 213, 223, 227, 230, 233, 236

온타리오주 • 24, 30, 31, 33, 67, 70, 81

와그너(C. Peter Wagner) • 56

요한복음전 • 35, 46, 49

용안 • 51

우드(Nathan. R. Wood) • 41, 42, 80, 83, 114, 146, 232

울프킨(Cornelius Woelfkin) • 81

워드롭(Wardrope) • 93

원산 • 43, 45, 50, 52, 55, 60, 74, 116, 124, 160, 169, 174, 176, 185, 193, 195, 201, 205, 207, 208, 217, 228, 231

원산번역 • 116, 124, 174, 207, 208

원심적 선교(가서 전하는 선교, go and preach mission) • 59

윌더(Robert P. Wilder) • 37

윌슨(J. Christy Wilson) • 47

유니게 • 34

유대 • 34, 58, 89, 94, 97, 139, 166, 167, 221

유대인 선교회 • 166, 167

유영식 • 116

유일주의 • 214, 215, 216, 217, 218, 219, 220, 221, 222, 223, 224, 229, 230

유클리드(Euclid) • 122

윤치호 • 193

이단 잡는 요원(heresy-hunting agent) • 68

이삭 • 121

이스라엘 • 81, 94, 97

이의답변식 접근법(object-answer approach) • 95

이정수 • 115

이종덕 • 124

이충신 • 54

이현모 • 115

이현태 • 51, 54, 101

이화실 • 158

이화춘 • 157

인도 • 46, 49, 53, 58, 76, 105, 111, 123, 135, 140, 150, 151, 164, 178, 181, 199, 209, 216, 223, 227, 233

일리노이주 에반스톤 • 146

잉글리스(James Inglis) • 70

ㅈ

자립(self-supporting) • 43, 44, 45, 46, 110, 127, 163, 204, 205, 210, 227, 232, 236

자립선교 • 45, 127, 163, 227, 236

자마이카 광야 침례교회(Jamaica Plain Baptist Church) • 133

자유주의 • 68, 103, 211

자전(self-propagating) • 163, 205, 210

자전선교 • 163

자치(self-governing) • 163, 205, 210

자치선교 • 163

잔속에 든 생명(Life in the Cup) • 89, 189

장기영 • 157

장석천 • 63, 157, 207, 209

전도 명령(evangelistic mandate) • 191, 192, 195, 196

전영태 • 101

전천년주의 • 40, 50, 55, 56, 60, 63, 67, 68, 76, 79, 85, 88, 92, 93, 94, 95, 96, 98, 99, 100, 126, 143, 152, 156, 161, 163, 174, 176, 178, 179, 187, 188, 190, 195, 212, 228, 230, 234, 235, 236

전치규 • 60

제도주의 • 197

제물포 • 22

조지 백(George Paik) • 84

조효훈 • 104, 114, 116, 117

존스(Sam P. Jones) • 42, 68

존스톤(James Johnston) • 42

종말론 • 40, 55, 60, 63, 67, 75, 76, 78, 79, 81, 85, 86, 91, 92, 93, 95, 96, 99, 101, 102, 126, 128, 152, 187, 188, 193, 195, 211, 218, 228, 234

종의 기원(Origin of Species) • 103

중국 • 36, 39, 53, 58, 62, 76, 77, 83, 84, 85, 120, 139, 154, 162, 164, 166, 167, 178, 189, 222, 223, 232, 233

중국내지선교회(China Inland Mission) • 36, 39, 77, 83, 84, 85, 162

중국인 주일학교 • 167

중국인 YMCA • 167

중남부 아프리카 • 42

지병석 • 156, 158, 164

진리(The Truth) • 33, 35, 41, 42, 72, 76, 80, 83, 85, 88, 96, 118, 122, 146, 151, 172, 214, 219

질의응답식 방법(question-answer method) • 95

집시 스미스(Gipsy Smith) • 68

ㅊ

채펠(F. L. Chapell) • 98, 143, 146, 149, 150, 182

채프만(John Wilbur Chapman) • 81, 82, 90

천부장 • 34

초교파주의 • 67, 68, 86, 87, 104, 109, 161, 163, 234, 235

최성업 • 51, 54

최응선 • 101

충청지역 • 55, 159

칠산 • 86, 159

침례 • 38, 55, 68, 87, 88, 94, 96, 104, 105, 106, 107, 108, 109, 111, 112, 113, 114, 115, 116, 117, 118, 119, 120, 126, 127, 131, 133, 134, 135, 136, 137, 138, 139, 140, 141, 142, 144, 146, 148, 150, 154, 156, 157, 158, 161, 162, 166, 167, 171, 174, 175, 179, 181, 187, 193, 198, 200, 206, 213, 223, 224, 228, 229, 233, 234

침례 요한 • 94

ㅋ

카메론(Robert Cameron) • 87, 98, 103

칼 헨리(Carl Henry) • 219

캐나다 • 29, 30, 31, 39, 40, 41, 45, 50, 52, 58, 62, 67, 70, 72, 73, 75, 79, 80, 81, 83, 111, 112, 116, 126, 131, 133, 152, 153, 160, 182, 203

캔사스 시티 • 142

케리(William Carey) • 46, 152, 153, 198

케리홈(Carey Home) • 152, 153

케직(Keswick) • 69, 70

케직 사경회 • 69

케직 성 요한 교회 • 69

콜만 여사(Mrs. Alcice M. Coleman) • 147

콩고 • 141, 142, 165, 233

퀘벡 • 237

퀸스 로얄 호텔(Queen's Royal Hotel) • 65, 72, 76, 78

크래머(Hendrick Kraemer) • 220, 221

크롤리(Winston Crawley) • 37

클락(Rufus Clark) • 99, 183

클래런던 스트리트 침례교회/클래런던 침례교회(Clarendon Street Baptist Church) • 38, 131, 133, 144

ㅌ

텐트메이커(Tentmaker) • 45, 47, 48
토론토 • 33, 35, 40, 71, 73, 112, 113, 114, 116, 160, 178
토론토 YMCA 선교위원회 • 40
토착화(Indigenization) • 161, 200, 201, 202, 203, 204, 206, 207, 208, 209, 210, 223, 230, 232
트리니티(Trinity) • 31, 32

ㅍ

파르손(H. M. Parsons) • 87
팍크리(Gabriel Fackre) • 218
퍼킨스(Charles W. Perkins) • 143, 154
포괄주의 • 214, 216, 222, 223
포틀랜드 • 166
폴링(Edward Clayton Pauling) • 155, 156, 158
프랑스 • 62, 178
프레쉬맨(Jacob Freshman) • 75
프로스트(Henry Frost) • 83
피어선(Arthur T. Pierson) • 43, 75, 76, 82, 83, 87, 151, 179, 182
필화사건(筆禍事件) • 41

ㅎ

하나포더(W. P. Hanaford) • 175
하봉천 • 60
하인즈(Fannie Hinds) • 153
하지스(Melvin L. Hodges) • 200
하크니스(Robert Harkness) • 40
하트포드-배터스비(Hartford-Battersby) • 69
하퍼(Harper) • 89, 121
한국 • 25, 34, 35, 36, 37, 38, 39, 40, 41, 42, 43, 44, 45, 46, 47, 48, 49, 50, 51, 52, 54, 55, 56, 57, 58, 60, 61, 62, 67, 72, 73, 74, 78, 79, 84, 87, 91, 95, 96, 104, 105, 107, 109, 111, 112, 113, 114, 115, 116, 117, 120, 124, 126, 127, 140, 152, 153, 154, 155, 156, 157, 158, 159, 160, 161, 162, 163, 164, 165, 167, 169, 170, 171, 174, 178, 180, 181, 183, 187, 189, 190, 192, 193, 195, 196, 198, 200, 203, 204, 206, 207, 208, 209, 210, 213, 222, 223, 224, 225, 227, 228, 230, 231, 232, 233, 234, 235, 236
한국순회선교회(Corean Itinerant Mission, CIM) • 50, 51, 57, 84, 160, 163, 203, 231
한국연합선교회(Corean Union Mission, CUM) • 40, 41, 42, 43, 44, 49, 50
한국성경번역위원 • 111, 208
한국인의 보고(Korean Repository) • 44
한태영 • 51, 54, 159, 198
할리(Harley) • 142
허긴 • 80, 106, 116, 156
허드슨 테일러(James Hudson Taylor) • 36, 39, 68, 77, 79, 82, 83, 84, 85, 87, 199
헤론(John W. Heron) • 36, 37
헨리 벤(Henry Venn) • 110
협력주의 • 197, 200
호베이(Alvah Hovey) • 148
홉스(Herschel Hobbs) • 108, 119
홍봉춘 • 158
후원주의 • 197, 199, 200
히바드(Salmon P. Hibbard) • 154

Y

YMCA • 40, 113, 114, 142, 167, 192

부록 1

말콤 펜윅의 연보

년도	펜윅의 주요 선교활동
1863	• 펜윅이 아치발트의 11자녀 중 10번째로 마컴에서 태어나다.
1886	• 23살 되던 때에 어머니 바바라 라탐의 영향으로 토론토에서 회심하다. • 토론토에서 열린 나이아가라 사경회(7월 21일-28일)에 처음으로 참석하다.
1887	• 사경회에서 성령론, 그리스도론, 종말론을 주로 배우다.
1888	• 스코필드 박사를 통해 전천년주의 종말론 사상을 배우다. • 허드슨 테일러를 통해 선교에 있어서 기도의 소중성을 배우다.
1889	• 나이아가라 사경회에서 선교사 소명을 받고 헌신하다. • 26살에 캐나다 독립선교사로 12월 11일 내한(來韓)하다. • 한국연합선교회(CUM)의 후원을 받고 한국을 방문하다. • 보스턴 선교사 훈련학교가 클래런던 스트리트 침례교회에서 10월 2일에 개원되다.
1890	• 황해도 소래(松川)에서 어학선생 서경조를 만나 한국어를 배우다. • 한국 성서번역위원회로 위촉받아 성경번역 사역을 시작하다.
1891	• 한글과 한문을 겸용한 「요한복음전」을 번역 출간하다. • 함경도 원산에 도착하여 원산 선교사역을 최초로 시작하다. • 원산에서 농장을 구입하여 산업선교를 시작하다.
1893	• 「요한복음전」을 수정하여 「약한의 긔록한 대로 복음」으로 출간하다.
1893-1806	• 캐나다와 미국을 방문하여 약 3년간 체류하다. • 캐나다의 토론토에서 매년 여름마다 열린 나이아가라 사경회에 참석하다. • 고든 목사가 개원한 보스턴 선교사 훈련학교에서 약 1년 미만으로 공부하다.
1894	• 목사 안수를 고든과 피어슨 목사를 통해 받다. • 한국순회선교회(CIM)를 조직하고 선교회의 선언문을 마련하다. • 한국연합선교회(CUM)와 관계를 끊고 정리하다.

년도	펜윅의 주요 선교활동
1895	• 엘라 씽 기념 선교회가 조직되었고 1894년 5월에 먼저 파송된 폴링 목사 내외와 가델린 양이 엘라 씽 기념 선교회 선교사로 허입되다.
1896	• 엘라 씽 기념 선교회에서 2차로 에클스와 엘머 양과 스테드만 목사를 파송하다. • 폴링(Pauling) 목사에 의해 한국 최초로 지병석이 침례를 받다. • 펜윅이 한국순회선교회를 조직한 후 회장으로 다시 내한하다.
1897	• 펜윅이 소래 사경회를 인도함으로 한국 최초로 영적각성운동을 일으키다.
1898	• 잡지「한국인의 보고」에 "한국의 농사법"을 기고하다.
1899	• 전천년주의 소망을 담고 있는 복음찬미 14곡이 처음으로 발간되다. • 전도용 소책자로「만민묘흔긔별」을 발간하다.
1901	• 펜윅이 엘라 씽 기념 선교회를 인수한 뒤 한국순회선교회와 합병하다. • 최초의 토착인 지도자 신명균을 만나면서 문화우월주의가 점차 사라지게 되다.
1903	• 보스턴 선교사 훈련학교 출신의 하인즈(Fannie Hinds) 여사와 결혼하다. • 공주성경학원이 2월 10일에 처음으로 개원되다. • 최초의 토착인 지도자 신명균을 공주성경학원의 원장으로 파송하다. • 원산성경학원이 1903년부터 1906년 사이에 개원되다.
1906	• 대한기독교회를 창립하고 본부를 원산에 두며 펜윅이 초대 감목으로 추대되다. • 한태영 외 4인을 본 교단의 첫 선교사로 북간도에 파송하다.
1909	• 성경공부 교재로「사경공부」를 발행하다. • 시베리아 선교를 위해 최성업을 파송하다.
1911	• 자서전「대한기독교회사」(The Church of Christ in Corea)를 출판하다.
1914	• 제2대 감목으로 이종덕 목사가 추대됨으로 최초의 한국인 감목이 탄생되다.
1915	• 원산번역「신약젼셔」가 완역됨으로 펜윅이 최초로 신약성경 단독번역자가 되다.
1917	• 최초로 해외에서의 대화회(총회)가 종성동교회에서 열리다. • 두 번째 서적으로「잔속에 든 생명」(Life in the Cup)이 출판되다.
1918	• 한국침례교 최초의 순교자 4인(박노기, 김희서, 최응선, 전영태)이 탄생되다.

년도	펜윅의 주요 선교활동
1919	• 원산번역「신약젼셔」가 10월 18일에 출간되다. • 3.1 독립운동 정신이 전국 교인들에게 확산되다.
1921	• 종성동성경학원이 처음으로 개원되다. • 교단 명칭을 동아기독교회로 개칭하다. • 손상열 목사가 본 교단의 두 번째 순교자가 되다.
1924	• 전치규 감목이 제3대 감목으로 추대되다.
1925	• 복음찬미 증보판이 252곡으로 발간되다. • 북만주 6인 전도인(김상준, 안성찬, 이창희, 박문기, 김이주, 윤학영)이 순교하다.
1926	• 펜윅이 점촌교회에서 개최된 제21차 대화회에서 학교 교육 폐지령을 발표하다. • 펜윅이 기술학교 설립을 위해 원산에 구입한 토지를 매각하다.
1928	• 이현태 교사가 몽골에서 순교하다.
1932	• 김영진 목사와 김영국 감로가 종성동교회에서 순교하다.
1933	• 펜윅 부인 하인즈 여사가 1월 20일에 소천하다. • 교단 명칭을 동아기독대로 개칭하다.
1934	• 김영관 목사가 제4대 감목으로 추대되다.
1935	• 펜윅 선교사가 한국에서 46년간의 선교활동을 마감하고 12월 6일에 소천하다. • 신사참배를 거부하는 달편지가 10월 5일자로 전국 교회에 발송되다.
1939	• 이종근 목사가 제5대 감목으로 추대되다.
1940	• 교단 명칭을 동아기독교로 개칭하다
1942	• 교계 지도자 32명이 신사참배 거부로 원산구치소에 수감되다.
1944	• 신사참배 거부로 본 교단이 5월 10일에 교단 해체령을 당하다.
1945	• 민족의 해방으로 신앙의 자유를 얻자 지도자들이 교단의 재건문제로 힘을 쓰다. • 노재천 목사가 제6대 감목으로 추대되다.
1946	• 이종덕 목사가 남북분단 후 제1대 총회장으로 추대되다.
1949	• 미국 남침례교회(SBC)와 제휴하여 교단 명칭을 대한기독교침례회로 개칭하다.

부록 2

한국순회선교회의 원리와 목적 선언문[1]

한국순회선교회(CIM)는 최근에 조직이 되었고 아래의 내용은 원리 선언문이다. 이 선교회의 목적은 "내가 올 때까지 시간을 요한다."

한국에서는 수백만의 영혼들이 복음을 필요로 하고 대다수의 사람들이 십자가의 사자(使者)로부터 복음을 듣지 못한 실정이다. 세월이 지나가면서 금세기 내내 그리스도를 알지 못하고 죽어가고 있는 자들이 많다.

현재의 선교전략이나 선교단체들이 사용한 전략들은 이러한 필요를 채우기에는 너무나 불충분하다. 무언가 새롭거나 다른 방법이 채택되지 않는다면 이처럼 궁상맞은 궁핍을 만회하려는 시도는 소망 없는 일이다.

선교지에서 다른 선교단체와 선교사들의 간섭을 받지 않고 한국 전 지역에 복음을 즉시 전할 수 있는 문(間)과 충분한 공간이 활짝 열렸으며 이것이 한국순회선교회의 일차 목적이다. 이 선교회는 성격적으로는 초교파적이며 영적으로는 복음전도적이며, 방법적으로는 진취적이지만 다른 사람의 터 위에 교회를 세우지는 않고 오지선교가 강조되며 복음이 모든 열방들에게 전달되는 것을 목적으로 한다.

하나님은 오늘날 성령의 은사와 일꾼들을 배가시키기 위해 그의 교회를 잘 인도하시는 것 같다. 주님께 추수할 수 있도록 연합하여 기도한 응답으로 일꾼들로 하여금 수확케 하시고 수백만의 남자들과 여자들이 주님의 이름이 알려지지 않은 곳에 복음을 전하려고 준비 중에 있다. 이들 대다수는 어떤 고정되거나 획일적인 교육기준에 따를 수 없고, 이들이 실용적인 완벽한 교육과정을 준비하도록 요청을 받는다면 선교지에서 쫓겨나게 될 것이다. 하지만 이들은 성령의 가르침으로 하나님 왕국의 씨앗을 뿌리는데 적임자이었음을 입증하고 있다.

이 시대에 다른 조짐이 보이는 것은 하나님께서 복음 증거를 허락 하시고 그리스도의 이름으로, 단순한 믿음인 성령께 절대적으로 의존함으로 그리고 필요한 모든 자원은 직접적으로 돈을 요구하거나, 빚을 지거나, 정해진 월급을 줘야할 책임도 지지 않고, 성도들의 자발적인 헌금으로 채워질 것이라는 믿음 있는 기도의 응답을 확신하면서 일하여 받은, 눈에 드러날 정도의 축복 속에서 발견이 되어진다.

이런 순수한 사실과 원리는 한국 순회 선교회가 형성되고 수행한 기준을 잘 지적하고 있다. 한국순회선교회의 교리적 기준은 배타적으로 어느 한 선교단체의 것을 따르지 않고 오히려 여러 분파의 개혁 교회가 채택한 위대한 기본 진리와 복음주의 연맹의 기초를 따르고 있다.

본 선교회의 주된 목적은 오지에 복음을 전파하는 것으로 이곳은 그리스도께서 특별한 분으로 인식이 잘 되어있지 않은 지역을 말한다. 선교사들이 일하고 있는 선교단체에서의 갈등과 충돌은 조심스럽게 피해야 하고, 형제간의 사랑이 품어져야 하고 활발한 협력이 증진되어야 한다. 누가 하든 간에 그리스도만이 전달되어진다면 함께 즐거워합시다.

본 선교회는 고등교육을 받은 자들을 선교회의 일꾼으로 기꺼이 환영한다. 높은 자질을 갖지 못한 자들을 위한 공간을 마련함으로 학문과 문화를 경멸코자 하는 것은 아니다. 하지만 모든 지원자들이 갖추고 있고 어느 것도 보상할 수 없는 최고의 자질로는 중생의 체험이 있어야 하고 그리스도를 증거하고 영혼을 구령하는데 성령으로 훈련받아 다듬어진 자임을 명시하고 있다. 지원자를 받아들이기 위해서는 영적으로 높은 수준의 자질을 갖고 있어야 만이 선교회를 보호할 수 있는 예방책이 될 것이다. 예전에 선교 사역의 경험이 없는 자들은 2년간 선교지에서 훈련을 받고 난 이후에 선교사로 받아들이는 것이 최선책으로 여겨진다.

몇몇 선교사는 선교지에서 마치 지도자로 활동하도록 요청을 받을 것이다. 하지만 사역을 수행하는데 있어서 중요한 단계는 사경회 이후에 이루어져야 하고 이때 선교사들 간의 연합 기도회는 이들로 하여금 일치된 마음을 갖게 한다. 하나님의 마음을 알 때까지 그분을 섬기며 기다리는 것이 하나님께서 새로운 단계에서 확신 있는 설득력으로 인도함으로 충분히 보상하실 것이다. 생각이 서로 맞지 않아 갈등이 생겨난다면 가정에서 회의 중재인은 조언을 받아야만 한다.

사람보다는 하나님을 믿는 것이 한국에서 새로운 선교회를 형성하는 길이어서 본 선교회는 영감 있는 하나님의 말씀을 지키며, 어떻게 구원을 받는지 그 이름을 믿고, 예배 시에 능력을 주시는 성령께 의지하고, 그리스도의 도래와 왕국을 기다리는 자들의 사랑과 교감과 기도를 추천하는 바이다.

회장: 말콤 펜윅, 한국 원산
명예 사무총장 및 재무: 조셉 더글라스
사서함 342번지 캐나다 토론토

나이아가라 사경회 도표[2]

연도	사경회 이름	장소
1868	제1차 비공식 신자들의 모임	제임스 잉글리스의 소책자 사무소, 뉴욕
1869	제2차 비공식 신자들의 모임	필라델피아, 펜실베니아
1870	제3차 비공식 신자들의 모임	세인트 루이스, 미주리
1871	제4차 비공식 신자들의 모임	갈트, 캐나다
1872	사경회 개최 무산	
1873	사경회 개최 무산	
1874	사경회 개최 무산	
1875	제5차 비공식 신자들의 모임	시카고, 일리노이스
1876	제1차 공식 신자들의 성경공부 모임	스왐스코트, 매사추세츠
1877	제2차 공식 신자들의 모임	왓킨스 글렌, 뉴욕
1878	제3차 공식 신자들의 모임	클리프톤 프링스, 뉴욕
1879	제4차 공식 신자들의 모임	클리프톤 프링스, 뉴욕
1880	제5차 공식 신자들의 모임	클리프톤 프링스, 뉴욕
1881	제6차 공식 신자들의 모임	올드 오차드, 메인
1882	제7차 공식 신자들의 모임	맥키낵 섬, 미시간
1883	제8차 공식 신자들의 모임	나이아가라, 캐나다
1884	사경회 개최 무산	
1885	제9차 공식 신자들의 모임	나이아가라, 캐나다
1886	제10차 공식 신자들의 모임	나이아가라, 캐나다
1887	제11차 공식 신자들의 모임	나이아가라, 캐나다
1888	제12차 공식 신자들의 모임	나이아가라, 캐나다
1889	제13차 공식 신자들의 모임	나이아가라, 캐나다
1890	제14차 공식 신자들의 모임	나이아가라, 캐나다
1891	제15차 공식 신자들의 모임	나이아가라, 캐나다
1892	제16차 공식 신자들의 모임	나이아가라, 캐나다
1893	제17차 공식 신자들의 모임	나이아가라, 캐나다
1894	제18차 공식 신자들의 모임	나이아가라, 캐나다
1895	제19차 공식 신자들의 모임	나이아가라, 캐나다
1896	제20차 공식 신자들의 모임	나이아가라, 캐나다
1897	제21차 공식 신자들의 모임	나이아가라, 캐나다
1898	제22차 공식 신자들의 모임	포인트 코투카, 뉴욕
1899	제23차 공식 신자들의 모임	포인트 코투카, 뉴욕
1900	제24차 공식 신자들의 모임	에즈베리 공원, 뉴저지

나이아가라 사경회의 신앙 선언문[3]

I.

"모든 성경이 하나님의 감동으로 쓰인 것"으로 믿고 이 책을 성경이라 부른다. 우리는 천재의 작품이 영감을 받았다든가 성령께서 거룩한 노인들에게 성경의 말씀을 주었다는 뜻으로 바보같이 말하는 이런 진술을 받아들이지 않는다. 하나님의 영감은 정도에 따라 차이가 있는 것이 아니라 성경의 모든 부분까지 그리고 단어가 원문에서 발견된다면 가장 작은 단어나 단어의 변화에 이르기까지 역사적으로 시적으로 교리적으로 예언적으로 똑같이 완벽하게 쓰여있다. 딤후 3:16-17; 벧후 1:21; 고전 2:13; 막 12:26, 36, 13:2; 행 1:16, 2:4.

II.

하나님께서 성부, 성자, 성령의 삼위(三位) 안에서 영원토록 존재한다는 사실을 믿는다. 이 삼위는 한 하나님으로서 엄밀히 같은 본질과 속성과 완벽함과 가치가 똑같은 존경과 신뢰와 순종을 갖는다. 막 12:29; 요 1:1-4; 마 28:19-20; 행 5:3-4; 고후 13:14; 히 1:1-3; 계 1:4-6.

III.

인간이 하나님의 형상을 따라 처음에 창조되었지만 금단의 실과를 따

먹음으로 고귀하고 신성한 위치에서 추방당하였고 불순종의 결과로 끔찍스러운 죽음의 형벌이 즉시 주어진 것을 믿는다. 그래서 인간의 도덕성은 타락으로 인해 심각하게 훼손되었고 마침내 자신의 영적 생활은 파괴되어 죄와 허물로 죽게 되었고 사탄의 권세에 지배를 받게 되었다. 창 1:26, 2:17; 요 5:40, 6:53; 엡 2:1-3; 딤전 5:6; 요일 3:8.

IV.

영적 사망이나 인간의 전적인 타락은 인간이신 예수 그리스도만을 제외하고 전 인류에게 전염되었음을 믿는다. 그래서 아담의 후손은 영적 생활의 활기도 없을 뿐만 아니라 근본적으로 변함없이 악하며 하나님을 거슬러 적의를 품고 있는 존재로서 하나님의 법에 순종하는 것과 상관없이 어떤 교육과정으로도 무력한 존재로 세상에 태어나게 된다. 창 6:5; 시 14:1-3, 51:5; 렘 17:9; 요 3:6; 롬 5:12-19, 8:6-7.

V.

어느 누구도 일반적으로 악행과 죄로 인하여 사망함으로 구원함을 받지 못하면 하나님의 왕국에 들어갈 수 없음을 믿는다. 개혁이 위대하든, 도덕적 수준이 높든, 문화가 매력적이든, 박애주의적 철학적 계획과 사회가 유용하든, 침례와 다른 예식을 행하든 어떤 것도 죄인으로 하여금 천국에 이르는 한 단계가 될 수 없다. 하지만 새로운 본성이 위로부터 주어지는데 그것은 성령께서 말씀을 통하여 주신 새로운 삶으로 영원한 구원을 주시는 것이다. 사 64:6; 요 3:5, 18; 갈 6:15; 빌 3:4-9; 딛 3:5; 약 1:18; 벧전 1:23.

VI.

우리의 구속함은 우리를 위해 죄악을 담당하시고 고난을 지시고 대신 죽으신 주되신 예수 그리스도의 보혈만으로 이루어져 왔음을 믿는다. 어떤 회개도, 감정도, 신앙도, 선한 결정도, 충실한 노력도, 사도시대 이후 세워진 교회나 모든 교회의 규칙과 법규에 대한 순종도 고귀한 그리스도의 보혈의 가치에 그리고 완성된 사역의 공로에 더 할 순 없다. 이것은 하나님의 위(位)에 있는 진실 되고 고유한 신성을 완벽하고 죄 없는 인간으로 결합시킨 하나님께서 우리를 위해 일하신 결과이다. 레 17:2; 마 26:28; 롬 5:6-9; 고후 5:21; 갈 3:13; 엡 1:7; 벧전 1:18-19.

VII.

그리스도께서 죽음에 이르기까지 순종함으로 얻은 무한한 축복과 오직 믿음으로만 그리스도를 영접하게 된다는 것을 믿는다. 그리고 그리스도를 구세주로 믿는 순간에 우리는 사망을 지나 영원한 생명에 이르게 되고, 모든 것으로부터 의롭게 되며, 그리스도께서 우리를 받아주심으로 말미암아 아버지 앞에서도 받아들여지며, 그 분이 사랑을 받는 것처럼 사랑을 받고, 그 분과 관련되어있는 것처럼 그 분의 공간과 몫을 소유하게 되고, 그 분과 함께 영원함을 누리게 된다. 요 5:24, 17:23; 행 13:39; 롬 5:1; 엡 2:4-6, 13; 요일 4:17, 5:11-12.

VIII.

성경에 계시된 것처럼 그리스도를 믿음으로 성령을 통해 중생함을 받은 몇 사람뿐만 아니라 모든 사람들의 특권이라고 하는 것은 그리스도를 구주로 받아들이는 순간부터 구원함을 받았다는 확신이 있음을 믿는다. 이러한 확신은 어떤 상상으로 자신의 가치를 발견하는 것이 아니라 전적으로 성경에 있는 하나님의 말씀을 발견하기 때문이고, 하나님의 자녀로서 부모의 사랑과 감사와 순종을 기쁘게 여긴다. 눅 10:20, 12:32; 요 6:47; 롬 8:33-39; 딤후 1:12; 요일 5:13.

IX.

모든 성경은 처음부터 끝까지 주되신 예수 그리스도가 중심이 되며, 그의 인성과 사역, 그의 초림과 재림을 믿는다. 그래서 구약의 어떤 장(章)도 주님이 인도하실 때까지는 읽혀지거나 이해되지도 못했을 것이다. 더욱이 구약성경의 모든 장을 포함해서 모든 성경은 처음부터 끝까지 실제적인 훈련을 주목적으로 하였다. 눅 24:27, 44; 요 5:39; 행 17:2-3, 18:28, 26:22-23, 28:23; 롬 15:4; 고전 10:11.

X.

교회는 성령과 부활하시고 승천하신 하나님의 아들로 연합한 모든 사람들로 구성되어 있음을 믿는다. 우리가 유대인이든 이방인이든 간에 같은 성령으로 우리 모두는 한 몸으로 침례를 받은 자들이다. 그래서 한 몸의 지체인 우리들은 평화의 밧줄로 즉, 분파적인 편견과 교단적인 고집을 넘어서 순진한 마음으로 서로를 열정적으로 사랑함으로서 성령의 연합을 유지하는데 책임이 있다. 마 16:16-18; 행 2:32-47; 롬 12:5; 고전 12:12-27; 엡 1:20-23, 4:3-10.

XI.

성령은 힘이 아닌 하나님의 한 인격체로서 모든 예배의 근원과 능력이 되시며 우리 안에 거하는 위로자이시며 조력자이심을 믿는다. 성령은 자신의 출발을 교회와 성도들의 연약함으로부터 취하지 않고, 그리스도를 간증하는 현재로부터 출발한다. 이때 우리는 우리 스스로가 아니며 우리의 경험도 아닌 성령과 함께 거하기를 구하고 있을 때이다. 요 7:38-39, 14:16-17, 15:26; 16:13-14; 행 1:8; 롬 8:9; 빌 3:3.

XII.

우리는 육신을 본받을 자가 아니라 성령을 본받을 자로 걸어가도록 거룩한 소명을 받은 자임을 믿는다. 그래서 성령 안에서 살아가기 위해 우리는 육신의 허영을 채우지 않고 세상의 순례의 마지막에 서 있는 자로서 끊임없이 그리스도께 순종할 필요가 있는데 그렇지 않으면 그리스도의 이름을 불명예스럽게 할 것이 분명할 것이다. 롬 8:12-13, 13:14; 갈 5:16-25; 엡 4:22-24; 골 3:1-10; 벧전 1:14-16; 요일 3:5-9.

XIII.

구원을 얻기 위해 주되신 예수 그리스도를 믿는 자들의 영혼은 죽을 때에 즉시 하나님의 임재로 들어가게 되며 그곳에서 주님이 재림하시어 육신의 부활이 일어날 때 까지 더없는 의식적인 기쁨을 누리게 되는데 이때 재결합된 영과 몸은 영원토록 그리스도와 함께 영광에 이를 것을 믿는다. 하지만 불신자의 영혼은 죽고 난 이후 천년왕국이 끝날 무렵 대심판이 있을 때까지 양심적 고통을 겪게 되고 이때 재결합된 영과 몸은 불 못으로 던져져 전멸되지 않고 주님의 임재하심으로부터 그리고 주님의 능력의 영광으로부터 영원한 파멸을 당하게 될 것이다. 눅 16:19-26, 23:43; 고후 5:8; 빌 1:23; 살후 1:7-9; 유 6-7; 계 20:11-15.

XIV.

이 세상은 현재 세대 동안에는 회개치 않다가 심판 때에 빠르게 열매 맺을 것인데 이때 그리스도의 육신인양 속이는 무서운 배교자도 있을 것이라고 믿고 있다. 그래서 주되신 예수께서 육신의 몸을 입으시고 천년시대를 소개하기 위해 내려올 것이며 이때 이스라엘은 자신의 땅에서 회복될 것이며, 이 세상은 완벽하게 주님을 깨닫게 될 것이고, 이런 그리스도의 인성과 전천년주의 재림은 우리가 끊임없이 추구해야 할 복음 안에서 우리 앞에 놓인 축복된 소망이라 할 수 있다. 눅 12:35-40, 17:26-30, 18:8; 행 15:14-17; 살후 2:3-8; 딤후 3:1-5; 딛 2:11-15.

나이아가라 사경회의 순서[4]
(1894년 7월 12일-18일)

매일 아침 기도회가 6:30-7:00까지 있고, 사경회는 매일 9:30-10:00까지 30분정도의 찬양과 기도로 시작한다. 매번 성경공부로 시작하고 기도와 찬양으로 끝을 맺는다.

7월 12일 목요일

10:00	성령의 상징	J. W. Chapman
10:45	히브리서에서의 메시아 재림과 왕국	W. J. Erdman
15:30	모세와 바울	G. C. Needham
16:30	공관복음에서의 세대주의 특징	C. I. Scofield
20:00	소수의 성경책	H. W. Congdon
	교회	C. Woelfkin

7월 13일 금요일

10:00	성령	J. W. Chapman
10:45	빌립보서 3:1-21	J. M. Stifler
11:30	이스라엘의 회복	H. M. Parsons
15:30	삼손	G. C. Needham
16:30	하나님의 정의	W. G. Moorehead
20:00	찬양 예배: 질의 응답시간, 서신 낭독	

7월 14일 토요일

10:00 사도행전에서의 성령   H. W. Frost
10:45 구약의 초자연적인 것에 대한 신약의 증거   E. P. Goodwin
15:00 아브라함과 다윗 계약   E. F. Stroeter
16:00 교회에서의 관계   C. I. Scofield
20:00 주님의 재림   T. Wardrope

7월 15일 일요일

09:30 주일 성경공부: 고린도후서 5장
11:00 설교 – 시편 14:   J. W. Chapman
16:30 주의 만찬식
20:00 찬양 예배   G. C. Needham

7월 16일 월요일

10:00 모세 5경에서의 성령   E. P. Marvin
10:45 성경의 영감과 무오   T. Wardrope
11:30 서신서에서 그리스도의 유사성   W. J. Erdman
16:00 그리스도의 인성과 성품에 대한 잘못된 견해   W. G. Moorehead
20:00 예언의 부분적이며 완전한 완성   Prof. Farr

7월 17일 화요일

10:45	이스라엘과 국가	H. M. Parsons
11:30	갈라디아서 1장-3장	J. M. Stiefler
15:00	갈라디아서 4장-6장	J. M. Stiefler
16:00	성경 읽기	
20:00	그리스도의 전천년주의 재림에 대한 개인의 신앙고백	

7월 18일 수요일

10:00	영광의 성령	W. J. Erdman
10:30	로마서 11장	E. F. Stroeter
11:15	로마서 7장-8장	W. G. Moorehead
14:00	고별모임	H. M. Parsons

클래런던 스트리트 침례교회의 신앙과 실천 선언문[5]

I.

하나님 한 분만이 살아계시며 진리가 되시고 모든 자연 가운데서 시간과 공간을 초월하시며 도덕적으로 흠이 없으신 분이시다. 하나님은 스스로를 아버지와 아들과 성령의 이름으로 사람들에게 알리셨고 본질적으로는 동일하시며 신의 모든 완전함에 있어서도 동일하다. 출 20:1-3; 고전 8:4; 고후 8:14; 요일 1:3.

II.

사람은 영으로 창조되었지만 하나님의 법을 어김으로서 자신의 신분을 잃어버렸고 하나님과 교제하는 것에서도 멀어졌다. 하나님의 지정으로 말미암아 아담은 그의 모든 자손의 전형이어서 그 안에 우리는 죄로 죽을 수밖에 없다. 본질상 우리는 선한 일을 할 수 없고 모든 죄에 빠지게 되고 진노의 자식이며 죽을 수밖에 없고 모든 고통을 당하며 세속적이고도 영원한 자녀이다. 창 6:5, 8:21; 시 14:1-3; 롬 11:32; 갈 3:22; 약 1:15; 계 21:8.

III.

죄로 인해 죽을 수밖에 없는 상태에서 구원을 받을 수 있는 유일한 길은 예수 그리스도의 의와 죄 사함으로 이루어진다. 예수 그리스도는 선한 목자여서 자기의 양들을 구원하기 위해 인간의 모습으로 이 땅으로 내려오신 것이다. 회개의 영이 임하여 예수 그리스도를 믿는 자들만이 그리스도의 속죄함으로 마침내 구원함을 받을 수 있을 것이다. 행 5:31; 요 5:24, 6:40, 20:31; 벧전 1:8-9.

IV.

복음을 듣고 회개하고 믿었던 혹은 믿을 사람은 누구든지 세상이 창조되기 전 그리스도 안에 선택되어 구원을 얻는다. 하나님의 영원한 사랑이 이들에게 임하여서 그리스도의 속죄함으로 말미암아 이들의 심령 속에 회심이 일어날 수 있도록 성령께서 보내심을 받았고 누구든지 회심을 하지 않고는 회개할 수도 믿을 수도 없다. 요 16:7-14; 행 13:48; 롬 6:22, 8:30, 11:5-7; 골 1:11-13; 살후 2:13-14; 약 2:5; 벧전 1:2; 시 51:10.

V.

어느 것도 신실한 신자들을 하나님의 사랑에서 분리시킬 수 없지만 구원을 얻는 믿음으로 말미암아 하나님의 능력이 이들을 지켜줄 것이다. 시 36:23-24; 잠 2:8; 사 54:17; 렘 32:40; 요 4:14, 8:7, 17:2-3; 롬 8:31-39; 빌 1:6; 히 6:17-18; 벧전 1:5; 유 24.

VI.

침례식과 주의 만찬식만이 신자들이 지켜야 할 사항이다. 침례는 침수(浸水)로 행해져야 하고 성경의 예처럼 주의 만찬은 없어서는 안 될 요소이다. 막 1:5; 눅 3:7-8, 21; 마 3:16; 행 2:44, 8:12-39, 10:47,

16:14-34, 18:8; 롬 6:3-4; 요 3:22, 4:1; 엡 4:5; 갈 3:27; 고전 12:13.

VII.

일주간의 첫 날은 주의 날이라 불리며 기독교인의 안식일로 거룩해야 한다. 성도들은 스스로 이날에 반드시 함께 모여, 공적인 방법으로 하나님께 예배하며, 기도로 감사함으로 제단을 쌓고, 전달된 하나님의 말씀과 예식에 참여하며, 시편과 찬양과 영적인 노래를 불러야 할 책임이 있다. 출 16:23-30, 31:13-14; 레 19:3, 23:3; 신 5:12-13; 사 56:4-6, 58:13; 겔 20:12; 마 18:20; 요 20:19-29; 행 1:13-14, 2:1, 20:7; 고전 5:4.

VIII.

모든 사람들이 부활할 것이다. 그리스도는 산자와 죽은 자를 심판하기 위해 재림할 것이며 이때 회개치 않고 하나님과 화해하지 않은 자들은 그들의 죄 값으로 영원한 형벌을 받게 될 것이다. 하나님의 은혜로 새로운 생명을 얻거나 자신의 허물을 어린양의 피로서 씻음을 받은 자들은 죄의 지배에서 완전히 벗어나게 될 것이며 영원한 기쁨과 찬양으로 거룩하고 천국 같은 예루살렘에 입성하게 될 것이다. 이들은 영원토록 주님과 함께 할 것이다. 시 28:4, 62:12; 겔 37:1-10; 막 12:26-27; 요 6:39-40, 11:24-25; 행 24:15; 롬 14:10, 12; 고전 4:5, 5:22; 고후 5:10; 빌 3:21; 살전 4:14-17; 계 20:12, 22:12; 사 25:8, 35:10, 60:20.

고든 선교사 훈련학교 일반 정보[6]

고든 박사가 세상을 떠나기 전 지난 세월 동안 공식적으로 학교를 소개한 대학 요람은 다음과 같다:

이 학교는 하나님께 소명을 받아 기독교 봉사에 헌신하기로 하였지만 연령이나 다른 이유로 인해 대학 과정을 밟을 수 없는 젊은 남자들과 여자들을 훈련시키기 위하여 설립된 것이다. 교육은 주로 성경적이며 실제적이고 세 가지 내용을 특별히 다루고 있다.

첫째, 헌신적이며 성공적인 기독교인의 삶

둘째, 이해하기 쉽고 즉시 사용할 수 있는 성경 지식

셋째, 기독교인 사역에서의 지속적이며 효과적인 실제

수업 연수

엄격한 커리큘럼과 공식적인 졸업은 없다. 하지만 하나님께서 허락하신다면 학생은 2년 동안 공부하는 것이 바람직하다.

입학 자격

1. 입학생 스스로가 전적으로 주님을 섬기는데 입증할 만한 충분한 은사와 헌신을 지니고 있어야 한다.
2. 분명하게 영어로 교육받을 수 있는 지식이 있어야 한다.
3. 교회나 목사나 다른 책임 있는 기관이 입학생의 인격이나 학업 취지를 인정하는 추천이 따라야 한다.

고든 대학교 동창생 규정[7]

고든 대학교를 적어도 1년간 출석한 졸업생들과 옛 학생들은 어느 누구도 예외 없이 동창생으로서 자격이 있다.

주 註

1) Pierson, "Principles and Motto," 460-1.

2) Pattegrew, "The Historical and Theological Contributions of the Niagara Bible Conference to American Fundamentalism," 232-5.

3) James H. Brooks, "Declaration of Doctrinal Belief of Niagara Bible Conference," *The Truth* 20 (August-September 1894): 509-11.

4) 펜윅은 1893년부터 1896년까지 약 3년간 캐나다와 미국에 머물고 있으면서 1894년 사경회에 참석하였고 이때의 사경회 순서이다. James H. Books, "Order of Exercises of Niagara Bible Conference," *The Truth* 20 (August-September 1894): 512를 보라.

5) Gordon, *A Brief History of the Clarendon Street Baptist Church, Boston*, 37-45.

6) Gordon College and Gordon Divinity School, *Gordon 75th Anniversary Year*, 5.

7) Gordon College, *Gordon College Alumni Directory, 1889-1979*, vi.

1. 단행본

김갑수. 「한국 침례교 인물사」. 서울: 시와 시론사, 1981.

김용국. 「한국 침례교 사상사: 1889-1997」. 대전: 침례신학대학교출판부, 2011.

_____. 「꿈의교회 120년사: 꿈의 사람 꿈의 역사」. 서울: 요단출판사, 2016.

김용해. 「대한기독교침례회사」. 서울: 성청사, 1964.

김장배. 「침례교회의 산 증인들」. 서울: 침례회출판사, 1981.

김진환. 「한국교회 부흥 운동사」. 서울: 서울서적, 1993.

민경배. 「한국기독교회사」. 서울: 대한기독교서회, 1996.

성광교회 50년사 편찬위원회. 「은혜의 반세기 성광교회 50년사」. 서울: 누가출판사, 2017.

안희열. 「말콤 펜윅: 시대를 앞서 간 선교사」. 대전: 침례신학대학교출판부, 2006.

_____. 「말콤 펜윅: 시대를 앞서 간 선교사」. 개정증보판, 대전: 침례신학대학교출판부, 2010.

_____. 「선교와 문화」. 대전: 침례신학대학교출판부, 2015.

오지원. 「칠산침례교회 120년사」. 서울: 누가출판사, 2016.

이영헌.「한국기독교회사」. 서울: 컨콜디아사, 1992.

이정수 편.「한국침례교회사」. 서울: 침례회출판사, 1994.

전택부.「한국교회 발전사」. 서울: 대한기독교출판사, 1989.

조병삼.「용안침례교회 112년사」. 익산: 성오, 2012.

최봉기, 펜윅신학연구소 편.「말콤 C. 펜윅: 한국기독교 토착화의 거보」. 서울: 요단출판사, 1996.

침례교신학연구소 편.「한국 침례교와 신앙의 특성」. 대전: 침례신학대학교출판부, 2000.

_____.「한국 침례교와 실천적 특성」. 대전: 침례신학대학교출판부, 2001.

한국교회사학연구원 엮음.「내한 선교사 연구」. 서울: 대한기독교서회, 2011.

허긴.「한국침례교회사」. 대전: 침례신학대학교출판부, 1999.

Allen, Roland. *Missionary Methods: St. Paul's Or Ours?* Grand Rapids: William B. Erdmans Publishing Co., 1962.

_____. *The Spontaneous Expansion of the Church.* Grand Rapids: William B. Erdmans Publishing Co., 1962.

Al-Masih, Abd. *Islam from A Biblical Perspective.* Villach, Austria: Light & Life, 1997.

Barker, Joel Arthur. *Future Edge: Discovering in the New Paradigms of Success.* New York: William Morrow and Co., 1992.

Bassham, Rodger C. *Mission Theology: 1948-1975 Year of Worldview Creative Tension Ecumenical, Evangelical, and Roman Catholic.* Pasadena, CA: William Carey Library, 1979.

Bavinck, J. H. *An Introduction to the Science of Missions.* Philadelphia: Presbyterian and Reformed Publishing Co., 1960.

Boer, Harry R. *Pentecost and Missions*. Grand Rapids: William B. Erdmans Publishing Co., 1975.

Bosch, David J. *Transforming Mission: Paradigm Shifts in Theology of Mission*. Maryknoll, NY: Orbis Books, 1997.

_____. *Witness to the World: The Christian Mission in Theological Perspective*. Atlanta: John Knox Press, 1980.

Boston Missionary Training School, *Catalogue and Prospectus of the Boston Missionary Training School with Abstract of Third Annual Report*. Boston: Boston Missionary Training School, 1892.

Braswell, George W., Jr. *Understanding World Religions*. Nashville: Broadman & Holman Publishing, 1994.

Brereton, Virginia Lieson. *Training God's Army: The American Bible School, 1880-1940*. Indianapolis: Indiana University Press, 1990.

Brooks, James. *Israel and the Church*. New York: Fleming H. Revell Co., 1891.

Brown, George Thompson. *Mission to Korea*. Philadelphia: Board of World Mission, 1962.

Channy, Charles L. *The Birth of Missions in America*. Pasadena: William Carey Library, 1976.

_____. *Church Planting at the End of the Twentieth Century*. Wheaton, IL: Tyndale House Publishers, 1986.

Chapell, F. L. *Biblical and Practical Theology*. Philadelphia: Harriet Chapell, 1901.

_____. *The Great Awakening of 1740*. Philadelphia: American Baptist Publication Society, 1903.

Choi, Myung Keun. *Changes in Korean Society Between 1884-1919 as a Result* of the Introduction of Christianity. New York: Peter Lang, 1997.

Clark, S. D. *Church and Sect in Canada*. Toronto: University of Toronto Press, 1948.

Clark, Clifford E. *Drama in the Real Lives of Missionaries*. Milford, OH: John the Baptist Printing Ministry, 1998.

Cole, Stewart G. *The History of Fundamentalism*. Westport, CT: Geenwood Press, 1931.

Crawley, Winston. *Global Mission: A Story to Tell*. Nashville: Broadman Press, 1985.

Davis, Daniel M. *The Life and Thought of Henry Gerhard Apenzeller, 1858-1902*. Vol. 1. Lewiston: Edwin Mellen Press, 1988.

Dayton, Donald W., and Robert K. Johnston., eds. *The Variety of American Evangelicalism*. Downers Grove, IL: InterVarsity Press, 1991.

Dickie, Donalda. *The Great Adventure: An Illustrated History of Canada for Young Canadians*. Toronto: J. M. Dent & Sons, 1958.

Dollar, George W. *A History of Fundamentalism in America*. Greenville, SC: Bob Jones University Press, 1973.

Eastman, Roger, ed. *The Ways of Religion*. Oxford: Oxford University Press, 1999.

Eaton, W. H. *Historical Sketch of the Massachusetts Baptist Missionary Society and Convention*. Boston: Massachusetts Baptist Convention, 1903.

Erickson, Millard J. *The Evangelical Mind and Heart: Perspective on Theological and Practical Issues*. Grand Rapids: Baker Book House, 1993.

_____. *How Shall They Be Saved?: The Destiny of Those Who Do Not Hear of*

Jesus. Grand Rapids: Baker Books, 1996.

Estep, William R. *Why Baptist?* Fort Worth: Southwestern Baptist Theological Seminary, 1997.

Fenwick, Malcolm C. *The Church of Christ in Corea: A Pioneer Missionary's Own Story.* New York: George H. Doran Co., 1911.

_____. *Life in the Cup.* Mesa Grande, CA: Church of Christ in Corea Extension, 1917.

_____. 「말콤 펜윅」. KIATS 엮음. 서울: 한국고등신학연구원(KIATS), 2016.

_____. 「찌그러진 통에 불과할지라도」. KIATS 번역팀. 서울: 한국고등신학연구원(KIATS), 2016.

Findlay, James F. *Dwight L. Moody, American Evangelist, 1837-1899.* Chicago: University of Chicago Press, 1969.

Gale, James S. *Korea in Transition.* New York: Missionary Education Movement of the United States and Canada, 1912.

_____. *Korean Sketches.* New York: Fleming H. Revell Co., 1898.

_____. *The Vanguard: A Tale of Korea.* New York: Laymen's Missionary Movement, 1904.

Garbarino, Merwyn S. *Sociocultural Theory in Anthropology: A Short History.* Prospect Height, IL: Waveland Press, 1977.

Garrett, James Leo, Jr. *Systematic Theology.* 2 vols. North Richland Hills, TX: BIBAL Press, 2000-1.

_____. ed. *We Baptist.* Frankin, TN: Providence House Publishers, 1999.

Gasper, Louis. *The Fundamentalist Movement.* The Hague, Paris: Mouton & Co., 1963.

Gibson, Scott M. *A. J. Gordon: American Premillennialist*. New York: University Press of America, 2001.

Gibson, William. *The Year of Grace*. Boston: Gould and Lincoln, 1860.

Gordon, Adoniram Judson. *A Brief History of the Clarendon Street Baptist Church, Boston*. Boston: Gould and Lincoln, 1872.

_____. *Ecce Venit Behold He Cometh*. New York: Fleming H. Revell Co., 1889.

_____. *Great Pulpit Masters: A. J. Gordon.*. New York: Fleming H. Revell Co., 1951.

_____. *How Christ Came to Church*. New York: Fleming H. Revell Co., 1895.

_____. *The Ministry of Healing*. New York: Fleming H. Revell Co., 1882.

_____. *The Ministry of the Spirit*. Philadelphia: American Baptist Publication Society, 1894.

_____. *The Ministry of Women*. Philadelphia: London: China Inland Mission, 1893.

_____. *Risen with Christ: An Address on the Resurrection*. New York: Fleming H. Revell Co., 1893.

_____. *The Service of a Good Life*. Boston: Fleming H. Revell Co., 1893, Boston: Gould and Lincoln, 1869.

_____. *A. The Twofold Life*. New York: Fleming H. Revell Co., 1883.

Gordon College, *Gordon College Alumni Directory, 1889-1979*. Wenham, MA: Office of Alumni Affairs, 1979.

Gordon College, and Gordon Divinity School. *Gordon 75th Anniversary Year*. Wenham, MA: Gordon College and Gordon Divinity School, 1964.

Gordon, Ernest B. *Adoniram Judson Gordon: A Biography*. New York: Fleming

H. Revell Co., 1896.

Hemphill, Ken. *The Antioch Effect*. Nashville: Broadman & Holman Publishers, 1994.

Hesselgrave, David J. *Communicating Christ Cross-Culturally*. 2nd ed. Grand Rapids: Zondervan, 1991.

_____. *Today's Choices for Tomorrow's Mission*. Grand Rapids: Academie Books, 1988.

Hesselgrave, David J., and Edward Rommen. *Contextualization: Meanings, Methods, and Models*. Grand Rapids: Baker Book House, 1989.

Hick, John. *God Has Many Names: Britain's New Religious Pluralism*. London: Macmillan Press, 1980.

Hiebert, Paul G. *Cultural Anthropology*. 2nd ed. Grand Rapids: Baker Book House, 1997.

Hobbs, Herschel H. *The Baptist Faith and Message*. Nashville: Convention Press, 1971.

Hodges, Melvin L. *The Indigenous Church*. Springfield, MO: Gospel Publishing House, 1976.

Hopler, Thom. *Reaching the World Next Door: How to Spread the Gospel in the Midst Cultures*. Downers Grove, IL: InterVarsity Press, 1993.

Hume, Robert E. *The World's Living Religions*. New York: Charles Scribner's Sons, 1959.

Johnstone, James. *Reality Versus Romance in South Central Africa*. London: Hodder and Stoughton, 1893.

Kane, J. Herbert. *Christian Mission in Biblical Perspective*. Grand Rapids: Baker Book House, 1976.

_____. *The Christian World Mission: Today and Tomorrow.* Grand Rapids: Baker Book House, 1981.

_____. *A Concise History of the Christian World Mission.* Grand Rapids: Baker Book House, 1978.

_____. *Understanding Christian Missions.* Grand Rapids: Baker Book House, 1974.

Knitter, Paul F. *No Other Name?* Maryknoll, NY: Orbis Books, 1999.

Kraft, Charles H. *Christianity in Culture.* Maryknoll, NY: Orbis Books, 1990.

Kapohl, Robert H., and Charles H. Lippy. *The Evangelicals: A Historical, Thematic, and Biographical Guide.* Westport, CT: Greenwood Press, 1999.

Kraus, C. Norman. *Dispensationalism in America.* Grand Rapids: William B. Eerdmans Publishing Co., 1945.

Kuiper, P. B. *God-Centered Evangelism.* Grand Rapids: Baker Book House, 1961.

Luzbetak, Louis J. *The Church and Cultures.* Maryknoll, NY: Orbis Books, 1998.

McGregor, William M. *Trinity College Glasgow: A Souvenir of the Union, 1856-1929.* Glasgow, Scotland: Trinity College, 1930.

McGavran, Donald A. *Understanding Church Growth.* Grand Rapids: William B. Eerdmans Publishing Co., 1970.

McLoughlin, William G., Jr. *Modern Revivalism: Charles Grandison Finney to Billy Graham.* New York: Ronald Press, 1959.

Millikin, Jimmy A. *Christian Doctrine for Evangelism: An Introduction to Baptist Beliefs.* Greensboro, NC: Gateway Publications, 1976.

Nash, Ronald H. *Is Jesus the Only Savior?* Grand Rapids: Zondervan Publishing House, 1994.

Neil, Stephen. *A History of Christian Missions*. New York: Penguin Books, 1964.

Niagara Bible Conference, ed. *Lakeside Studies: Being a Report of the Niagara Bible Conference Held at Niagara-on-the-Lake, Ontario, July 9-16, 1891*. Toronto: Toronto Willard Tract Depository, 1891.

Nicholls, Bruce J. *Contextualization: A Theology of Gospel and Culture*. Vancouver, Canada: Regent College, 1995.

Orr, J. Edwin. *The Fervent Prayer*. Chicago: Moody Press, 1974.

Packer, J. I. *Evangelism & the Sovereignty of God*. Downers Grove, IL: InterVarsity Press, 1961.

Paik, L. George. *The History of Protestant Missions in Korea, 1832-1910*. Seoul: Yonsei University Press, 1927.

Pentecost, Edward C. *Issues in Missiology: An Introduction*. Grand Rapids: Baker Book House, 1982.

Piper, John. *Let the Nations Be Glad!: The Supremacy of God in Missions*. Grand Rapids: Baker Books, 1993.

Rauschenbusch, Walter. *A Theology for the Social Gospel*. New York: Macmillan Co., 1917.

Rhodes, Harry A. ed. *History of the Korea Mission, Presbyterian Church in the U.S.A., 1884-1934*. Seoul: Chosun Mission Presbyterian Church U.S.A., 1934.

Richardson, Don. *Eternity in Their Hearts*. Ventura, CA: Regal Books, 1981.

Robinson, S. V. *Report of the Believers' Meeting for Bible Study Held at*

Niagara-on-the-Lake, Ontario, July 18-25, 1888. Toronto: Toronto Willard Tract Depository, 1888.

Russell, C. Allyn. *Voices of American Fundamentalism*. Philadelphia: Westminster Press, 1976.

Sandeen, Ernest Robert. *The Origins of Fundamentalism: Toward A Historical Interpretation*. Philadelphia: Fortress Press, 1968.

Sanders, John. *No Other Name*. Grand Rapids: William B. Eerdmans Publishing Co., 1992.

Schleiermacher, Friedrich Daniel Ernst. *The Christian Faith*. Edinburgh: T. & T. Clark, 1928.

Seamands, John T. *Tell It Well: Communicating the Gospel Across Cultures*. Kansas City, MO: Beacon Hill Press of Kansas City, 1981.

Senior, Donald, and Carroll Stuhlmueller. *The Biblical Foundations for Mission*. Maryknoll, NY: Orbis Books, 1984.

Smith, Ebbie C. *Balanced Church Growth*. Nashville: Broadman Press, 1984.

Soltau, T. Stanley. *Korea: The Hermit Nation and Its Response to Christianity*. London: World Dominion Press, 1932.

Stott, John R. W. *Christian Mission in the Modern World*. Downers Grove, IL: InterVarsity Press, 1975.

Terry, John Mark, Ebbie Smith, and Justice Anderson, eds. *Missiology: An Introduction to the Foundations, History, and Strategy of World Missions*. Nashville: Broadmand & Holman Publishers, 1998.

Underwood, Horace G. *The Call of Korea*. New York: Fleming H. Revell Co., 1908.

_____. *Tragedy and Faith in Korea*. New York: Friendship Press, 1951.

Underwood, Lillias H. *Underwood of Korea.* New York: Fleming H. Revell Co., 1918.

Verkuyle, Johannes. *Contemporary Missiology: An Introduction.* Grand Rapids: William B. Eerdmans Publishing Co., 1978.

Wagner, C. Peter. *On the Crest of the Wave: Becoming a World Christian.* Ventura, CA: Regal Books, 1994.

_____. *Strategies for Church Growth.* Ventura, CA: Regal Books, 1989.

_____. *Your Church Can Grow: Seven Vital Signs of a Healthy Church.* Glendale, CA: A Division of G/L Publications, 1976.

_____. *Your Spiritual Gifts: Can Be Help Your Church Grow.* Ventura, CA: Regal Books, 1983.

Warren, Rick. *The Purpose-Driven Church.* Grand Rapids: Zondervan, 1995.

Wasson, Alfred W. *Church Growth in Korea.* New York: International Missionary Council, 1934.

Winter, Ralph D., and Steven C. Hawthorne, eds. *Perspectives on the World Christian Movement.* Pasadena: William Carey Library, 1992.

Wittke, Carl. *A History of Canada.* New York: Appleton-Century-Crofts, 1941.

Wood, Nathan R. *A School of Christ.* Boston: Halliday Lithograph Corporation, 1953.

Yang, Y. C. *China's Religious Heritage.* New York: Abingdon Cokesbury Press, 1943.

2. 편집 자료

김용복. "사경공부에 나타난 펜윅의 종말론."「한국침례교와 신앙의 특성」. 침례교신학연 구소 편, 75-120. 대전: 침례신학대학교출판부, 2000.

남병두. "동아기독교의 만주선교와 종성동교회의 역사적 의의."「한국침례교회와 역사 회고 와 성찰」. 허긴 박사 은퇴논문집 발간위원회 편, 99-130. 대전: 침례신학대학교출판부, 2010.

도한호. "펜윅의 우리말 성경에서 사용한 언어의 특징."「한국침례교와 신앙의 특성」. 침례교신학연구소 편, 45-73. 대전: 침례신학대학교출판부, 2000.

안희열. "펜윅의 영성."「한국침례교회와 역사 회고와 성찰」. 허긴 박사 은퇴논문집 발간위 원회 편, 131-60. 대전: 침례신학대학교출판부, 2010.

_____. "펜윅(M. C. Fenwick)의 신학사상과 초기 한국선교에 관한 연구."「내한 선교사 연 구」. 한국교회사학연구원 엮음, 201-27. 서울: 대한기독교서회, 2011.

이명희. "Malcolm C. Fenwick의 전도사역."「한국침례교회와 역사 회고와 성찰」. 허긴 박사 은퇴논문집 발간위원회 편, 161-85. 대전: 침례신학대학교출판부, 2010.

이현모. "침례교회와 선교."「한국침례교의 실천적 특성」. 침례신학연구소 편, 211-39. 대전: 침례신학대학교출판부, 2001.

Beaver, R. Pierce. "The History of Mission Strategy." In Perspectives on the World Christian Movement, ed. Ralph D. Winter and Steven C. Hawthorne, B-70. Pasadena: William Carey Library, 1981.

Beyerhaus, Peter. "The Three Selves Formula-Is It Built on Biblical Foundation." In Readings in Dynamic Indigeneity, ed. Charles H. Kraft and Tom N. Wisly, 15-30. Pasadena: William Carey Library, 1979.

Carey, William. "An Enquiry into the Obligation of Christians to Use Means for the Conversion of the Heathens." In *Perspectives on the World Christian Movement*, ed. Ralph D. Winter and Steven C. Hawthorne, B-94. Pasadena: William Carey Library, 1981.

Fackre, Gabriel. "Divine Perseverance." In *What About Those Who Have Never Heard?* ed. John Sanders, 81-86. Downers Grove, IL: InterVarsity Press, 1995.

Geisler, Norman. "God Knows All Things." In *Predestination and Free Will*, ed. David Basinger and Randall Basinger, 61-98. Downers Grove, IL: InterVarsity Press, 1986.

Gibson, Scott M. "A. J. Gordon and H. Grattan Guinness: A Case Study of Transatlantic Evangelism." In *Pilgrim Pathways*, ed. William H. Brackney, Paul S. Fides, and John H. Y. Briggs, 303-17. Macon, GA: Mercer University Press, 1999.

Gordon, Adoniram Judson. "The First Resurrection." In *The Prophecy Conference Movement*. Vol. 1, ed. Donald W. Dayton, 78-105. New York: Garland Publishing, 1988.

Hodges, Melvin L. "Why Indigenous Church Principles?" In *Readings in Dynamic Indigeneity*, ed. Charles H. Kraft and Tom N. Wisley, 6-14. Pasadena: William Carey Library, 1979.

Nash, Ronald H. "Restrictivism." In *What About Those Who Have Never Heard?* ed. John Sanders, 107-39. Downers Grove, IL: InterVarsity Press, 1995.

Newman, Don. "Keys to Unlocking Muslim Stronghold." In *Perspectives on the World Christian Movement*, ed. Ralph D. Winter and Steven C. Hawthorne, D-151. Pasadena: William Carey Library, 1981.

Ramseyer, Robert L. "Christian Mission and Cultural Anthropology." In *Exploring Church Growth*, ed. Wilbert R. Shenk, 108-16. Grand Rapids:

William B. Eerdmans Publishing Co., 1983.

Robert, Dana L. "Adoniram Judson Gordon, 1836-1895: Educator, Preacher, and Promoter of Missions." In *Mission Legacies: Biographical Studies of Leaders of the Modern Missionary Movement*, eds. Gerald H. Anderson, Robert T. Coote, Norman A. Horner, and James M. Phillips, 18-27. Maryknoll, NY: Orbis Books, 1994.

_____. "A. J. Gordon and World Evangelization." In *The Vision Continues*, ed. Garth M. Rosell, 3-18. South Hamiltion, MA: Gordon-Conwell Theological Seminary Press, 1992.

Sanders, John. "Introduction." In *What About Those Who Have Never Heard?* ed. John Sanders, 7-20. Downers Grove, IL: InterVarsity Press, 1995.

Smith, Ebbie. "Contemporary Theology of Religions." In *Missiology: An Introduction to the Foundations, History, and Strategy of World Missions*. ed. John M. Terry, Ebbie Smith, and Justice Anderson, 416-33. Nashville: Broadmand & Holman Publishers, 1998.

Verkuyl, Johnannes. "The Biblical Foundation for the Worldwide Mission Mandate." In P*erspectives on the World Christian Movement*, ed. Ralph D. Winter and Steven C. Hawthorne, A-51. Pasadena: William Carey Library, 1981.

Weber, Timothy P. "Premillennialism and the Branches of Evangelicalism." In *The Variety of American Evangelicalism*, ed. Donald W. Dayton and Robert K. Johnston, 5-21. Downers Grove, IL" InterVarsity Press, 1991.

3. 정기간행물

김갑수. "펜윅과 한국침례교회."「성광」. 2006년 3월호, 18-23.

김대응. "순교자 전치규 목사(1888. 1. 5-1944. 2. 13): 펜윅의 성경번역과 복음찬미 제작을 도우며, 교단을 이끈 죽음의 권세를 이긴 자."「뱁티스트」. 2015년 11/12월호, 36-48.

_____. "'동아기독교 교규' 최초 발견."「뱁티스트」. 2016년 5/6월호, 44-52.

_____. "동아기독교 시대 순교자를 배출하게 된 시대 상황의 확실한 공문서 최초 공개 '예심청구서.'"「뱁티스트」. 2017년 1/2월호, 36-44.

김용국. "말콤 펜윅의 신학적 특성 분석."「뱁티스트」. 2003년 9/10월호, 34-45.

_____. "펜윅과 대한기독교회의 신학적 정체성."「뱁티스트」. 2003년 11/12월호, 39-56.

_____. "말콤 펜윅과 율법폐기론에 대한 논쟁."「뱁티스트」. 2004년 1/2월호, 28-39.

_____. "말콤 펜윅의 교단적 정체성에 대한 논쟁."「뱁티스트」. 2004년 3/4월호, 24-33.

김용복. "사경공부에 나타난 Malcolm C. Fenwick의 신앙과 신학."「복음과 실천」 47 (2011 봄): 109-38.

김효연. "펜윅 역「신약젼셔」의 가치."「뱁티스트」. 2004년 3/4월호, 34-40.

_____. "펜윅 역「신약젼셔」의 가치(6)."「뱁티스트」. 2005년 1/2월호, 26-46.

_____. "펜윅과 대한기독교회의 오지선교."「복음과 실천」 21 (1998 겨울): 163-87.

"농장에서 시작된 자립선교, 침례교 펜윅 선교사 재조명."「크리스천투데이」.

2006년 4월 26일.

민경배. "말콤 펜위크의 한국선교." 「현대와 신학」 17 (1993): 59-81.

서경조. "서경조의 신도와 전도와 송천교회 설립역사." 「신학지남」 7 (1925): 92-3.

안희열. "한 세기 이상 역사 속에 묻힌 선교사, 빛을 보다." 「크리스천투데이」. 2006년 5월 24일.

_____. "말콤 펜윅, 자립선교 시대를 활짝 열다." 「성광」. 2006년 5월호, 20-4.

_____. "종교 신학적 관점에서 본 말콤 펜윅의 구원론과 초기 한국교회의 선교적 성과." 「성경과 신학」 55 (2010): 135-63.

_____. "양화진 선교사 묘원에 안장된 파울링 가족." 「성광」. 2010년 11월호, 18.

_____. "펜윅 선교사를 좋아하는 10가지 이유." 「한국선교 KMQ」. 2014년 봄호, 182-91.

오지원. "펜윅의 제1차 한국선교(1889-1893)(1)." 「뱁티스트」. 2018년 7/8월호, 63-80.

_____. "펜윅의 제1차 한국선교(1889-1893)(2)." 「뱁티스트」. 2018년 9/10월호, 77-90.

이명희. "펜윅의 선교교육 정책." 「복음과 실천」 16 (1993 가을): 175-201.

장수한. "문화로 읽는 Malcolm C. Fenwick의 선교." 「복음과 실천」 45 (2010 봄): 207-36.

최봉기. "펜윅과 한국침례교 관계 연구를 위한 제안." 「복음과 실천」 17 (1994 가을): 473-88.

"한국침례교회 토대 세운 말콤 펜윅 선교사 재평가." 「국민일보」. 2009년 12월 15일.

허긴. "대한기독교회와 달편지." 「복음과 실천」 14 (1991 가을): 352-69.

_____. "대한기독교회와 만주 선교사업." 「복음과 실천」 12 (1989 가을): 351-72.

"120주년 맞는 한국침례교, '펜윅을 기리다.'" 「크리스천투데이」. 2009년 12월 15일.

"Adoniram Judson Gordon." *Baptist Missionary Magazine* 75 (March 1895): 65-7.

"Boston Minister's Meeting." *The Watchman* 70 (November 21, 1889): 4.

"Boston Minister's Meeting." *The Watchman* 70 (November 28, 1889): 4.

"Boston Minister's Meeting." *The Watchman* 70 (December 5, 1889): 4.

"Boston Minister's Meeting." *The Watchman* 70 (May 22, 1890): 4.

Brooks, James H. "Annihilation or Conditional Immorality." *The Truth* 11 (1885): 554-67.

_____. "Annihilation or Conditional Immorality." *The Truth* 12 (1886): 17-36.

_____. "Believers' Meeting." *The Truth* 15 (1889): 481-2.

_____. "Believers' Meeting at Clifton Springs." *The Truth* 4 (1878): 404.

_____. "Believers' Meeting at Niagara." *The Truth* 11 (1885): 433-4.

_____. "Believers' Meeting for Bible Study." *The Truth* 12 (1886): 127-8.

_____. "Bible and Prophetic Conference." *The Truth* 12 (1886): 451-5.

_____. "Bible Reading." *The Truth* 23 (1897): 80-2.

_____. "Christ Our Subject." *The Truth* 11 (1885): 455-60.

_____. "Christ's Second Coming." *The Truth* 9 (1883): 543-54.

_____. "Christian Work Abroad." *The Truth* 11 (1885): 15-8.

_____. "Conference Notes." *The Truth* 11 (1885): 410-5.

_____. "Declaration of Doctrinal Belief of Niagara Bible Conference." *The Truth* 20 (August-September 1894): 509-11.

_____. "God's Plan of the Ages." *The Truth* 22 (1896): 310-19, 371-85.

_____. "The Holy Spirit as the Seal of the Believer." *The Truth* 11 (1885): 435-7.

_____. "The Holy Spirit in Ephesians." *The Truth* 19 (August-September 1893): 442-5.

_____. "Impregnable Foundation." *The Truth* 22 (August-September 1896): 423-9.

_____. "Israel in Jeremiah XXXI." *The Truth* 22 (August-September 1896): 430-4.

_____. "Jesus and His Disciples at the Table." *The Truth* 11 (1885): 467-71.

_____. "The Lord's Supper." *The Truth* 13 (1887): 508-26.

_____. "Meeting for Bible Study." *The Truth* 7 (1881): 483.

_____. "Millennial Dawn." *The Truth* 22 (August-September 1896): 435-44.

_____. "The Need of the Holy Spirit for the Study of the Word." *The Truth* 9 (1883): 435-9.

_____. "Niagara Bible Conference." *The Truth* 16 (1890): 362-6.

_____. "Niagara Bible Conference." *The Truth* 17 (1891): 185.

_____. "Niagara Bible Conference." *The Truth* 17 (1891): 225.

_____. "Niagara Bible Conference." *The Truth* 18 (1892): 636-8.

_____. "Niagara Bible Conference." *The Truth* 21 (1895): 271-2.

_____. "Niagara Conference." *The Truth* 15 (1889): 433-4.

_____. "Niagara Conference." *The Truth* 22 (1896): 421-2.

_____. "The Niagara Conference." *The Truth* 13 (1887): 433-6.

_____. "The Niagara Conference." *The Truth* 15 (1889): 433.

_____. "The Niagara Conference." *The Truth* 19 (August-September 1893): 441.

_____. "The Niagara Conference Number." *The Truth* 20 (1894): 421-511.

_____. "Order of Exercises of Niagara Bible Conference, July 12-18, 1894." *The Truth* 20 (August-September 1894): 512.

_____. "The Promise and Presence of the Holy Spirit." *The Truth* 13 (1887): 481-94.

_____. "The Purpose of God Concerning Israel, as Revealed in the Prophecy by Daniel." *The Truth* 9 (1883): 502-16.

_____. "The Revelation." *The Truth* 19 (August-September 1893): 486-99.

_____. "The Word at Niagara." *The Truth* 9 (1883): 433-4.

Bush, Luis, "Paradigm Shifts in World Missions." *International Journal of Frontier Missions* 16 (Fall 1999): 111-7.

Camp, Bruce K. "Major Paradigm Shift in World Evangelization." *International Journal of Frontier Missions* 11 (July-August 1994): 133-8.

Cameron, Robert, "Addresses at the Funeral." *The Watchword* 17 (February-March 1895): 34-43.

_____. "Dr. Gordon's Last Days." *The Watchword* 17 (February-March 1895): 29-33.

_____. "Dr. Gordon's Preacher." *The Watchword* 17 (February-March 1895):

47-55.

---. "Extracts from Letter." *The Watchword* 17 (February-March 1895): 43-6.

---. "The Gordon Missionary Training School." *The Watchword* 17 (June 1895): 87.

---. "Letter from D. L. Moody." *The Watchword* 17 (February-March 1895): 55-8.

---. "Outline of the Life of Pastor A. J. Gordon, D.D." *The Watchword* 18 (February 1896): 36-9.

---. "Sad Announcement." *The Watchword* 17 (February-March 1895): 371.

Chapman, J. Wilbur. "Did Ye Receive the Holy Spirit?" *The Truth* 20 (August-September 1894): 495-9.

Chapell, F. L. "Gordon's Training School." *The Watchword* 17 (October 1895): 203.

Cho, Timothy Hyo-Hoon. "Malcolm C. Fenwick in the History of the Korean Baptist Convention." *Baptist History and Heritage* 6 (January 1971): 45-8.

Clark, W. W. "Methods of Bible Study." *The Truth* 9 (1883): 468-71.

Cleland, T. H. "The Priesthood of Christ." *The Truth* 11 (1885): 472-7.

Congdon, H. W. "The Doom of the Lost." *The Truth* 9 (1883): 481-501.

---. "The Enduement with Power from on Hight." *The Truth* 22 (August-September 1896): 526-7.

---. "The Holy Spirit as Teacher." *The Truth* 21 (1895): 407-9.

---. "The Sprinkled Book." *The Truth* 20 (August-September 1894): 502-6.

Cooper, J. T. "Return of the Israelites to Their Own Land and the Restoration to Them of Their Kingdom." *The Truth* 9 (1883): 455-7.

Des Barres, T. C. "Crucified with Christ and Risen with Him." *The Truth* 9 (1883): 475-8.

_____. "The Prayer in the Third Chapter of th Epistle to the Ephesians." *The Truth* 22 (August-September 1896): 504-18.

Dixon, A. C. "Influence and Power." *The Truth* 22 (August-September 1896): 478-80.

Dollar, George W. "The Early Days of American Fundamentalism." *Bibliotheca Sacra* 123 (April-June 1966): 117-36.

_____. "Fact for Fundamentalists to Face." *Bibliotheca Sacra* 124 (April-June 1967): 144-9.

_____. "The Reverend F. L. Chapell." *Bibliotheca Sacra* 120 (April-June 1963): 126-36.

"Dr. Gordon's Yigintennial." *The Watchman* 71 (February 20, 1890): 4.

Erdman, Albert. "The Blessed Hope." *The Truth* 22 (August-September 1896): 495-8.

Erdman, W. J. "Bebelism." *The Truth* 15 (1889): 440-5.

_____. "Believers' Meeting for Bible Study." *The Truth* 11 (1885): 312-6.

_____. "Believers' Meeting for Bible Study." *The Truth* 12 (1886): 316-20.

_____. "Believers' Meeting for Bible Study." *The Truth* 13 (1887): 224-9.

_____. "Believers' Meeting for Bible Study." *The Truth* 15 (1889): 264-8.

_____. "Believers' Meeting for Bible Study." *The Truth* 15 (1889): 433-4.

_____. "Bible Study at Niagara." *The Truth* 9 (1883): 253-7.

_____. "The Blessed Hope." *The Truth* 14 (1888): 523-7.

_____. "Christ the Priest-His Offering." *The Truth* 12 (1886): 444-9.

_____. "Christ the Revealer of God Before His Incarnation." *The Truth* 12 (1886): 433-8.

_____. "Filled with the Spirit." *The Truth* 22 (August-September 1896): 480-8.

_____. "The Gifts of God and the Glorified Christ." *The Truth* 11 (1885): 440-5.

_____. "Hints for the Study of 1 John." *The Truth* 9 (1883): 523-7.

_____. "The Holy Spirit in Relation to the Books of the New Testament." *The Truth* 14 (1888): 513-8.

_____. "The Holy Spirit: Isaiah to Malachi." *The Truth* 14 (1888): 460-2.

_____. "How to Study the Bible." *The Truth* 14 (1888): 462-3.

_____. "The Likeness of Christ in the Epistle." *The Truth* 20 (August-September 1894): 487-90.

_____. "The Niagara Bible Conference." *The Watchword and Truth* 23 (June 1900): 186.

_____. The Niagara Bible Conference." *The Watchword and Truth* 23 (May 1901): 150-1.

_____. "No Millennium Before the Second Coming of Christ." *The Truth* 6 (1880): 513-4.

_____. "On Worship." *The Truth* 21 (1895): 415-6.

_____. "The Person and Premillennial Coming of Christ in Genesis to Deuteronomy." *The Truth* 14 (1888): 444-8.

_____. "Redemption and the New Things." *The Truth* 19 (August-September 1893): 522-4.

_____. "Seven Great Bible Truths." *The Truth* 21 (1895): 417-20.

_____. "Stewards of the Mysteries of God." *The Truth* 21 (1895): 420-3.

_____. "The Supernatural the Safe Standpoint in the Study of the Sacred Scripture." *The Truth* 19 (August-September 1893): 473-5.

Fenwick, Malcolm C. "Korean Bronze." *Korea Review* 5 (October 1905): 384-5.

_____. "Korean Farming." *Korean Repository* 5 (August 1898): 288-93.

"Foreign Department." *Baptist Missionary Magazine* 75 (July 1895): 235-45.

"Foreign Mission." *The Watchman* 70 (January 3, 1889): 5.

Gardner, E. P. "Christ as a Witness of Souls." *The Truth* 19 (August-September 1893): 463-6.

_____. "The Holy Spirit as the Source of Christian Experience." *The Truth* 19 (August-September 1893): 466-8.

_____. "To Me to Live Is Christ." *The Truth* 14 (1888): 433-7.

Goodwin, E. P. "The Bible Its Own Interpreter." *The Truth* 19 (August-September 1893): 535-41.

_____. "The Importance of Studying Prophecy." *The Truth* 19 (August-September 1893): 517-22.

Gordon, Adoniram Judson. "The Approaching End of the Age." *The Watchword* 1 (November 1878): 32.

_____. "At A Missionary Grave." *Missionary Review of the World* 16 (April 1893): 269-75.

_____. "Bible Reading." *The Watchword* 1 (November 1878): 6.

_____. "Boston Missionary Training School." *The Watchword* 11 (December 1889): 315.

_____. "Boston Missionary Training School." *The Watchman* 71 (May 1890): 4.

_____. "The Boston Missionary Training School." *The Watchword* 13 (September 1891): 252.

_____. "The Boston Missionary Training School." *The Watchword* 13 (October 1891): 280.

_____. "Caught up." *The Watchword* 1 (September 1879): 218-20.

_____. "Chinese Christians." *The Watchword* 15 (September 1893): 231-3.

_____. "Christian Science-Tested by Scripture." *The Watchword* 8 (November 1886): 197-270.

_____. "Come, Lord Jesus." *The Watchword* 15 (June 1893): 248-9.

_____. "The Conference." *The Watchword* 18 (September 1896): *230.*

_____. "Decentralization in Missions." *Missionary Review of the World* 15 (July 1892): 492-6.

_____. "Dr. Gordon's Vigintennial." *The Watchman* 71 (February 20 1890): 4.

_____. "Editorial." *The Watchword* 1 (October 1878): 2.

_____. "Education and Missions-I." *Missionary Review of the World* 16 (August 1893): 584-9.

_____. "Education and Missions-II." *Missionary Review of the World* 16 (November 1893): 881-8.

_____. "F. W. Robertson on Baptismal Regeneration." *Baptist Quarterly* 3 (October 1869): 405-18.

_____. "The Faith Element in Missions." *Missionary Review of the World* 14 (October 1891): 726-34.

_____. "Forerunners of Carey-II." *Missionary Review of the World* 15

(December 1892): 904-10.

_____. "Forerunners of Carey-III." *Missionary Review of the World* 16 (February 1893): 104.

_____. "The Gordon Missionary Training School." *The Watchword* 17 (June 1895): 87.

_____. "Gordon Missionary Training School." *Watchword and Truth* 23 (July 1901): 214-5.

_____. "Healing Through Faith." *The Watchword* 6 (April 1884): 138-9.

_____. "Heavenly Citizenship." *The Watchword* 9 (September 1887): 152.

_____. "Hebrew Mission." *The Watchword* 13 (January 1891): 26.

_____. "Hebrew Mission in Boston." *The Watchword* 13 (April 1891): 112.

_____. "The Holy Spirit." *Watchword and Truth* 20 (May 1898): 163-8.

_____. "How Can the Pulpit Best Counteract the Influence of Modern Skepticism?" *Homiletic Review* 13 (June 1887): 465-71.

_____. "How Must Better Then Is a Man Than a Sheep?" *Missionary Review of the World* 14 (January 1891): 43-6.

_____. "Importance of the Lord's Coming." *The Watchword* 17 (August 1895): 131.

_____. "Jewish Mission in Boston." *The Watchword* 12 (November 1890): 305-7.

_____. "Life and Death." *Watchword and Truth* 19 (December 1897): 303-4.

_____. "Light for the Last Days." *The Watchword* 8 (September 1886): 152.

_____. "The Lord's Coming." *The Watchword* 19 (April 1897): 89-92.

_____. "The Lord's Coming." *The Watchword* 19 (May 1897): 117-9.

_____. "A Luminous Life." *Sunday School Times* 37 (March 2, 1895): 131-2.

_____. "Meeting the Returning Lord." *The Watchword* 5 (November 1882): 32-3.

_____. "The Mildmay Conference." *The Watchword* 10 (September 1888): 151-2.

_____. "The Ministry of the Spirit." *Expository Times* 6 (May 1895): 360.

_____. "The Ministry of Women." *Missionary Review of the World* 17 (December 1894): 920-1.

_____. "Missionary Memorabilia." *Missionary Review of the World* 16 (April 1893): 320-6.

_____. "Missionary Money-Quality and Quantity." *Missionary Review of the World* 4 (June 1891): 481-9.

_____. "The New Version and Eschatology." *The Watchword* 3 (September 1881): 242-5.

_____. "Niagara Bible Conference." *Watchword and Truth* 22 (January 1900): 21.

_____. "Our Responsibility." *Baptist Missionary Magazine* 72 (October 1892): 433-4.

_____. "The Overflow of Missions." *Missionary Review of the World* 16 (March 1893): 166-72.

_____. "The Preacher's Use of Illustration." *Homiletic Review* 22 (August 1891): 108-14.

_____. "Pre-millennialism and Missions." *The Watchword* 8 (April 1886): 30-4.

_____. "Prophetic Conference." *The Watchword* 1 (November 1878): 25.

_____. "Prophetic Conference." *The Watchword* 1 (December 1878): 40-1.

_____. "Prophetic Conference." *The Watchword* 1 (September 1879): 230.

_____. "The Raising of Lazarus, and the Raising of All that Sleep in Jesus." *The Watchword* 1 (August 1879): 195-7.

_____. "A Rare Service." *The Watchword* 1 (November 1878): 25.

_____. "The Redemption Department." *The Watchword* 2 (March 1880): 195-7.

_____. "The Restoration of the Jews." *The Watchword* 1 (April 1879): 114-5.

_____. "The Romish and the Protestant Theories of Missions." *Baptist Quarterly* 5 (July 1871): 257-75.

_____. "Self-Willed Obedience." *Sunday School Times* 17 (December 18, 1875): 806.

_____. "Seven Mysteries-A Bible Reading." *The Watchword* 2 (June 1880): 167-9.

_____. "Sin's Curse and Cure." *The Watchword* 1 (June 1879): 161.

_____. "Some Aspects of Christ's Second Coming." *The Watchword* 4 (March 1892): 59-62.

_____. "Their Missionary Ambitions." *Missionary Review of the World* 18 (December 1895): 89-94.

_____. "A Twenty Years' Pastorate Clarendon Street Baptist Church, Boston, 1870-1890." *The Watchman* 71 (July 17, 1890): 2.

_____. "Twofold Fulfillment of Prophecy." *The Watchword* 5 (September 1883): 267-9.

_____. "'Until,' or, the End of Israel's Rejection." *The Watchword* 2 (December 1879): 45-6.

_____. "The Usefulness of Prophetic Study." *The Watchword* 1 (March 1879): 95-7.

_____. "We Are Debtors." *Baptist Missionary Magazine* 72 (December 1892): 491.

_____. "What Should We Think of Rome." *The Watchword* 1 (May 1879): 134-5.

_____. "Where Art Thou?." *The Watchword* 1 (October 1879): 9-10.

"The Gordon Memorial Fund." *Baptist Missionary Magazine* 75 (April 1895): 91-2.

"The Gordon Memorial Fund." *Baptist Missionary Magazine* 75 (April 1895): 122.

Gordon, Mrs. A. J. "The Gordon Missionary Training School." *Watchword and Truth* 22 (January 1900): 186.

"The Gordon Missionary Training School." *Watchman* 78 (June 3, 1897): 26-7.

"Gordon's History." *Christianity Today* 5 (December 6, 1968): 32.

Gration, John. "Key Issues in Missiology: An Evangelical View." *Evangelical Missions Quarterly* 20 (January 1984): 72-80.

Hardie, R. A. "Founding of Missions in Korea." *Korea Mission Field* 30 (March 1935): 57-60.

Harriman, N. H. "Dr. Gordon's Divine Narrowness." *The Watchword* 17 (February-March 1895): 58-62.

Harris, Elmore, ""The Holy Spirit-The Seal and Earnest." *The Truth* 21 (1895): 400-7.

Henry, Carl F. H. "73 Years of Growth at Gordon." *Christianity Today* 6 (March 16, 1962): 20.

Hoke, Stephen T. "Paradigm Shifts and Trends in Missions Training-A Call to Servant-Teaching, A Ministry of Humility." *Evangelical Review of Theology* 23 (October 1999): 329-46.

"Home Department." *Baptist Missionary Magazine* 75 (July 1895): 216-23.

Johnson, Murdock Elder, and Henry C. Mabie. "Missionary Training Schools-Do Baptists Need Them?" *Baptist Quarterly* 12 (January 1890): 69-100.

Kellogg, S. H. "Our Inheritance." *The Truth* 13 (1887): 444-7.

_____. "The Theory of Second Probation." *The Truth* 12 (1886): 37-47, 79-84.

Kendall, John F. "The Theory of Annihilation." *The Truth* 11 (1885): 446-52.

Lowe, Thomas O. "The Holy Spirit in the Pentateuch." *The Truth* 14 (1888): 456-60.

_____. "Melchizedek." *The Truth* 15 (1889): 511-5.

_____. "Samson: Or the Spirit for Service and the Earthen." *The Truth* 11 (1885): 438-40.

_____. "The Temple of God and the Glory." *The Truth* 13 (1887): 467-9.

Mabie, Henry C. "Missionary Training Institute." *The Watchman* 71 (February 6, 1890): 2.

Mabie, J. S. "The Crucifixion Day." *The Truth* 16 (1890): 367.

Macelwain, J. A. "Gordon Missionary Training School." *Watchword and Truth* 23 (July 1901): 214-5.

Marvin, E. P. "Christ's Method of Teaching." *The Truth* 15 (1889): 446-50.

_____. "The Church and the World as Seen in the New Testament." *The Truth* 19 (August-September 1893): 460-3.

_____. "Conditions for a Revival." *The Truth* 20 (August-September 1894):

499-501.

———. "The Holy Spirit and Prayer." *The Truth* 21 (1895): 409-13.

———. "The Holy Spirit in the Pentatuech." *The Truth* 20 (August-September 1894): 492-5.

———. "Make It Plain." *The Truth* 20 (August-September 1894): 490-2.

———. "Promise of a Mediator." *The Truth* 12 (1886): 441-3.

———. "The Seven Parables in Matthew xiii." *The Truth* 14 (1888): 449-55.

———. "The Suffering of Christ." *The Truth* 22 (August-September 1896): 521-5.

McCully, E. A. "A Saint's Home Coming." *Korean Mission Field* 29 (March 1933): 51.

McQuilkin, Robert C. "I. A. J. Gordon, Prophet of Pentecost." *Sunday School Times* 94 (January 5, 1952): 4-5.

———. "II. A. J. Gordon, Prophet of Pentecost." *Sunday School Times* 94 (January 12, 1952): 25-6.

Moffatt, Samuel A. "The Work of the Spirit in North Korea." *Missionary Review of the World* 18 (November 1895): 831-7.

Moore, LeRoy. "Another Look at Fundamentalism: A Response to Ernest R. Sandeen." *Church History* 37 (June 1968): 195-202.

Moose, J. R. "The City of Wonsan." *Korea Mission Field* 2 (1907): 174.

Moorehead, W. G. "Analysis of the Epistle to the Romans." *The Truth* 12 (1886): 449-50.

———. "The Book of Daniel." *The Truth* 19 (August-September 1893): 510-6.

———. "Christ as Prophet-the Revealer of God as the Word Made Flesh." *The*

_____. *Truth* 12 (1886): 439-41.

_____. "Ephesians, Chapter I.." *The Truth* 21 (1895): 413-5.

_____. "False Views of the Person of Christ." *The Truth* 20 (August-September 1894): 434-43.

_____. "The Person and Sacrificial Work of Christ as Revealed in the Pentateuch." *The Truth* 14 (1888): 519-22.

_____. "The Person and Sacrificial Work of Christ as Revealed in the Pentateuch." *The Truth* 14 (1888): 438-443.

_____. "The Righteousness of God ." *The Truth* 20 (August-September 1894): 443-8.

_____. "The Two Covenants." *The Truth* 9 (1883): 440-4.

_____. "What is the Gospel?." *The Truth* 21 (1895): 390-5.

Munhall, L. W. "The Character, Career and Destiny of Satan." *The Truth* 9 (1883): 472-4.

_____. "The Coming of the Lord." *The Truth* 19 (August-September 1893): 448-51.

_____. "Did Jesus Teach Doctrine?" *The Truth* 22 (August-September 1896): 519-21.

_____. "Divine or Faith Healing." *The Truth* 15 (1889): 462-6.

_____. "Sanctification-the Extent of Its Attainment." *The Truth* 11 (1885): 453-4.

Needham, George C. "Believers' Meeting for Bible Study." *The Truth* 8 (1882): 470.

_____. "Bible Conventions: Their Origin." *Northfield Echoes* 1 (1894): 92.

_____. "The Niagara Conference." *The Truth* 17 (1891): 410-3.

_____. "Paul's Devotion to Christ." *The Truth* 9 (1883): 457-60.

_____. "Spiritual Life in the Psalms." *The Truth* 15 (1889): 467-76, 516-24.

_____. "The Spiritual Man." *The Truth* 14 (1888): 474-80, 509-13.

Needham, Mrs. George C. "Niagara Bible Conference." *The Watchword* 19 (August 1897): 143-5.

"The New Missionary Training Schools." *Baptist Quarterly Review* 12 (January 1890): 101-8.

Norton, Robert. "The Holy Spirit and Union with Christ.." *The Truth* 13 (1887): 447-52.

_____. "The Spiritual Life of Believers in the Days of the Patriarch and Judges." *The Truth* 15 (1889): 506-11.

Parlane, W. A. "The Second Coming of Christ." *The Truth* 13 (1887): 476-80.

Parsons, H. M. "The Coming Christ." *The Truth* 19 (August-September 1893): 451-5, 479-85.

_____. "The Dispensational Progress of Redemption." *The Truth* 15 (1889): 477-80.

_____. "Dispensations." *The Truth* 11 (1885): 460-6.

_____. "The Flesh and the Spirit." *The Truth* 9 (1883): 516-23.

_____. "The Holy Spirit in Isaiah." *The Truth* 21 (1895): 366-71.

_____. "Israel and the Nations in the Messianic Kingdom." *The Truth* 20 (August-September 1894): 421-5.

_____. "The Millennium." *The Truth* 22 (August-September 1896): 465-74.

_____. "The Restoration of Israel." *The Truth* 20 (August-September 1894):

426-34.

Patterson, Alexander. "Pre-Millenianism and Pessimism." *Watchword and Truth* 21 (June 1899): 178-80.

Pierson, Arthur T. "The Abiding Presence of the Holy Spirit." *The Truth* 15 (1889): 435-40.

_____. "The Bible Self-Vindicated." *The Truth* 15 (1889): 451-61.

_____. "Christ in Old Testament Prophecy." *The Truth* 13 (1887): 469-76.

_____. "The Conditions of Preaching Prayer." *The Truth* 9 (1883): 554-7.

_____. "The Declaration of Principles and Motto of the Corean Itinerant Mission." *Missionary Review of the World* 17 (June 1894): 460-1.

_____. "Holy Spirit as Exemplified in Adoniram Judson Gordon." *Homiletic Review* 30 (October 1895): 304-9.

_____. "The Holy Spirit in Connection with Conversion." *The Truth* 9 (1883): 465-8.

_____. "John Livingston Nevius, the Modern Apostle of China." *Missionary Review of the World* 18 (December 1895): 881-6.

_____. "Life Eternal, as Set Forth in the Gospel of John." *The Truth* 13 (1887): 453-7.

Potter, C. H. "The Holy Spirit as the Author and Sustainer of Life." *The Truth* 19 (August-September 1893): 459-60.

Pretorius, H. L. "The Goal of Mission: God's Kingdom or an Earthly Utopia?" *Missionalia* 15 (April 1987): 3-6.

Robert, Dana L. "The Legacy of Adoniram Judson Gordon." *International Bulletin of Missionary Research* 11 (October 1987): 176-81.

Ross, John. "The Christian Dawn in Korea." *Missionary Review of the World* 13 (April 1890): 241-48.

Russell, C. Allyn. "Adoniram Judson Gordon: Nineteenth-Century Fundamentalist." *American Baptist Quarterly* 4 (March 1985): 61-89.

Samson, G. W. "Training Schools for Missionary Workers." *The Watchman* 70 (November 21, 1889): 2-3.

Sandeen, Earnest R. "Toward a Historical Interpretation of the Origins of Fundamentalism." *Church History* 36 (March 1967): 66-83.

Scofield, C. I. "The Dispensational Place of the Synoptic Gospels." *The Truth* 20 (1894): 471.

_____. "Eternal Punishment." *The Truth* 19 (August-September 1893): 546-8.

_____. "The Imminence of Our Lord's Return." *The Truth* 19 (August-September 1893): 546-8.

_____. "The Return of the Lord." *The Truth* 21 (1895): 385-9.

_____. "Rightly Dividing the Word of Truth." *The Truth* 14 (1888): 464-73.

"Seventy-Three Years of Growth at Gordon." *Christianity Today* 6 (March 1962): 580.

Seville, George Hugh. "I. Adoniram Judson Gordon." *Sunday School Times* 9 (March 1, 1958): 159-60.

_____. "II. A. J. Gordon Is Called to a Church in Boston." *Sunday School Times* 10 (March 8, 1958): 179.

_____. "III. A. J. Gordon's Zeal for Foreign Missions." *Sunday School Times* 11 (March 15, 1958): 199-200.

_____. "IV. A. J. Gordon's Christlike Personality." *Sunday School Times* 12 (March 2, 1958): 217-8.

Shelley, Bruce. "A. J. Gordon and the Impact of Biblical Criticism." *Journal of the Evangelical Theological Society* 13 (Spring 1970): 109-17.

Simpson, A. B. "Dr. A. J. Gordon." *The Watchword* 17 (February-March 1895): 62-70

Smith, Ebbie C. "An Evangelical Approach to the Theology of Religious." *Southwestern Journal of Theology* 44 (Spring 2002): 6-23.

Springs, Saratoga. "Eighty-First Anniversary of the American Baptist Missionary Union." *Baptist Missionary Magazine* 75 (July 1895): 181-3.

Steadman, F. W. "Baptist in Korea." *Baptist Missionary Magazine* 84 (March 1904): 102.

_____. "Korea-Her People and Missions." *Baptist Missionary Magazine* 81 (November 1901): 674.

_____. "Our Work in Korea." *Baptist Missionary Magazine* 85 (October 1905): 388.

Stearns, D. M. "Restful Service." *The Truth* 19 (August-September 1893): 456-9.

_____. "The Spirit Revealing Christ." *The Truth* 22 (August-September 1896): 474-7.

_____. "The Witness of the Spirit." *The Truth* 19 (August-September 1893): 468-72.

Stevens, Bruce. "The Kingdom of God: The Motive for Missions." *South East Asia Journal of Theology* 20 (1979): 39-47.

Stewart, William. "Four Great Mysteries." *The Truth* 22 (August-September 1896): 499-503.

Stifler, J. M. "Analysis of John's First Epistle." *The Truth* 19 (August-September 1893): 541-6.

_____. "The Assurance of Hope." *The Truth* 19 (August-September 1893): 500-1.

_____. "Galatians." *The Truth* 20 (August-September 1894): 459-64.

_____. "Lecture on Matthew V-VII." *The Truth* 21 (1895): 378-84.

_____. "Paul's Conference." *The Truth* 20 (August-September 1894): 506-8.

Stroeter, E. F. "God's Covenants with Abraham and with David.." *The Truth* 20 (August-September 1894): 478-87.

_____. "The New Testament Doctrine of the Kingdom." *The Truth* 19 (August-September 1893): 524-35.

_____. "Sons and Heirs." *The Truth* 19 (August-September 1893): 446-7.

"Training Schools for Christian Workers." *The Watchman* 70 (November 28 1889): 2.

Underwood, Horace G. "An Object-Lesson in Self-Supporter." *Missionary Review of the World* 23 (June 1900): 813-8.

_____. "The Today from Korea." *Missionary Review of the World* 16 (November 1893): 813-8.

_____. "Korea." *Missionary Review of the World* 13 (December 1890): 942-3.

Verkuyl, Johannes. "The Kingdom of God as the Goal of the *Missio Dei*." *International Review of Mission* 68 (April 1979): 168-76.

Vinton, C. C. "Obstacles to Missionary Success in Korea." *Missionary Review of the World* 17 (November 1894): 837-43.

"War and Missions in Korea." *Baptist Missionary Magazine* 84 (April 1904): 395-400.

Wardrope, Thomas. "Communion Address." *The Truth* 21 (1895): 395-400.

_____. "Doctrinal and Life." *The Truth* 19 (August-September 1893): 502-9.

_____. "Emmanuel." *The Truth* 22 (August-September 1896): 445-56.

_____. "Fatherhood." *The Truth* 21 (1895): 371-7.

_____. "Inspiration and Infallibility of the Bible." *The Truth* 20 (August-September 1894): 448-58.

_____. "Teaching of the Book of Revelation." *The Truth* 22 (August-September 1896): 456-65.

West, N. "The Old Testament, and 'The Thousand Years.'" *The Truth* 13 (1887): 495-503.

_____. "The Premillennial Advent of the Lord Jesus." *The Truth* 9 (1883): 445-54.

Whittle, D. W. "Hindrances to the Manifestation of the Holy Ghost." *The Truth* 9 (1883): 460-4.

Woeflin, Cornelius, "The Concern of God." *The Truth* 20 (August-September 1894): 465-8.

Wright, Lucy, "Korea, Land of Challenge." *Royal Service* 63 (June 1969): 2-4.

Yannoulatos, Anastasios, "The Purpose and Motive of Mission." *International Review of Mission* 54 (July 1965): 281-97.

Young, L. L. "The Passing of Rev. Malcolm C. Fenwick." *Korean Mission Field* 32 (March 1936): 62.

4. 미간행물

김태식. "Malcolm C. Fenwick의 근본주의 신학특성에 관한 연구." 박사학위 논문, 침례신학대학교 목회신학대학원, 2016.

이경희. "한국침례교회의 역사적 사건들에 대한 재조명: 원산사건과 미남침례회 제휴를 중심으로." 박사학위논문, 침례신학대학교 일반대학원, 2018.

Ahn, Heui-Yeol. "A Study of the Cross-Cultural Missionary Movement of the Baptist Church in Korea." Th. M. thes., Southwestern Baptist Theological Seminary, 1995.

Brereton, Virginia Lieson. "Protestant Fundamentalist Bible Schools, 1882-1940." Ph.D. diss., Columbia University, 1981.

Cho, Timothy Hyo-hoon. "A History of the Korean Baptist Convention, 1889-1969." Ph.D. diss., Southern Baptist Theological Seminary, 1970.

Gibson, Scott M. "Adoniram Judson Gordon, D.D. (1836-1895): Pastor, Premillennialist, Moderate Calvinist, and Missionary Statesman." Ph.D. diss., University of Oxford. 1997.

Houghton, George Gerald. "The Contributions of Adoniram Judson Gordon to American Christianity." Th.D. diss., Dallas Theological Seminary, 1970.

Kim, Jung Gun. "To God's Country: Canadian Missionaries in Korea and the Beginnings of Korean Migration to Canada." Ed.D. diss., University of Toronto, 1983.

Kim, Sung("Victor") Jin. "A History of Southern Baptist Mission Work in Korea: Its Impact on Korean Baptist Church Growth." Ph.D. diss., Southwestern Baptist Theological Seminary, 1995.

Kim, Tae Yon, "An Examination of Indigenous Korean Theologies and Their Impact on the Development of an Indigenous Baptist Theology." Th.D. diss., Mid-American Baptist Theological Seminary, 1991.

Lee, Hyun Mo, "A Missiological Appraisal of the Korean Church in the Light of Theological Contextualization." Ph.D. diss., Southwestern Baptist Theological Seminary, 1992.

Pettegrew, Larry Dean. "The Historical and Theological Contributions of the Niagara Bible Conference to American Fundamentalism." Th.D. diss., Dallas Theological Seminary, 1976.

Winfrey, Marrion E. "A Historical Case Study Analysis of the Merger of Two Private Institutions of Higher Education." Ed.D. diss., George Peabody College, 1989.

Yoo, Young Sik. "The Impact of Canadian Missionaries in Korea: A Historical Survey of Early Canadian Mission Work, 1888-1898." Ph.D. diss., University of Toronto, 1996.

5. 기타자료

이종덕. 「달편지」. 원산: 대한기독교회, 1919년 8월 7일.

_____. 「달편지」. 원산: 대한기독교회, 1922년 4월 20일.

Fenwick, Malcolm. 「만민됴흔기별」. 원산: 대한기독교회, 1913.

_____. 「복음잔미」. 원산: 대한기독교회, 1904.

_____. 「사경공부」. 1909.

_____. 「편공부연설」. 1928

"이 천국 복음이 모든 민족에게 증언되기 위하여
온 세상에 전파되리니 그제야 끝이 오리라"

마태복음 24장 14절

시대를 앞서 간 선교사 **말콤 펜윅**

저자	안희열
발행인	김선배
초판발행	2006. 4. 24
개정증보판	2010. 4. 20
개정증보판 2쇄	2019. 2. 1
등록번호	출판 제6호(1979. 9. 22)
발행처	하기서원
주소	대전광역시 유성구 북유성대로 190(34098)
전화	(042)828-3255, 3257
팩스	(042)828-3256
홈페이지	http://www.kbtus.ac.kr
이메일	public@kbtus.ac.kr

〈값 16,000원〉

ISBN 979-11-89528-14-0 03230